Criatividade quântica

A verdadeira expansão do
potencial criativo

AMIT GOSWAMI

Criatividade
quântica

TRADUÇÃO:
**SAULO
KRIEGER**

3ª EDIÇÃO

goya

CRIATIVIDADE QUÂNTICA

TÍTULO ORIGINAL:
Quantum Creativity

COPIDESQUE:
Mônica Reis

REVISÃO:
Hebe Ester Lucas

REVISÃO TÉCNICA:
Adriano Fromer Piazzi

EDITORAÇÃO:
Join Bureau

CAPA:
Giovanna Cianelli
Gabriel Rolim

MONTAGEM DE CAPA:
Pedro Fracchetta

PROJETO GRÁFICO:
Neide Siqueira
Desenho Editorial

ADAPTAÇÃO DE MIOLO:
Desenho Editorial

DIREÇÃO EXECUTIVA:
Betty Fromer

DIREÇÃO EDITORIAL:
Adriano Fromer Piazzi

DIREÇÃO DE CONTEÚDO:
Luciana Fracchetta

EDITORIAL:
Daniel Lameira
Andréa Bergamaschi
Débora Dutra Vieira
Luiza Araujo

COMUNICAÇÃO:
Nathália Bergocce
Júlia Forbes

COMERCIAL:
Giovani das Graças
Lidiana Pessoa
Roberta Saraiva
Gustavo Mendonça

FINANCEIRO:
Roberta Martins
Sandro Hannes

COPYRIGHT © AMIT GOSWAMI, 2013
COPYRIGHT © EDITORA ALEPH, 2012
(EDIÇÃO EM LÍNGUA PORTUGUESA PARA O BRASIL)
COPYRIGHT © HAY HOUSE INC., USA, 2013
(EDIÇÃO EM LÍNGUA INGLESA)

TODOS OS DIREITOS RESERVADOS.
PROIBIDA A REPRODUÇÃO, NO TODO OU EM PARTE, ATRAVÉS
DE QUAISQUER MEIOS.

**DADOS INTERNACIONAIS DE CATALOGAÇÃO NA PUBLICAÇÃO (CIP)
DE ACORDO COM ISBD**

G682c
Goswami, Amit
Criatividade quântica: a verdadeira expansão do potencial
criativo. / Amit Goswami ; traduzido por Saulo Krieger. - 3. ed. -
São Paulo : Goya, 2021.
328 p. ; 16cm x 23cm.

Tradução de: Quantum creativity: think quantum, be creative
Inclui bibliografia.
ISBN: 978-65-86064-51-3

1. Teoria quântica. 2. Criatividade. 3. Pensamento criativo. I.
Krieger, Saulo. II. Título.

	CDD 530.12
2021-772	CDU 530.145

goya
É UM SELO DA EDITORA ALEPH LTDA.

Rua Tabapuã, 81 - cj. 134
04533-010 – São Paulo – SP – Brasil
Tel.: [55 11] 3743-3202
www.editoraaleph.com.br

ELABORADO POR VAGNER RODOLFO DA SILVA - CRB-8/9410

ÍNDICES PARA CATÁLOGO SISTEMÁTICO:
1. Teoria quântica 530.12
2. Teoria quântica 530.145

sumário

Prefácio 9

PARTE 1 – PASSOS PARA A COMPREENSÃO DA
CRIATIVIDADE HUMANA 13

1. Onde está a teoria da criatividade humana? 15
2. Criatividade de máquina, criatividade humana e
visões de mundo 30
3. Este é o Monte dos Voos Criativos: o quantum,
o quantum, o quantum 46
4. O que é criatividade? Os detalhes 62
5. Criatividade e condicionamento: o *self* quântico
e o ego 83
6. O significado da mente 98
7. De onde vêm as ideias criativas? 106

PARTE 2 – O PROCESSO CRIATIVO 117

8. A criatividade é um salto quântico? 119
9. A importância do processamento inconsciente 131
10. O combate e o encontro, agonia e êxtase:
fazer-ser-fazer-ser-fazer 144

PARTE 3 – MOTIVAÇÃO 163

11. Seria a criatividade uma questão de traços
de personalidade? 165
12. Seria a motivação criativa um impulso do inconsciente? 172
13. Criatividade, reencarnação e algumas qualidades
mentais inatas que determinam nosso lugar no
espectro da criatividade 182
14. Sintonia com o universo criativo e seu propósito 188

PARTE 4 – ALGUMAS ESFERAS IMPORTANTES DA CRIATIVIDADE:
PESSOAS, PROCESSOS E O FUTURO 201

15. Criatividade na ciência e mudanças de paradigma 203
16. Criatividade nas artes 218
17. É possível ser criativo nos negócios? 235
18. Criatividade interior e desenvolvimento humano 252
19. Criatividade interior: autorrealização 269
20. O que é iluminação? 278

PARTE 5 – PARA TRAZER CRIATIVIDADE AO
CENTRO DE SUA VIDA 285

21. Jane e Krishna: um encontro criativo 287
22. Pratique, pratique, pratique 295
23. Criatividade e ativismo quântico 314

Bibliografia 319

prefácio

Tão logo estejam satisfeitas suas necessidades básicas, dificilmente haverá quem não queira ser criativo. Quase todo mundo quer fazer de sua jornada de vida algo criativo. Por quê? Porque intuímos que o universo é criativo, e é criativo por intermédio de nós. A questão que então se coloca é a seguinte: existiria um meio de fomentar a criatividade no dia a dia das pessoas neste século 21? Minha resposta é "sim", se pudermos compreender a criatividade no campo de ação de todos os seus múltiplos esplendores.

Por que o século 21 é tão especial? É especial porque, em termos de evolução, estamos na iminência de um novo passo, e de um passo bastante significativo. Esse passo demanda, entre outras coisas, que integremos a criatividade como parte do objetivo que acalentamos como estilo de vida. Felizmente, as necessidades de evolução trazem também crises em si. E períodos de crise e de mudanças de paradigma – um paradigma é um guarda-chuva hiperteórico, e sob sua vigência realiza-se um trabalho novo em determinado campo – são ocasiões providenciais para que as pessoas façam uso de criatividade – afinal, a motivação para tal é ampla e premente. O século 21 é especial também já que, após décadas de uma atitude negligente, nós finalmente começamos a apreciar a mensagem da física quântica: ela é a física de possibilidades que a consciência tem à sua escolha. E esse desenvolvimento da física quântica é que está a nos proporcionar uma compreensão do processo criativo.

Neste livro, defenderemos que a criatividade enfrenta hoje um período "de vacas magras" em virtude da visão de mundo que prevalece, pautada por um materialismo científico (tudo é matéria, e tudo resulta de interações materiais), que aparta de nós, e de nossa criatividade, toda e qualquer potência causal. Nossa sorte é que a necessidade evolucionária de crises produz a sua própria solução – um paradigma migra para uma nova ciência com base na física quântica e na primazia da consciência. Essa nova ciência tem na criatividade o seu aspecto central. E, no presente escrito, o novo paradigma, fundamentado na física quântica, será usado para abordar a criatividade tal qual a conhecemos, com todos os seus esplendores, incluindo sua eficácia causal. Isso faz toda a diferença.

Mas poderá um livro ajudá-lo a ser criativo? Bem, existem "livros de autoajuda para criatividade", mas infelizmente sua superficial abordagem do tipo "puxa, veja só" não é muito útil às pessoas do século 21, que se defrontam com crises, vivenciam uma evolução e gostariam de abraçar a situação de crise com uma real criatividade. Outros autores – que professam o materialismo científico – veem até nós como máquinas materiais; seus livros sobre o assunto tematizam uma criatividade material e, por isso, não são de muito proveito para os seres humanos – pelo menos para seres humanos sérios, do século 21, que estão às voltas com a exploração e com a resolução de questões sérias. Mesmo autores afinados a temas relativos à consciência humana e à espiritualidade geralmente acabam escrevendo manuais sem muita utilidade, pois escrevem com base em teorias da espiritualidade antiquadas e negadoras do mundo.

A verdade é que nosso paradigma de realidade está mudando rapidamente; o novo paradigma, assentado na física quântica, pela primeira vez na história do ser humano está integrando os aspectos mecanicistas e espirituais de nossa essência. Só mesmo na nova ciência, que tem como base o quantum, é que se pode ver claramente por que e de que modo um ser humano é criativo e o que o afasta da criatividade. Tendo como base precisamente essa clareza da ciência e da arte da criatividade, este livro pode, sim, ajudá-lo a ser criativo.

Este livro foi escrito para o público leigo; a única qualificação que sua leitura exige é o interesse em se envolver com criatividade no âmbito não de uma pesquisa científica, mas na esfera de vida de cada um. A maturação de minhas investigações deram vazão a um livro mais acessível, mais completo e, faço notar, mais interessante e convidativo ao leitor.

Em resumo, digo que neste livro eu não apenas me ocupo das perguntas mais frequentes sobre criatividade – por exemplo, "o que é criatividade?"; "pode alguém ser criativo?" –, mas o que faço também é desenvolver um manual que integra ciência e arte da criatividade, partindo do pressuposto de que, sim, a criatividade é passível de ser aprendida. Penso que é chegado o momento em que as pessoas já não precisam seguir o seu impulso criativo às cegas. Em vez disso, como sugiro aqui, se elas se ocuparem de modo criativo de sua própria motivação e integração, a criatividade no século 21 será enormemente incrementada, e as necessidades de evolução da consciência planetária estarão bem servidas.

Eu gostaria de agradecer a Ri Stuart pela oportunidade de alguns debates bastante profícuos que acabaram por me fazer rever a minha própria ortodoxia. Também sou especialmente grato a Renee Slade, pela edição preliminar da íntegra de meu texto e pelas muitas sugestões proveitosas que melhoraram o manuscrito.

Agradeço à minha esposa Uma, por sua permanente contribuição aos meus próprios embates com a criatividade interior.

PARTE 1

PASSOS PARA A COMPREENSÃO DA CRIATIVIDADE HUMANA

capítulo 1

onde está a teoria da criatividade humana?

O tema deste livro é a criatividade, o que significa que ele versa sobre de onde vêm as ideias criativas, como a criatividade funciona, de onde vem a nossa motivação, como podemos aprender a ampliar a nossa propensão para a criatividade e abraçá-la como centro alegre da vida. Não podemos discutir essas questões sem considerar ou mesmo fazer menção a toda uma série de faz de contas no seio de nossa visão de mundo mecanicista, que se baseia na metafísica do materialismo cientificista – para essa concepção, tudo é matéria e interações materiais. A criatividade requer consciência como entidade causal, livre-arbítrio e liberdade de escolha. A criatividade requer a capacidade de processar significado, envolve emoções; a criatividade começa com intuição. A criatividade, sobre a qual falam os que protagonizam a visão de mundo mecanicista e sobre a qual se lê na mídia em geral, é a criatividade de máquina. Lidar com as questões que arrolei acima tendo em vista a criatividade humana requer uma visão de mundo em que a consciência seja dotada de potência causal e na qual não só nossas experiências físicas, mas também nossas experiências de pensamento, de sentimento e intuição são validadas.

Se você está com este livro em mãos, é óbvio que tem interesse por criatividade e por essas questões. São questões sérias, e é também com seriedade que o conflito relacionado à visão de mundo tem de ser abordado antes de nos havermos com elas. Se a empreitada é circunspecta, faço lembrar aqui o filósofo Gregory Bateson, para quem o humor é meio caminho andado para a criatividade – eu acredito piamente nesse ditado. Considerando isso, abordarei o debate sobre a visão de mundo em duas seções. Neste capítulo, ao modo de uma introdução bem-humorada, narro o que seria um passeio imaginário a uma feira; em seguida vem um diálogo, também imaginário. A apresentação séria do debate fica para o Capítulo 2. O percurso ilustra um debate permanente entre os seguidores de uma consciência causalmente potente (chamados idealistas) e os do materialismo científico (chamados materialistas ou simplesmente realistas). O diálogo reflete os rumos mais recentes que o debate tomou em razão do advento de uma nova física, chamada "física quântica".

Em visita a uma feira de criatividade

– Bem-vindos à feira anual da criatividade – exclama o jovem à entrada, convidando-o a entrar. Ali dentro você logo vislumbra muitos estandes e instalações, nos mais diversos tamanhos. Seria cada um deles uma pesquisa sobre criatividade?

– Por que tantas escolas? – você pergunta.

– Que tal dar um passeio e ver se não acha alguma coisa? – responde o jovem.

"Sim, sim, por que não? É claro que um deles vai me revelar todos os mistérios da criatividade, para que eu saiba o que fazer para aumentar a minha e me motivar", você diz a si mesmo.

O primeiro dos estandes a lhe chamar a atenção parece uma igreja; dentro dele está sentada uma figura sacerdotal, serena, em atitude contemplativa. Quando ela abre os olhos, você lhe pergunta:

– Por favor, diga-me quais são as respostas, senhor reverendo.

– Respostas de quê? – Ele parece um pouco surpreso, e você elabora: – A todos os mistérios da criatividade. Por exemplo, o que tenho de fazer para ser mais criativo? Como é a criatividade para as outras pessoas? Pelo menos me dê algumas receitas para eu ter uma motivação criativa.

– Eu não tenho respostas. Como posso desmistificar algo que é novo, uma criação *ex nihilo* que de súbito vem pela graça de Deus? A criatividade é um dom divino para poucos escolhidos. Deus apanha uma flor do Céu, de Seu jardim, e a concede a nós. É um casamento entre Céu e Terra. Sente aqui um pouco e veja se está entre os escolhidos, se alguma inspiração lhe vem...

Você respeita a sinceridade do reverendo, e ele pode mesmo ter razão; mas a ideia de um dom divino lhe parece um tanto vaga e antiquada como motivo de criatividade na era científica como a que vivemos. Então você continua.

O segundo estande em que entra se parece com uma lan house. Há muitas pessoas jogando. Bem, eles podem estar certos... A criatividade deve estar no jogo. Em resposta à sua pergunta, alguém inicia uma explicação:

– A criatividade consiste na resolução de problemas pela combinação de ideias antigas para se fazer algo novo, algo tinindo de tão novo. Computadores fazem isso. Ao estudar como os computadores resolvem problemas de modo criativo, você aprende a resolver melhor os problemas que lhe aparecem, e, com isso, aumenta a sua criatividade.

– Mas eu não sou um computador. Não sou feito de silício... – responde indignado.

– Não importa. Já ouviu falar de uma máquina de Turing? Um computador é um dispositivo que executa uma série de algoritmos para chegar a um resultado final. O hardware específico não faz a menor diferença. O seu hardware pode ser orgânico, e você o chama de cérebro. Qual a novidade aí? Você ainda é uma máquina de Turing. Você já escreveu poemas?

– Já, mas não muito bons – admite com hesitação. – Na verdade, é também por isso que estou aqui, para aprender como a criatividade funciona. Quem sabe se conhecendo a teoria da criatividade, eu não possa fazer poemas melhores que mereçam alguma atenção.

– Bem, eis aqui um poema escrito por um computador. – O homem lhe dá um poema escrito por Arthur: – "É um tabulador de registro automático mas de raciocínio heuristicamente inconfiável" – O professor explica o acrônimo*. Você reconhece que algumas das primeiras linhas tiveram origem na mente de poetas famosos, mas as últimas parecem vagas e, por isso mesmo, imponentes:

> Houve um tempo em que frangos-d'água no Oeste
> Houve um tempo em que havia luz do dia no cume
> Houve um tempo em que Deus não se punha em questão
> Houve um tempo em que poetas
> Foi então que eu apareci
>
> (citado em Boden, 1998, p. 8).

---

* No original, "Automatic Record Tabulador but Heuristically Unreliable Reasoner". [N. de T.]

– Não compreendo muito bem o que está escrito aí, do que depreendo que deva significar algo sutil. A poesia é tida como uma coisa ambígua. Suponho que seja o caso desses versos. Eu não sabia que computadores pudessem escrever poesia. – Você parece recobrar o interesse.

– E não só poesia – responde o professor, entusiasmado. – Os computadores podem desenhar como verdadeiros artistas, resolver problemas científicos, provar teoremas de geometria, bater grandes mestres do xadrez. Se isso não for criatividade, então o que é?

Você está pronto para experimentar uma daquelas máquinas, quando lhe ocorre outra ideia:

– A criatividade aparece associada à ansiedade e ao êxtase. Até eu sei disso. Nos períodos em que estive especialmente criativo houve de início muita ansiedade, que resultou em êxtase quando me ocorreu o *insight*. Minhas experiências subjetivas foram cruciais para a forma do produto final. Mas ainda que um computador possa escrever um poema, será que ele sente aquelas emoções? Será que ele tem experiências subjetivas conduzindo o seu trabalho? E quanto à intuição? Que dizer da motivação?

– Lá vem você de novo... O velho argumento sobre emoções, sentimento, intuição e tudo o mais. Esqueça a subjetividade! Uma teoria científica da criatividade só pode ser objetiva. Além disso, você já esteve dentro de um computador para saber que eles não sentem ou não intuem? Quanto à motivação, bem, você é uma máquina de genes, certo? Toda a sua motivação vem da necessidade de sobrevivência de seus genes.

Entretanto essa resposta não lhe traz nenhum conforto emocional – pelo contrário; e você decide não fazer o treinamento com aquele professor. Além do mais, ele está ocupado demais para perceber isso. Mas há ainda um último comentário a fazer:

– Se o que você diz é isso mesmo, e criatividade é criatividade por computador, então computadores de silício, que já estão batendo os ases do xadrez e logo, logo vão nos superar na busca da criatividade. Isso me deixa triste...

– Pois não fique – o professor tenta consolá-lo. – Pense pra cima! Sempre se pode comprar os serviços de um computador criativo. Faz parte do sonho americano: ter uma casa grande, um carro grande e agora... Um grande computador criativo! – Ele se ri de orelha a orelha.

Em sua próxima parada, você fica surpreso com a falta que faz uma fanfarra... Um homem sentado à escrivaninha, pessoas em volta, porém muito discretas. Tendo ouvido a sua entrevista com o cientista da computação, o homem diz:

– Bem, eu já tenho uma teoria diferente. Não vou dizer que não existe um tipo mecânico de criatividade, mais objetivo, a que chamo de criatividade secundária. Mas a criatividade como criatividade em mais alto grau, a criatividade primária, esta é subjetiva. Ela envolve o nosso *self* transpessoal (Maslow, 1968).

– O que é um *self* transpessoal? – você o interrompe.

– É o seu *self* para além do ego que você encontra na criatividade – diz ele.

– Como faço para encontrá-lo? – Afinal, você é curioso.

– Ao ser criativo, você acaba embarcando na viagem de autoindividuação. Como posso explicar melhor? Fique aqui comigo um pouco.

– Você tem alguma evidência da existência desse *self* transpessoal?

– Não, mas você vai descobrir a evidência.

Não parece muito fácil de acreditar. Daí você explica não ter tempo a perder com uma busca inútil.

– Sinto muito!

Sua próxima parada é um estabelecimento que por dentro se parece a antessala de um mágico. Há umas cartas diferentes, que lembram vagamente os arcanos do tarô. Estão dispostas e distribuídas de um modo que as torna bastante visíveis.

– Posso ajudar? – indaga uma mulher.

– Quem sabe... Disseram que a senhora poderia me dar alguma explicação sobre a criatividade – responde você, mal cabendo em si de curiosidade.

– Criatividade é mistério, é mágica... Quem vai poder explicar isso? Mas o mágico pode estar dentro de você. Posso ajudá-lo na exploração. Na verdade, se você ficar aqui comigo um pouco, posso garantir que aprenderá a mágica de criar vibrações de pensamento em sua mente (suas intenções) capazes de materializar alguma coisa, um poema, uma escultura ou uma música.

Essa história já lhe parece familiar.

– O filósofo Berkeley, que era bispo e professava um empirismo idealista, não disse algo parecido? O som de uma árvore caindo na floresta se mantém em *potentia* até que um observador depare com a cena e tenha a vibração de pensamento; daí eu ouço o som de uma árvore caindo. Criatividade é algo assim? – pergunta você.

Diante dessa questão, a mulher se impacienta e diz:

– Não é nada disso. Não fique filosofando e não vá logo soltando o clichê da hora... Isso é fuga! Não existe uma explicação racional para a criatividade. Tudo é mistério. Você se torna parte do mistério, é apenas isso. A verdade é que essas coisas que se pretende e se quer criar são atraídas para você. Tudo o que tem a fazer é esperar, fazer persistir sua intenção. Posso lhe ensinar a arte de esperar.

– Pra que servem essas cartas de tarô?

– Elas lhe dão chaves para a sua viagem motivacional – responde a mulher.

Você fica tentado pela última parte da informação. Infelizmente, excesso de mistério sempre lhe deixa atordoado, e é por isso mesmo que você sai pela tangente. Não demora muito, um homem para-o no caminho:

– Procurando alguma coisa, amigo?

– Procuro criatividade... Uma explicação, pelo menos.

– Não vai chegar a lugar nenhum, tá entendendo? – responde o homem. – Você já é criativo. Todas as suas ações são criativas. Tudo no mundo é um ato de criatividade.

– Pode até ser. Mas pensar assim não é muito útil. Não me realiza, não me faz feliz. Algumas coisas que eu faço me deixam realmente feliz, muito contente. São as ações a que eu chamo de criativas. E eu gostaria de aprender o truque para fazer ações criativas o tempo todo.

– Você vive uma grande desilusão, eu vejo... Está discriminando entre atos ilusórios do mundo: isto é bom, aquilo é ruim; isto é criativo, aquilo não é. Somente quando não discrimina você encontra a felicidade eterna.

Talvez, mas a verdade é que você não parece interessado nessa felicidade eterna, que não discrimina nada em momento algum. Então sai e entra no próximo estande. Logo aparece uma mulher, que para você e sorri:

– Tá fugindo de quê? – pergunta ela. E você conta-lhe sobre aquele último encontro.

– Não deixa de ser verdade o que aquele homem diz, você sabe... A criatividade é algo ilusório; na verdade, ela tem de ser – responde essa mulher.

– Por quê? – você provoca, desafiador.

– Por quê? Por causa da lei de Newton, eis o porquê. Tudo é determinado pelas leis físicas que Newton descobriu. Não queremos negar que exista uma aparência de criatividade no mundo, mas isso se deve ao fato de alguns sistemas físicos serem imprevisíveis. Eles respondem a pequenos desencadeadores que são impossíveis de rastrear, e, por isso, parece haver movimentos descontínuos. Nós os chamamos "sistemas caóticos".

– Você está dizendo que meus pensamentos criativos, minha ansiedade e meu êxtase são aparências reais porque existe um sistema caótico em meu cérebro que responde a pequenas nuances, em modos descontínuos, que parecem imprevisíveis? Você está dizendo que, na verdade, todo o meu comportamento é completamente determinado?

– Sim – confirma a mulher, segura e concisa.

Você fica um pouco desmoralizado. Se a criatividade é apenas aparência, por que se preocupar em continuar investigando? *Voilá!* A resposta aparece em um prédio com um grande *banner* na fachada: "química para uma criatividade melhor". Você precisa ver do que se trata.

– Apenas um comprimidinho, nada mais! É a pílula da criatividade! É a única contribuição sanguínea da ciência para as pesquisas em criatividade... – alguém alardeia na porta daquele estande.

Mas você logo vem com uma objeção:

– Não posso acreditar que a finalidade da pesquisa científica em criatividade seja criar uma pílula que nos dê a criatividade instantânea. Todo mundo sabe que tem de haver uma preparação, alguma agonia antes que se irrompa o êxtase da criatividade.

– Bobagem. Isso já era. Hoje as coisas não precisam doer para ser agradáveis. Você pode ter tudo o que merece. Diga para si mesmo: "Eu mereço, eu vou tomar este comprimido". Você vai ver.

– Não gosto da ideia de ficar tomando comprimido, com criatividade ou sem criatividade – você consegue dizer, resistindo a um instante de tentação.

– Você nada mais é do que a dança de átomos, que dançam para se conhecer, meu amigo. Por que não acrescentar um pouco mais de átomos e tornar essa dança mais exótica, que é bem o que a criatividade é? – insiste o rapaz.

Mas você obstinadamente recusa a pílula. Enquanto segue o seu caminho, uma faixa lhe chama a atenção: "Descubra se você é criativo: Faça o nosso teste".

– Hum... De que se trata?

As pessoas do estande estão ansiosas para lhe passar o teste. "De todos os testes destinados a diagnosticar a capacidade criativa, o nosso é o melhor", gabam-se elas.

– Não sei, não – hesita você. – Não acho que a criatividade seja uma doença para ser diagnosticada.

– E não é! Ocorre que ou você tem os traços de personalidade certos para a criatividade ou você não tem. Se tiver os traços corretos, você pode ser criativo. Se não tiver, bem, daí fica complicado. Então... Faça o teste! Será poupado de muitos aborrecimentos.

– E vou ficar menos satisfeito do que estou agora se fizer... Vai saber se o teste funciona mesmo... Não, obrigado.

Na verdade você está com um pouco de medo de fazer o teste. Talvez mais tarde, quando ninguém estiver olhando, você pegue o teste como quem não quer nada e o faça sozinho.

Na próxima parada, uma mulher simpatiza com você, diz:

– Pobre alma cansada! Tendo de ouvir todos esses mecanicistas e esses místicos todos! Os mecanicistas ficam dizendo que a criatividade não existe, só criatividade de computador, e afirmam que somos todos mecânicos, máquinas que ficam computando, guiadas por programas genéticos e de interação com o meio à nossa volta – ufa! Já os idealistas mistificam a criatividade ou tratam-na, e tudo o que existe no mundo, como preocupações ilusórias resultantes de nossa ignorância. Ainda bem que existe um caminho melhor.

Agora você é todo ouvidos. Quem sabe não está bem ali o seu porto de chegada, o fim de suas buscas, o oásis no deserto? E a mulher continua:

– A resposta está no holismo. É claro que os idealistas têm lá suas verdades quando dizem que a criatividade é mistério. É impossível dissecar a criatividade e reduzi-la a programas de computador que lhe mostrem "como fazer". Por outro lado, dizer que o mistério está além de nossa predição e controle materiais é igualmente pouco verdadeiro. A criatividade é um fenômeno holístico.

– E o que isso significa? – pergunta, tropeçando nas palavras.

– Estamos em busca de um princípio organizador que seja responsável por todo comportamento criativo na natureza, incluindo o nosso. Como pode ver, nosso estande está vazio, exceto por alguns papéis de posições preliminares, ou seja, ainda não temos todas as respostas. Quando encontrarmos nosso princípio organizador, faremos uma publicação em grande estilo! – promete a mulher com um grande sorriso.

"É fácil falar sobre princípios organizadores, mas encontrá-los é que são elas", você pensa com seus botões. E externa a inquietação:

– Não entendo esse negócio de princípio organizador. O que vocês falam é tão vago! Só o pessoal da computação e, talvez, os teóricos do caos parecem ter algo de concreto a me dizer. Todos os outros têm muita conversa e pouco conteúdo.

A mulher olha bem nos seus olhos e recita:

Eles dizem que você é uma máquina clássica, que seu *self* é uma
miragem;
Que você não tem liberdade, que o seu ser não tem propósito.
Nem capacidade de transcendência.
A sua criatividade é comportamental –

O puro e simples condicionamento pavloviano para buscar "o tal" novo.
Você tem genes especiais ou circuitos cerebrais especiais?
Pois sem eles, nada feito.
Não acredita nisso? A criatividade tem de ser acaso,
talvez o caos. Você é uma máquina do caos criativo.

– E agora, o que lhe parece melhor?

De repente, ela parece entrar em linha direta com você, que sorri um pouco envergonhado.

– Acho que entendi o que você quer dizer. Não que eu acredite que sou uma máquina de computar ou uma máquina do caos. Mas seria legal que você tivesse algo de concreto a oferecer à criatividade humana – diz você, num sussurro de desculpa.

– Paciência – complementa ela, como se fosse uma bênção.

De repente, bem à sua frente aparecem dois cavalheiros teutônicos. Por certo você andava por ali absorto e entrou sem perceber em mais um daqueles estandes. Bem, por que não?

– Então, qual a sua ideia de criatividade? – pergunta aos dois senhores.

– Criatividade é o verter do inconsciente. Da Vinci reprimiu como parte de seu complexo de Édipo a memória de sua mãe e do sorriso dela. Daí surgiu a Monalisa, com seu famoso sorriso, da pena de Da Vinci – disse um deles.

– Não é bem assim – objetou o outro. – Criatividade é o dom do inconsciente coletivo que transcende o nosso inconsciente pessoal de memórias represadas.

– Mas o que é o inconsciente coletivo? Como sabemos que a criatividade vem do inconsciente? – pergunta você, não sem uma ponta de desdém.

– É difícil explicar aqui, no meio de uma feira. Talvez o seu psiquiatra possa lhe dizer o que é. Ei, você pode carregar este meu pacote aqui um pouquinho?

– Não obrigado – resmunga você ao dar as costas.

Um diálogo

Paro você na saída.

– Parece desapontado – comento.

– Como não estar? – pergunta você. – A maior parte das pessoas que chegaram a tocar meu coração pareceu tão vaga quando o assunto era criatividade... Dom divino, princípio organizador, inconsciente... Não sei se alguém ali sabe o que essas coisas significam. Algumas pessoas insistiram em que para desenvolver a criatividade é preciso ter certos traços de personalidade... O.k., confesso que fiquei com medo de fazer o teste, mas pensar que minha criatividade depende de como eu preencho um questionário... Só mesmo os caras dos computadores pareceram ter algo de concreto sobre a criatividade. Eles até me falaram coisas instigantes, mas daí a acreditar que a arte por computador é criativa e, por implicação, que somos computadores, é ir longe demais! E o que dizer de nossas experiências subjetivas? Ninguém parece ter nenhuma visão útil da criatividade que possa me ajudar a ampliá-la e explorá-la mais e mais. E alguém disse que somos apenas uma dança de átomos...

– Alguém que queira dançar com lobos não pode ser uma mera dança de átomos – eu disse. – Sua intuição está correta. Não devemos sucumbir ao computadorismo só porque os cientistas da computação estão falando em desenvolver modelos concretos de criatividade. A criatividade a que se referem é uma pálida versão da criatividade propriamente dita. Eles têm usado uma lente que faz ver perto demais o esplendor da criatividade. É preciso ver através de um escopo mais amplo, ter uma nova visão de mundo que a física quântica nos está proporcionando, para redescobrir a sua criatividade e avaliá-la, não só para resolver problemas que interessam, mas também para a transformação pessoal.

Seu interesse parece se renovar.

– Li uma matéria do David Brooks, colunista do *New York Times*, e, segundo ele, a física quântica nos diz do que é feita nossa consciência. Mas Brooks não fala nadinha de nada sobre criatividade. Você não está dizendo isso só pra me deixar contente?

– *Au contraire...* Estou falando muito sério.

– Então me diga: como pode a física quântica ajudar na criatividade? Não é apenas física de partículas subatômicas? Assim você me desafia...

– Porque a física quântica é a física das possibilidades; na física quântica, objetos são possibilidades, caro amigo – eu disse, grave e compenetrado. – E ao contrário do que afirmam os materialistas, você não é uma máquina material determinada e condicionada a processar seus programas preexistentes. Você não apenas processa possibilidades materiais, mas também possibilidades mentais de significado, possibilidades de sentimento pautadas pela energia vital, e possibilidades arquetípicas de intuição. Escolhe a experiência concreta a partir de todas essas possibilidades quânticas e, por essa razão, pode escolher ser criativo e sê-lo de fato.

– Mas isso fica parecendo aquele slogan dos anos 1970: "Nós criamos nossa própria realidade". Fiquei pensando nele muito seriamente. Até assisti ao filme *O Segredo*, que sugere "planeje e espere". De fato, encontrei uma mulher na feira que ensina algo parecido. Cheguei mesmo a tentar esperar para que meu ato criativo planejado se manifestasse. Não aconteceu nada!

– Você parece tão desapontado... Admito que não seja assim *tão* simples. Mas aí é que está. A física quântica explica como o processo criativo dos seres humanos implica tanto o reino consciente das experiências concretas dos manifestas como o reino inconsciente das possibilidades. Máquina alguma pode operar em ambos os reinos. Em física quântica fala-se também em uma descontinuidade no modo como as possibilidades inconscientes originam uma ideia criativa consciente. Essa descontinuidade é o que leva as pessoas a dizer que a criatividade é uma graça divina. Faz bem pouco tempo que passamos a chamá-la de salto quântico. A criatividade humana é fundamentalmente diferente da criatividade da máquina. Se você compreender e seguir o processo criativo tal como exposto pela física, poderá ter um acesso direto à criatividade. Com agonia, êxtase e tudo o que tem direito. Todo mundo pode. Eu lhe garanto.

Você parece esperançoso novamente:

– Estou tentando entendê-lo e acreditar em você. Na verdade, eu preferiria acreditar mesmo. Mas você se parece tanto com os idealistas... Com a diferença de ter um pé em uma sólida teoria científica a que você chama de física quântica. Alguma de suas ideias é amparada por dados empíricos?

– Sim, sim. A teoria da criatividade quântica tal como apresento é amparada por um amplo arsenal de dados empíricos. E também dispõe de diretrizes reais para sua aplicação na vida. Você vai ver.

Você parece aliviado:

– Ainda tenho tantas questões que me deixam num beco sem saída – diz, timidamente.

– Vamos fazer um exercício – eu proponho, tranquilizador. – Pergunte. Faça suas perguntas de maneira bem sucinta, e eu darei respostas sucintas. Se as respostas o deixarem intrigado, você compra meu livro, você o lê e adota o seu conteúdo para a vida. Combinado?

– Sim. Certo. Primeira questão. O que é criatividade? Certo, eu sei que criatividade diz respeito ao novo. Assim, eu acho que a minha questão é "o que é o novo?"

– Ambas as questões são importantes. A criatividade humana diz respeito a descobrir ou inventar um novo significado de valor. O que é realmente novo é o novo significado de valor em um novo contexto.

Eu percebo que mantenho vivo o seu interesse. Bom sinal. Como se estivesse lendo meus pensamentos, você diz:

– Uau! Isso está bem próximo da intuição que eu tinha. Mas aí está minha dificuldade. Quando você fala em significado na criatividade, está falando apenas em sistemas de conhecimento sofisticados como belas-artes, ciência, matemática, filosofia e afins? Aprender o básico em qualquer um desses campos leva anos – é intimidador. Então por que investir tanto sem garantias de chegar a bom termo? É difícil se manter motivado.

– Eu entendo. Mas tem algo que você não sabe. Para a nova ciência, nossa vida está saturada de significado, e ela diz também que nós apenas processamos possibilidades com significado. Quando nossa civilização estava engatinhando, a exploração de significado sempre produzia material novo. A vida de quase todo mundo era criativa, encantada. Hoje, podemos ver isso nas crianças; elas estão sempre descobrindo ou inventando coisas novas para elas próprias e vivenciando a felicidade.

– Concordo. À medida que as civilizações foram envelhecendo, nossos sistemas de conhecimento se sofisticavam, com todas as contribuições criativas que aconteceram antes. Mas queira observar que existem sempre contextos novos – físicos, mentais ou arquetípicos – com os quais e a partir dos quais se pode criar. Sempre que adentramos um território contextual não mapeado, a simplicidade retorna.

– O que está acontecendo neste momento é que uma nova visão de mundo, baseada na primazia da consciência, está substituindo a visão de mundo predominante, que se pauta na primazia da matéria. Tem-se aí uma mudança de contexto em um nível tão fundamental – e só encontra paralelo na história com a revolução copernicana –, que mesmo os campos sofisticados que você mencionou são amplos e estão abertos à exploração criativa. Tudo o que exigem é simplicidade.

– Ah, a mudança de paradigma. Já ouvi falar – você interrompe.

– Fico feliz de você ter consciência disso. Sinal de que vai gostar. Na nova ciência, logo vemos que os próprios valores arquetípicos estão abertos para a exploração criativa. Então, o que chamamos de exploração espiritual é apenas outra forma de criatividade, chamada "criatividade interior". (Vamos chamar "criatividade exterior" a produção criativa de produtos "externos".)

– E então? – pergunta você, inebriado. – Por acaso a criatividade interior não levaria aos sistemas de conhecimento sofisticados? Já não acabou levando a eles? Testemunho disso são as grandes tradições da religião, com todos os seus "bons" livros sofisticados.

Sou obrigado a rir.

– Mas sem dúvida você já ouviu que para a espiritualidade o conhecimento dificilmente importa. Mesmo hoje ainda há professores dizendo isso, e eles são os conhecedores por excelência. A verdade é que nossa evolução nos levou apenas ao nível do cérebro, que tem a capacidade de fazer representações (software) de significado mental. Como se não pudéssemos proceder diretamente a todo tipo de representações físicas ou a experiências intuitivas. Temos de usar o intermediário da mente – pensamentos mentais – para expressar o que intuímos.

– Agora já estou ficando confuso – você diz injuriado.

Com a mão suspensa no ar eu digo:

– Concordo. Todos esses detalhes são para depois. O importante agora é que você precisa considerar que a criatividade interior não depende de sistemas de conhecimento sofisticados.

Agora é a sua vez de sorrir.

– Isso não torna a criatividade interior mais simples. Quando eu era adolescente, ficava intrigado com coisas que os bons livros diziam como, por exemplo, "ama ao teu próximo". Eu tentava fazer isso e descobria que era mesmo muito difícil. Concluía daí que precisava de mais conhecimento.

– Você não tentou a criatividade. Aí é que está. Os bons livros não enfatizam a criatividade. A abordagem da criatividade torna factível a busca dos valores.

– Estou quase comprando essa ideia. Mas, francamente, "ama ao teu próximo" é coisa que já perdeu seu apelo em nossa cultura. Pra dizer a verdade, eu nem conheço o meu próximo. As pessoas com quem interajo, na maioria das vezes, são fantasmas da internet.

– Exagero seu... Você deve ter relações íntimas ou gostaria de ter alguma. Faça de sua relação íntima um projeto para criativamente descobrir o amor, o arquétipo para além do pensar e do sentir.

– Vai falar sobre isso em seu livro, imagino. Tudo bem, estou quase abrindo mão da ideia de que toda exploração criativa requer sofisticação.

– Calma aí – eu fui logo interrompendo. – Apenas disse que a busca da criatividade interior não necessariamente requer o compromisso de aprender sistemas de conhecimento sofisticados que contribuam para a nossa inteligência mental. Mas eles demandam um tipo diferente de compromisso, um compromisso com a inteligência emocional.

– O Senhor dá, o Senhor tira – você diz, num suspiro.

– E o Senhor dá novamente. Jamais suponha, como fazem os materialistas, que todos os traços de personalidade são genéticos ou são frutos do meio. Quando aplicamos a física quântica a nós mesmos, uma das surpresas é que nossas propensões aprendidas não são armazenadas como memória cerebral. Em vez disso, elas são armazenadas fora do espaço e do tempo, de modo que sempre voltamos a usá-las no curso das encarnações. A verdade é que eu e você passamos por muitas encarnações até desenvolver inteligência mental ou emocional, ou ambas, no nível que as temos agora. No filme *Feitiço do Tempo* você tem uma imagem interessante da natureza do que exploramos. De qualquer maneira, quando a inteligência que você traz de encarnações passadas coincide com o campo – exterior ou interior – de que você dispõe, a sofisticação não é um impedimento.

Posso ver seu interesse aumentando.

– Eu sempre quis acreditar em reencarnação – diz você, cheio de entusiasmo.

– Pois acredite. É científico. É algo que se sustenta tanto na teoria como pelos dados que se tem. Considere: para a nova ciência o propósito da vida humana é buscar significado e valores (Goswami, 2001). Isso é algo que fazemos no curso de muitas encarnações. Como resultado, ficamos melhores nisso, e tornamo-nos mais criativos. Mais motivados.

– Entendi. Agora estou curioso para ler seu livro e aplicá-lo à vida – diz você com muita convicção.

Gostei de ouvir.

– Vou dar a você mais uma chave de motivação. Pensar quanticamente (é uma combinação de processamento inconsciente e consciente, meu amigo!) equivale a mostrar que o darwinismo não é a última palavra sobre nossa evolução, que a evolução é fundamentalmente criativa; ela tem épocas de criatividade rápida, que se acrescentam às de criatividade lenta, do evolucionismo de Darwin (Goswami, 2008b). Quando nos alinhamos aos movimentos evolucionários criativos da consciência, aí se tem acrescentada a motivação do universo.

Próxima pergunta:

– Como ser criativo?

– Ah, essa pergunta vale um milhão de dólares. Pensar quanticamente não mostra apenas que a consciência tem a liberdade de criar; mostra também como ter acesso à liberdade criativa. O processo consciente todo mundo conhece: é o fazer, é aquele que se manifesta. Você tem de aprender as sutilezas do não manifesto; deve aprender o processamento inconsciente.

– Imagino que em seu livro explique tudo isso com mais detalhes – diz você, animadamente. – Algum conselho para terminar? O que tem no restante do livro?

O que tem no restante do livro?

Coragem! Somos todos seres potencialmente criativos. É preciso compreender que a visão de mundo muda (capítulos 2-3), como também as definições e classificações básicas exigidas pela criatividade humana (Capítulo 4). É compreendendo o *self* para além do ego e é se reconectando a ele que encontramos a criatividade (Capítulo 5). Você deve explorar de onde vêm os significados e valores criativos (capítulos 6-7). Entrar nas sutilezas do processo criativo (capítulos 8-10). Compreender e explorar as fontes da motivação criativa (capítulos 11-13). Sintonizar--se com o movimento evolucionário criativo da consciência (Capítulo 14). Estudar o modo como a criatividade funciona em alguns dos importantes campos da criatividade (capítulos 15-20).

É preciso praticar os modos quânticos de se tornar criativo sem esforço e de maneira divertida; descobrir seus padrões de hábito e torná-los adequados a um campo exploratório (Capítulo 22). Aplicar a criatividade para resolver problemas de um novo paradigma em seu campo – exterior ou interior – que seja de seu interesse e satisfaça o seu potencial criativo, contribuindo para a evolução da consciência (Capítulo 23). Você deve pensar quanticamente, manter-se motivado e agir de modo criativo: faça da criatividade o centro da sua vida.

capítulo 2

criatividade de máquina, criatividade humana e visões de mundo

Uma questão fundamental e permanente que se tem na vida é: vamos optar por obedecer aos mesmos velhos ditames de nossos hábitos e condicionamentos ou passaremos a explorar novas possibilidades, para as quais necessitamos de criatividade? Mas se você não for um gênio e estiver com este livro aberto diante de si, uma das questões que devem estar estalando em sua mente é: "A criatividade é para mim? Logo eu, que nunca fui criativo?". E a sua verdadeira preocupação: será que eu tenho o necessário? O talento, a perseverança, a tendência a sofrer com a agonia da dúvida sobre si mesmo, com a atitude defensiva, o sentimento de falta de valor etc.?

Em resposta à sua preocupação eu direi o seguinte: não se preocupe, pense quanticamente. A física quântica é a física das possibilidades. Ela lhe dá poderes e o coloca em contato com a exploração de novas possibilidades. Para a física quântica a realidade é ao mesmo tempo possibilidade e experiência concreta. Os objetos do universo são possibilidades, possibilidades quânticas; eles se tornam objetos da experiência concreta em nossa experiência quando olhamos para eles. Essa realidade em dois níveis é um aspecto importante de nossa consciência; o não manifesto, portanto o chamado inconsciente, é o reino no qual a consciência processa possibilidades (processamento inconsciente), mas sem percepção-consciente, ou *awareness**, sem que haja separação entre sujeito e objeto; o mani-

---

* No original, *awareness*. Não há uma tradução exata em português. O termo é comumente traduzido como "consciência" ou "percepção". Em muitas publicações, *awareness* é mantido em inglês, pois tem um sentido mais amplo que o de "consciên-

festo é o domínio das experiências concretas que a consciência processa com percepção-consciente mediante a divisão entre sujeito e objeto. Esses dois níveis de realidade tornam a criatividade humana mais versátil do que a criatividade pela máquina.

Se você está interessado em pensar quanticamente, a sua vontade é o ingrediente crucial para ser criativo; o resto você pode aprender, pode mesmo "captar" no curso de uma atividade. Na verdade, você tem tudo para ser extraordinário em sua criatividade; é o seu condicionamento psicossocial que o faz pensar que é tão comum. O pensar quanticamente é algo que o liberta de ser um "comum presumido". A criatividade foi difícil para os povos antigos porque eles a tinham de perseguir cegamente, não conheciam o "como funciona" da criatividade humana. Mesmo hoje, algumas pessoas trocam em miúdos a sua criatividade em razão de uma visão de mundo mecanicista e deficiente.

E, mesmo após a leitura deste livro, talvez você continue um pouco cético: devo realmente investir em criatividade? A resposta sucinta é "sim". Sim, porque para investir em criatividade nunca houve tempo melhor do que agora. Hoje temos não apenas uma alucinante mudança de visão de mundo a abrir a pletora de problemas passíveis de ser resolvidos com um investimento relativamente pequeno, mas há também um momento de crise sociopolítica e ambiental que demanda essas soluções. Uma crise é um verdadeiro clarim capaz de despertar o seu potencial criativo.

É fácil constatar o momento de crise de nossos dias. As economias de todo o planeta vivem a era das fusões. A velha economia já não está mais funcionando: um novo paradigma se faz necessário. Nossos negócios sofrem por falta de inovação. Diante da influência extrema da mídia e do dinheiro é difícil visualizar um *modus operandi* na esfera

---

cia": refere-se a um "estado de alerta" que compreende, inclusive, a consciência da própria consciência. É também um conceito-chave da Gestalt-terapia. Segundo Clarkson e Mackewn, *awareness* é "a habilidade de o indivíduo estar em contato com a totalidade de seu campo perceptual. É a capacidade de estar em contato com sua própria existência, dando-se conta do que acontece ao seu redor e dentro de si mesmo; é conectar-se com o meio, com outras pessoas e consigo próprio; é saber o que está sentindo, significando ou pensando, saber como está reagindo neste exato momento. *Awareness* não é apenas um exercício mental: envolve todas as experiências, sejam elas físicas, mentais, sensórias ou emocionais. É a totalidade de um processo que empenha o organismo total" (*Fritz Perls*. Londres: Sage, 1993, p. 44-45). Apesar de as palavras "percepção" e "consciência" não abarcarem, isoladamente, a essência do termo inglês, neste livro optou-se por traduzir awareness pela palavra composta "percepção-consciente", no intuito de aproximá-la de seu sentido pleno, deixar bem marcadas todas as ocorrências no texto e facilitar a compreensão do leitor de língua portuguesa. [N. de E.]

de um sistema democrático e ainda assim promover as mudanças sociais necessárias, especialmente no longo prazo. Apesar dos enormes dispêndios com educação, nossos jovens não têm se mostrado capazes de transitar em um ambiente de novas ideias. Nossos sistemas de saúde são caros, e não obstante muitas vezes ineficientes para implementar e manter tratamentos nos casos mais necessários – os das doenças crônicas. As religiões por toda parte se veem enredadas em escândalos morais e em vexaminosos jogos de poder. Sem religião a nos guiar, nós próprios nos vemos enredados num cinismo sem fim quando a questão são os valores morais.

Crises e mudanças de paradigma andam de mãos dadas. Por que a atual crise é disseminada a ponto de abarcar todas as esferas da atividade humana? A resposta aponta para o nosso modelo de operação como um todo, para o fato de nosso guarda-chuva paradigmático a que chamamos de ciência materialista já não estar funcionando, isso em razão de sua míope visão de mundo, própria de um materialismo científico. Aqui não entrarei em detalhes, mas a busca cega dessa velha visão de mundo materialista é a culpada pela excelência de tantos problemas atualmente, cujas dimensões só nos fazem pensar num estado de crise (Goswami, 2011a). Einstein dizia que não podemos resolver nossos problemas ficando no mesmo estado de entendimento em que foram criados. Por isso, necessitamos de uma mudança de paradigma, de uma mudança de visão de mundo.

Essas são boas notícias para os que se pretendem criativos. Os paradigmas ou modelos de todos os sistemas de conhecimento tornam-se mais sofisticados com o tempo, o que pode ser bastante intimidador. Significa que a simples curiosidade já não basta para motivar, exceção feita aos mais talentosos. Mas sabem do que mais? Quando um paradigma começa a mudar, nos estágios iniciais de um novo paradigma, remetemo-nos de volta ao básico. Pensamentos simples, não sofisticados, são suficientes para que se faça um real progresso.

Um erudito contrata um barqueiro para fazer a travessia de um rio. No entanto, sendo erudito, ele não resiste à tentação de mostrar sua superioridade. "Você conhece bastante de gramática, meu caro homem?", ele pergunta ao barqueiro. "Não", responde este, sem em nada se alterar. "Então você perdeu metade da sua vida", declara o erudito, grandiloquente. Tudo fica em silêncio por algum tempo. Até que o barqueiro pergunta: "Você sabe nadar, nadar bastante?" "Não", responde o erudito. "Então você perdeu sua vida inteira. O bote está afundando."

A criatividade diz respeito a um novo significado mental. E significado depende de contextos, e os contextos, de significados correntes e falhos, que estão nos presenteando com crises, foram todos descobertos ou inventados no contexto da visão de mundo do materialismo científico – tudo é matéria, tudo são manifestações de interações materiais. De acordo com essa visão de mundo, a criatividade é uma resolução de problemas de caráter mecânico; consiste em buscar novas soluções pela pura e simples combinação de velhos contextos de pensamento. Se tentarmos resolver nossos problemas com os velhos contextos do materialismo científico, dos quais herdamos os tais problemas, jamais encontraremos soluções por mais que as busquemos.

A boa notícia é que também aqui a física quântica está nos conduzindo para uma nova visão de mundo baseada não só na primazia da matéria, mas na primazia da consciência – a ideia de que a consciência é o fundamento de todo o ser. Esse paradigma é integrador: permite a um só tempo a criatividade humana e a resolução mecânica de problemas. Segundo a nova visão de mundo, a realidade se vale de ambos, *potentia* e experiência concreta. Envolve não apenas lidar com o que já se encontra efetivado, mas também descobrir o novo a partir do que em outro instante foi criatividade potencial.

Há ainda outro ponto importante, e que se evidencia quando consideramos as crises no meio ambiente, na educação, na saúde e na religião. A solução nesses campos de atuação requer não apenas um novo paradigma, mas também uma mudança de perspectiva no modo como vivenciamos a nós mesmos, em quem pensamos que somos. Estamos interessados no que é profundo em nós ou queremos continuar ocos?

Conflitos e confusões abundam nessas esferas. Os cientistas de um modo geral são afeitos à ecologia, mas seguem uma filosofia – o materialismo científico – que não permite o conceito de transformação pessoal necessário para se viver em harmonia com o ambiente – entendida segundo o conceito de ecologia profunda proposto pelo filósofo Arne Ness (Deval & Sessions, 1985). As religiões de um modo geral propõem éticas, mas sua visão estreita da ética não se estende para além de seu próprio clã. Com isso a guerra e o terrorismo. A violência contra outros clãs na busca da justiça é um recurso válido para segmentos radicais de muitas religiões. Profissionais da saúde concordam que um placebo – pílulas de açúcar ministradas por um médico, fazendo as vezes de remédio – funciona para a cura em razão da crença mental do paciente, mas ao mesmo tempo se recusam a admitir a eficácia causal da mente em sua filosofia básica da medicina. Os reformadores da educação concordam que os estudantes de hoje estão entediados, mas tudo o que oferecem é mais matemática e mais ciência, sem se darem conta de que essas disciplinas se tornaram por demais apartadas do dia a dia e de seus problemas, com a consequente ausência de significado para os alunos e a dificuldade de despertá-los para esse sentido, por parte dos educadores.

Em todos esses campos – meio ambiente, saúde, religião e educação –, a criatividade é demandada com enfoque não só no exterior, mas também no interior – sendo este necessário para transformar quem somos (Goswami, 2011a). Esse é o tipo de criatividade a que chamo de criatividade interior, em oposição à criatividade exterior, que envolve resultados na esfera exterior de nossa experiência.

Temos ainda outras boas notícias. Contrariamente à ciência materialista, que não pode validar o que é interior e, por isso, valoriza apenas o exterior, a nova ciência trata exterior e interior em pé de igualdade, valorizando ambos. Com isso, ela proporciona orientação não só para a criatividade exterior, mas também para a criatividade interior.

De uma visão de mundo exclusiva para uma visão de mundo inclusiva

Para dizê-lo ainda uma vez, a visão de mundo predominante hoje é a metafísica do materialismo científico. Essa metafísica amoldou a ciência moderna, a cultura e a sociedade ocidentais nos últimos sessenta anos. Passemos a alguns detalhes:

- O que é real consiste em matéria e nas manifestações de interação material. A matéria é reducionista, o macro é redutível ao micro, e a causa vai do nível mais básico de partículas elementares a átomos, moléculas e toda a macromatéria incluindo células vivas e o cérebro (Figura 1). A esse tipo de causação de baixo para cima chamamos "causação ascendente". Coisas que parecem ser não materiais, como nossas experiências interiores, são consideradas fenômenos secundários (epifenômenos) do cérebro, com nenhum poder causal que lhe seja inerente.
- O comportamento de objetos é independente dos sujeitos (ou seja, de nós). No nível macro, esse comportamento se dá de acordo com a física de Newton (também chamada "física clássica"), é determinado e funciona ao modo de uma máqui-

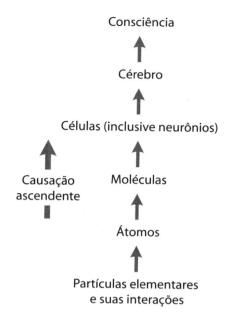

Figura 1. Causação ascendente.

na. Como tais, esses comportamentos estão sujeitos a predição e controle.

- A mente é uma máquina newtoniana, um epifenômeno do cérebro. Ela é completamente determinada pelo cérebro, e sua dinâmica é algorítmica. A continuidade causal é pressuposta também para o comportamento humano, limitando o que a criatividade pode representar. Por exemplo, a criatividade não pode produzir coisa alguma que seja *realmente* nova, pois a visão de mundo pressupõe que todas as coisas que existem são determinadas pelas que já estão lá.
- A consciência é, portanto, um fenômeno cerebral carente de eficácia causal; em outras palavras, não existe livre-arbítrio. Acredita-se que o conceito de consciência seja uma conveniência operacional; é em grande parte graças a nossos padrões de linguagem que podemos usar algum conceito.
- Não é possível distinguir consciente de inconsciente; em outras palavras, não existe explicação sobre como surge a experiência de divisão sujeito-objeto da consciência total da percepção-consciente. Portanto, o conceito de inconsciente é visto com muitas reservas.

O paradigma materialista é excludente. Como se afirmou acima, a ciência materialista, ao enfatizar exclusivamente a matéria e o exterior, solapou tudo o que pertence a nossas experiências interiores. Em consequência disso, as artes e as humanidades, tradicionais domínios da criatividade, têm sido as vítimas silenciosas e silenciadas tanto nos estudos acadêmicos como na sociedade. Quando foi a última vez que você leu poesia de verdade?

A religião, dizia Marx, é o ópio do povo. Em sua época, não havia muitos que comprassem sua ideia, mas agora, com o advento do materialismo científico e da ciência materialista, Deus foi declarado ilusão, e as pessoas que se identificam com isso criam uma enorme confusão (Dawkins, 2005; Hawking & Mlodinow, 2010). Com a derrocada das religiões, o homem perde a fé não só em Deus, mas também em valores que possam pautar sua vida – amor, bondade, justiça, beleza e mesmo a verdade.

A ciência moderna originou-se da luta de libertação de dogmas religiosos do cristianismo medieval. Infelizmente, a filosofia do "tudo é matéria" de seu atual paradigma de ciência materialista é também um dogma – e que ninguém se engane quanto a isso. Não existe evidência científica que possa amparar sua incomensurável pretensão a que tudo seja matéria e a que toda causação seja ascendente. Na verdade, existe muita evidência do contrário, conforme veremos mais adiante neste livro (cf. também Goswami, 2008a, b; 2011). Dogmas criam exclusividade. A visão de mundo do "tudo é matéria" exclui a relevância de nossas experiências interiores de sentir, de dar significado e de intuir, e com isso marginaliza as artes, as humanidades, a ética, a religião e a espiritualidade – na verdade, nossa própria consciência. Dessa maneira, esse tal dogma nos presenteou com outro dogma: o de que não há diferença entre vida e não vida; o de que a consciência é operacional, mera linguagem; o de que não existe inconsciente, de que psicologia inconsciente é psicologia vodu; o de que mente é cérebro; de que não há nada para sentir nem intuir, havendo apenas condicionamento genético resultante da evolução darwiniana e necessidade de sobrevivência; de que para o *self* não há nada além do condicionamento psicossocial e genético; de que não há livre-arbítrio.

Se o *self* não existe, se a consciência é miragem, se não há outra fonte de causação além da interação material, se não há livre-arbítrio, como pode existir criatividade que possamos aprender, que possamos usar para fazer mudanças em nós mesmos?

Quando jovem, o psicólogo William James se viu deprimido por pensar que a filosofia determinista da realidade – todo movimento é determinado por leis físicas – estaria correta. Caiu doente por alguns dias, chegou a ter um colapso. Ele então descobriu uma filosofia do livre-arbítrio; e decidiu: "Meu primeiro ato de livre-arbítrio deverá ser acreditar no livre-arbítrio". Essa decisão lhe garantiu não apenas boa saúde, mas também uma criatividade que lhe acompanhou durante toda a vida.

Na verdade, modelos mecanicistas de criatividade excluem a real criatividade humana do repertório de fenômenos. De acordo com os materialistas, a criatividade nada mais é do que a hábil aplicação do bom e velho método científico (Weisberg, 1993). Tente várias combinações de velhos e conhecidos contextos, um a um, e veja se o contexto novo, então gerado, não é capaz de resolver o problema da busca de uma solução. Em caso afirmativo, você chegou a um final feliz. Em caso negativo, tente outra combinação possível. Continue até conseguir. Se estiver condicionado por um pensamento divergente – a capacidade de pensar muitas combinações alternativas de contextos aprendidos, então sim, você apresenta um comportamento criativo e será capaz de se embrenhar – com gosto – no método científico. Se, além disso, você se mostrar capaz de um pensamento convergente, se for capaz de manter um foco e usar a razão para organizar as alternativas que pretende experimentar para um êxito mais imediato, tanto melhor. Tudo isso está à disposição, para a criatividade. Não fique se preocupando com a correção dessa teoria; um computador de silício seria mais bem--sucedido em atos de criatividade do que você, um ineficiente computador de carbono produzido ao acaso pela evolução de Darwin.

Mas valendo-se de seus estudos de caso – e eles têm milhares de estudos de caso –, os pesquisadores da criatividade codificam para essa criatividade um processo bem diferente. Eles dizem que no trabalho criativo real, realizado por pessoas criativas, há um importante papel reservado para o inconsciente, este que é denegrido pelos materialistas como vodu. E, o que é ainda pior, esses pesquisadores insistem na existência de uma descontinuidade no processo criativo em vez de uma continuidade passo a passo do método científico (Briggs, 1990). O pensamento do "mente é cérebro" retrata a mente como coisa computável e, por isso mesmo, algorítimica (um algoritmo é um procedimento lógico passo a passo baseado na continuidade) e contínua. A descontinuidade é um anátema para o pensar materialista.

E mais ainda. O pensamento materialista do conceito "a vida é um jogo de genes" dá a ideia de que ser ou não ser criativo depende sobretudo de seu legado natural de genes: você seria criativo por ter genes de talento ou genes de criatividade ou pelo menos um condicionamento ambiental adequado desde cedo. Do que mais você precisará para ser capaz de se valer de um pensar divergente ou convergente? Você obteve um repertório enorme de contextos aprendidos, que só o condicionamento comportamental psicossocial lhe pôde proporcionar. Pode alguém ser criativo? Não, senhor. A criatividade é para aqueles poucos que têm os traços de personalidade desejados.

Na verdade, com o pensamento materialista não podemos nem mesmo chegar àquela que seria a base primeira para se entender a criatividade, qualquer uma. Na verdade, o pensar materialista nem mesmo permite uma definição de criatividade postulada pelos pesquisadores da esfera da criatividade. Segundo eles, a criatividade diz respeito a explorar o novo significado mental de valor (Amabile, 1990). Podem os computadores processar significado, isso para não falar em valor? O físico e matemático Roger Penrose (1991) demonstrou matematicamente que computadores não conseguem processar significado. E o que isso significa para o modelo materialista de criatividade a que nos referimos acima? Simplesmente isto: imagine um computador escrevendo um poema, combinando várias linhas de vários poemas repletos de significado (ver Capítulo 1, por exemplo). O computador pode dispor de toda a nova poesia obtida de todos os novos contextos derivados da permutação e da combinação do contexto antigo que nele esteja programado. Mas um computador não é capaz de avaliar novos significados – quem o faz é o programador! E isso só é possível porque o programador não é um computador. O computador não consegue ver valores; somente um programador humano pode ver valores.

E se, imitando os darwinistas, você disser que nós passaremos a reunir toda a sorte de poemas para que a natureza – em forma de pessoas – passe a selecionar; você pode se perguntar: com base em que critérios as pessoas vão selecionar? Poemas não são bons para a sobrevivência! Assim, o critério de seleção tem de ser valores outros que não a sobrevivência – como verdade, beleza, justiça, amor e bondade, certo? Mas então, de novo, as pessoas têm de ser pessoas reais, não *fac-símiles* de computador! Como disse certa vez o pioneiro nas ciências da computação, Norbert Wiener: "Aos computadores o que é dos computadores, e aos homens o que é dos homens".

Para compreender a atividade humana real, faz-se necessária uma mudança para um novo paradigma, que se mostre inclusivo relativamente a condicionamento e criatividade, a continuidade e descontinuidade, a matéria e consciência, a inconsciente e consciente, a causação material e livre-arbítrio (ou escolha criativa), a capacidade de sentir e de raciocinar, a conteúdo computável e significado incomputável de pensamento, a valores de sobrevivência e valores intuitivos. O novo paradigma deve então ser inclusivo com relação a todos os modos humanos de experiência – sensação, sentimento, pensamento e intuição. Nós descobrimos um paradigma que é inclusivo a esse ponto. Nós o chamamos de ciência no âmbito da consciência. Ele se baseia na física quântica e na metafísica do idealismo monista que postula a consciência como fundamento de todo ser.

Na física, após décadas de luta, agora ficou claro que não podemos compreender a física quântica sem uma mudança básica em nossa visão de mundo, da primazia da matéria à primazia da consciência (Goswami, 1989, 1993, 2008a; ver também Stapp, 1993; Blood, 2001). Eis aqui os aspectos mais fundamentais da nova ciência no âmbito da consciência:

- A consciência é o fundamento de todo ser.
- A experiência concreta manifesta é precedida por possibilidades – possibilidades quânticas. A escolha consciente converte possibilidade em experiência concreta. Uma vez que a escolha é exercida a partir de um estado não ordinário de consciência – "mais elevada" do que nosso ego ordinário –, podemos chamá-la "causação descendente". Nós vamos nos referir a essa consciência mais elevada como consciência quântica; tradições espirituais referem-na como Deus.
- No âmbito de nossa consciência não dividida, existem quatro mundos de possibilidades quânticas dos quais se pode partir via causação descendente de escolha consciente, e deles advêm todas as nossas experiências: o mundo material que sentimos (sensações); o mundo vital, cujas energias de movimento nós sentimos (emoções); o mundo mental, com o qual pensamos e processamos o significado; e o mundo supramental de arquétipos (platônicos) – verdade, beleza, amor, bondade, justiça etc. – que intuímos, do qual haurimos valores.
- A escolha consciente precipita o colapso das possibilidades quânticas multifacetadas em cada um dos domínios para se tornar experiência concreta. Os mundos paralelos múltiplos não interagem diretamente; a consciência medeia a sua interação pela escolha simultânea e colapso de possibilidade em experiência concreta.
- O colapso é o significado não local que requer uma ausência de interação e nenhuma comunicação que envolva a troca de sinais. A não localidade é uma comunicação desprovida de sinais e situa-se "fora" do espaço e do tempo. A consciência

quântica é não local, ela escolhe a partir de si mesma, de suas próprias possibilidades.

- O colapso é descontínuo. Antes dele, as possibilidades quânticas, que são propriamente ondas de possibilidades, residem na *potentia* transcendente, fora do espaço e do tempo. O colapso transforma as ondas em partículas imanentes no espaço e no tempo. Daí se vê por que a continuidade tem de prevalecer. De que outro modo se poderia descrever espaço e tempo "exteriores"? Se "o fora" do espaço e do tempo formasse uma continuidade com o que está dentro do espaço e do tempo, poderíamos apenas expandir as fronteiras e incluí-lo, não poderíamos? A palavra "transcendente" nos remete tanto a não localidade como a descontinuidade.

- Na *potentia* transcendente, a consciência se mantém indivisa a partir de suas possibilidades, e não há experiência. A isso se chama, em psicologia profunda, inconsciente, muito embora este tenha adquirido hoje um significado muito mais amplo, em conformidade com dados experimentais (ver Capítulo 8). O colapso produz "cossurgimento dependente" entre um sujeito da experiência e um objeto da experiência. O sujeito já não é mero artifício de linguagem. Um sujeito é uma pessoa com um cérebro com que a consciência se identifica (ver Capítulo 4).

- A criatividade é fundamentalmente um fenômeno de consciência manifestando, de maneira descontínua, facetas de possibilidades *realmente* novas (antes elas eram não manifestas e inconscientes) a partir do transcendente para o domínio imanente. Assim fica claro por que nas tradições antigas a criatividade é referida como um casamento entre o Céu (transcendente) e a Terra (imanente).

Quando usamos o novo paradigma da ciência no âmbito da consciência para compreender a criatividade obtemos respostas satisfatórias para todas as questões relativas à criatividade. As definições e classificações fazem sentido e concordam com o campo encontrado pelos pesquisadores (ver Capítulo 4). O processo criativo empiricamente descoberto, no qual as transições inconscientes e descontínuas exercem um papel, faz sentido e pode ser explicado em detalhes (ver capítulos 8-10). Por sua própria natureza, o processamento inconsciente é processamento quântico – um processamento simultâneo de muitas possibilidades – radicalmente superior ao método científico de cepa newtoniana. Tudo isso abre espaço para uma orientação real de todas as pessoas que desejam ser criativas. E lhe fala do papel que seu condicionamento desempenha e o que você pode fazer a respeito. Sim, todo mundo pode ser criativo; sim, todo mundo pode transformar; sim, existe a um só tempo agonia e êxtase na criatividade; mas a agonia vale muito a pena, porque o êxtase é a mais cobiçada entre as experiências humanas.

Para dizê-lo ainda uma vez, a pesquisadora Theresa Amabile definiu a criatividade da seguinte maneira: "A criatividade é a descoberta [ou invenção] de um novo significado de valor". A criatividade com a qual nos envolvemos hoje é a criatividade mental, diz respeito a significado mental. A palavra "valor" fala de uma dimensão ainda mais elevada de nossa interioridade: a intuição. Valorizamos o que intuímos, no que Platão denominou "contextos arquetípicos do pensar": amor, beleza, verdade, justiça, bondade etc. O que é verdadeiramente novo é o novo significado inventado ou descoberto usando-se contextos arquetípicos antigos ou novos e combinações desses contextos. Essa é a verdadeira natureza da criatividade.

Você não pode pensar nesses termos quando se encontra no âmbito da ciência materialista. Na ciência materialista, a mente é cérebro; e o cérebro só pode processar significado antigo em sua memória, não o podendo converter em novo significado. E a intuição não existe no pensar materialista. A física quântica permite que você pense em sua própria mente e em sua faculdade de intuir (a que chamamos de supramental) de modo diferente, como entidades de si mesmas, completamente independentes do cérebro. O papel do cérebro se faz valer à medida que nós o usamos para efetuar representações de significado mental, tal como o hardware, cérebro do computador, em relação ao software.

Pode alguém ser criativo? A criatividade transcende o comportamento condicionado, seja ele genético ou ambiental. O arquiteto que costumava dizer "O projeto arquitetônico é como fazer salsicha; melhor nem perguntar o que vai dentro" não levava em conta alguma coisa e mistificava a capacidade criativa. *Simplesmente perceba o seguinte: a criatividade envolve o poder causal da consciência – escolher a partir de possibilidades quânticas. Se você sabe acessar esse poder causal e sabe aprender a manifestar sua mensagem com o condicionamento acumulado de seu ego, então você pode ser criativo.*

Pode alguém ser criativo? Para alguns, a curiosidade honesta por si só já basta. Mas para a maioria de nós, a motivação criativa demanda uma crise, uma crise exterior, aos moldes da crise da sobrevivência civilizada que enfrentamos em nossos dias, ou de uma crise interior, de intenso sofrimento, que a vida traz até alguns de nós. Todo mundo pode ser criativo quando se sente a premência, uma questão candente, seja ela de motivação interior ou exterior. Para tanto, motivação é essencial.

Voltando ao tema da mudança do atual paradigma, trata-se de uma transformação tão brutal em nossa visão de mundo, que para acomodá-la em todos os campos de atuação humanos, necessitamos retornar ao mais fundamental e básico, e necessitaremos de criatividade não só para dar soluções aos problemas relacionados à crise, mas também para reconstruir campos de acordo com as exigências de nossa nova visão de mundo. Está claro que não há vantagem em ser um, por assim dizer, especialista quando há uma mudança de paradigma. Está claro que existem, sim, oportunidades de trabalho criativo para quem quer que esteja adequadamente motivado. Exterior ou interior? Não se preocupe, você escolherá o seu próprio caminho dependendo da sua condição, única e intransferível. Existe ainda, e isso também está claro, uma gama sem precedentes de chances para uma integração entre exterior e interior, integração esta bastante necessária para nos manter afastados da atual confusão de valores e éticas em nossas sociedades.

Intencionalidade

A criatividade é intencional. Mas por que criatividade? No nível pessoal, o propósito da criatividade é explorar nossa intuição – os contextos arquetípicos do pensar e do sentir – e fazer com que ela se manifeste. Cientistas investigam sobretudo o arquétipo da verdade, enquanto os artistas voltam-se notadamente para o arquétipo da beleza; os homens de negócios seguem o arquétipo da abundância, e os indivíduos interiormente criativos seguem, sobretudo, o arquétipo do amor e da bondade, e assim por diante.

Leva tempo para explorar os arquétipos; não uma vida, mas muitas vidas se fazem necessárias. Isso acaba sendo ajustado à medida que se tem a reencarnação como parte da lei do universo. Aceitar e explorar a reencarnação é algo que nos dá o sentido pessoal de intencionalidade que trazemos à nossa exploração criativa. Thomas Edison intuiu corretamente essa condição quando disse "Gênio é experiência. Alguns parecem pensar se tratar de um dom ou talento, mas ele é fruto de longa experiência em muitas vidas. Algumas almas são mais velhas do que outras, e por isso conhecem mais".

A natureza proposital da criatividade, portanto, revela-nos um modo coletivo em nossa evolução, em nossa história evolucionária. Quando olhamos para a biologia ou para a evolução biológica, a intencionalidade se evidencia. Por exemplo, todos os nossos órgãos executam uma função proposta; nos registros fósseis evolucionários existe uma clara progressão, uma unicidade de sentido, de fósseis simples a complexos, e isso sugere intencionalidade.

Mas os biólogos de hoje, em sua quase totalidade, têm o darwinismo por sinônimo de evolucionismo, e no darwinismo não há espaço para o propósito. O darwinismo considera a evolução um mero jogo de acaso e necessidade: a variação casual nos genes da hereditariedade e a necessidade de sobrevivência dos organismos é que são os critérios para a seleção natural entre as variantes. Mas, infelizmente, para os biólogos materialistas e sua fé no darwinismo, o darwinismo é contradito por evidências empíricas de dados fósseis. Já mencionei a via de sentido único e obrigatório dos dados fósseis, que é do simples para o complexo; isso é algo que o darwinismo não consegue explicar. Por essa razão, existem no processo macroevolutivo as famosas lacunas fósseis, sugerindo épocas descontínuas de evolução (Eldredge & Gould, 1972). A evolução darwiniana é lenta, contínua e não permite explicação razoável para as lacunas fósseis (a existência de poucos intermediários impede a validação do darwinismo, que requer literalmente milhares e milhares de intermediários para preencher as lacunas fósseis).

Quando reformulamos a biologia como ciência no âmbito da consciência, somos capazes de explicar as lacunas fósseis como resultado de saltos quânticos descontínuos de criatividade biológica (Goswami, 2008b). E mais: a nova ciência explica um aspecto de dados evolucionários dos quais o darwinismo não consegue dar conta. A questão é que todo e qualquer impulso importante na evolução tem sido associado a uma catástrofe geológica.

Com muita clareza a nova ciência nos apresenta o propósito da evolução: produzir em nosso nível físico representações cada vez melhores do sutil (ou seja, do vital, do mental e do supramental) (Goswami, 2008). Isso explica o sentido único dos registros fósseis, que vão do simples ao complexo.

Os detalhes da evolução humana que a antropologia estuda e codifica estão mostrando que a maneira como nossa mente processa significado evolui desde priscas eras, de quando o homem era caçador e silvícola. De lá para cá, nosso maior interesse está em conferir significado ao físico. Nós necessitávamos de uma mente física para sobreviver. Passamos então por um estágio (antropólogos identificam-no a uma era horticultural de agricultura em pequena escala, na qual se fazia uso de instrumentos como a enxada) em que costumávamos dar significado a nossos sentimentos, às energias do movimento vital; tínhamos uma mente vital. Então apareceu o arado, originando a agricultura em larga escala, e nosso interesse se voltou para o significado do pensar mental em si, que é o pensamento racional abstrato; teve início a era da mente racional, que ainda estamos explorando. Mas deve ficar claro que quando a mente passar a se ver às voltas com a necessidade de dar significado a suas intuições, entraremos num estágio posterior – teremos então uma mente intuitiva (Goswami, 2008b). Já há milênios a vanguarda de nosso pensamento vem explorando a mente intuitiva, mas não se tem aí um processo de difusão entre as massas. Quando a maior parte das pessoas vier a processar o significado do que intuímos e a vivenciar o significado descoberto, teremos então a nova era. É para onde estamos indo com nossa criatividade, com nossa evolução criativa. Somos destinados a trazer o Céu para esta Terra, nada menos do que isso (Aurobindo, 1996; De Chardin, 1961). A exemplo do que aconteceu nas épocas de maior criatividade na evolução, podemos antecipar que esse próximo passo suscitará uma crise de proporções catastróficas; daí ser possível constatar em nossos dias uma forte incidência de reflexões sobre catástrofes: creio que muitas pessoas estão antecipando o advento dessa nova era de evolução.

Eis aqui, em breves linhas, o tema central deste livro. A criatividade humana pode ser compreendida; pode até mesmo ser aprendida. Vivemos hoje tempos maravilhosos, de crises e de mudança de paradigma, que facilitam a motivação no curto prazo. No longo prazo a fonte de nossa motivação é mais sutil: reencarnação e evolução. Segundo a teoria da reencarnação da nova ciência, as pessoas com pretensões criativas têm já uma viagem devidamente criativa esboçada em linhas gerais, e temos o talento e a capacidade de prover os detalhes e consumar nossa jornada. Para a nova teoria da evolução, uma vez que estamos em uma viagem criativa, visto que desenvolvemos uma mente intuitiva, nossa atitude é a de incentivar o propósito do movimento evolucionário da consciência. Saiba disso e mantenha-se motivado. Além disso, é claro, a intuição de que na criatividade reside a fonte de nosso maior êxtase é sempre uma grande motivação para o estudioso especialista.

Existe agonia na criatividade: dúvidas acerca de nossa capacidade, de nosso desmerecimento, de nossas defesas de ego. Emoções negativas. O letrista P. F. Sloan descreve sua agonia e as lutas travadas no ato de compor uma canção, com as palavras que podemos aqui reproduzir: "Eu estive por um fio durante a maior parte daquela batalha noturna. 'Por favor, deixe eu me libertar desta... Por favor me deixe sair, preciso me libertar'...".

Mas uma voz lhe dizia o tempo todo: '"Não, não, sinto muito, você vai ter de viver com isso. Não vou deixá-lo sucumbir desta vez".

E então o êxtase: "Finalmente, as palavras começariam a vir, e ante a sua visão eu me cobriria de lágrimas de alegria, e ficaria tão feliz por ter podido recebê-las".

Para a maior parte de nós, o gênio de nossa criatividade está engarrafado – libertar o gênio equivale a se tornar um gênio. É líquido e certo que ao compreender o que a criatividade significa, o papel que ela desempenha em nosso autodesenvolvimento, o modo como nosso processo criativo funciona e de onde vem nossa motivação, faremos as vezes de valioso auxílio para que muitos ultrapassem as barreiras que nossos conceitos limitantes impõem à nossa criatividade natural. Pode a criatividade se expressar com tanta potência como a de Einstein, a de Gandhi? Depende de nós mesmos; não é preciso limitar o nosso potencial tomando-nos pelo mais clássico dos computadores.

> O modo como vês o mundo depende
> de tua cosmovisão – da tua lente conceitual.
> Sê consciente, meu amigo.
> Se tua lente não for solidamente verdadeira,
> o teu mundo pode parecer mecânico. Em um mundo assim
> o ímpeto criativo definha, negligenciado.
> Lustre tua lente com consciência
> e contemple uma vez mais através de olhos criativos. *

---

* No original: *How you see the world depends / on your worldview – your conceptual lens. / Be aware, my friend. / If your lens is not ground true, / your world may look mechanical. In such a world / creativity withers untended. / Polish your lens with consciousness / and gaze once more / through the eyes of the creative.* [N. de T.]

capítulo 3

este é o monte dos voos criativos: o quantum, o quantum, o quantum

A física newtoniana clássica é algorítmica. Na física clássica, um conhecimento das "condições iniciais" de um objeto (sua posição e velocidade em um momento inicial) e das forças agindo sobre ela nos faz capazes de calcular todo o seu movimento futuro (e passado) por uma aplicação contínua dos algoritmos fornecidos pela lei de Newton. Isso originou a filosofia do determinismo: todo movimento de todos os objetos é determinado para sempre, dadas as condições iniciais e as leis da física. O futuro é determinado pelo passado. As oportunidades de criatividade nessa filosofia são limitadas – a criatividade baseia-se numa repetição de memórias passadas; é criatividade de máquina.

A física quântica é a física do século 20, que substituiu a física "clássica" de Newton. A palavra *quantum* significa uma quantidade discreta; um quantum de energia é um feixe de energia discreto, indivisível. Mas a física quântica envolve muito mais do que feixes de energia discreta.

Desde seus primeiros passos a física quântica foi reconhecida e identificada pela implicação de movimentos descontínuos para os quais não há nenhum algoritmo. Quando um elétron pula de uma órbita atômica para outra, seu movimento é descontínuo; ele jamais atravessa o espaço interveniente (Figura 2). A isso chamamos "salto quântico".

Você pode se imaginar pulando de um meio-fio para a rua sem passar pelo espaço que há entre eles? Não obstante é o que fazem os elétrons. E se há muitas órbitas disponíveis, não conseguimos

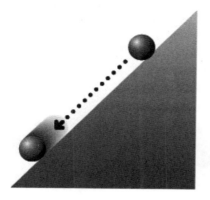
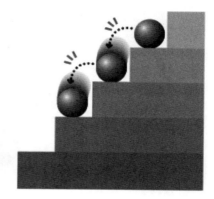

Figura 2. O salto quântico – A luz é emitida somente quando o elétron salta descontinuamente (o que é denotado por "pulo") de uma órbita superior para uma órbita inferior. As órbitas atômicas podem ser pensadas como degraus de uma escada quântica. O elétron pula de uma órbita superior e aparece em uma inferior, e o faz de maneira descontínua.

predizer para qual órbita o elétron pulará. Tampouco podemos dizer quando ele vai pular. Podemos falar apenas em probabilidades. Não havendo um algoritmo completo – um determinismo completo – no mundo quântico, abre-se uma janela para a verdadeira criatividade, para o que é verdadeiramente novo.

Lidando com muitos elétrons ao mesmo tempo, físicos recorrem a algoritmos estatísticos para fazer predições quantitativas em física quântica, mas isso não diminui em nada a sutileza da situação. A verdade é que no tocante à matéria a física quântica se dá ao modo de ondas – ondas de possibilidade. A estranheza do elétron, com o salto quântico que lhe é característico, vem da resposta à seguinte pergunta: uma onda de possibilidade se torna uma partícula concreta quando a observamos?

Como podemos saber que um elétron é uma onda antes de medi-lo? Ondas se disseminam e estão em muitos lugares ao mesmo tempo; é processo semelhante ao da fala, que cria ondas sonoras com a emissão dos sons; o som pode alcançar muitas pessoas ao mesmo tempo. As ondas sonoras também contornam obstáculos, como quando falamos de trás de uma esquina e nossos amigos podem nos ouvir – uma propriedade chamada difração. De maneira similar, quando enviamos um feixe de elétrons através de um cristal (que é uma grade tridimensional de átomos), os elétrons não aparecem em uma bolha única (como

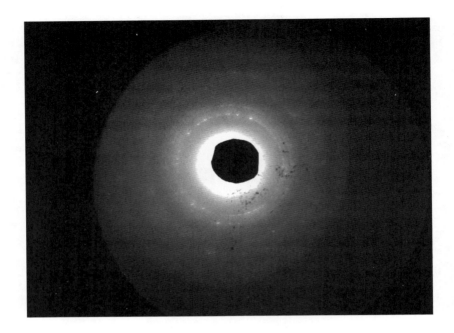

Figura 3. Quando atravessam um cristal, elétrons formam um padrão de difração, e esse padrão revela a natureza de onda dos elétrons.

quando se despeja açúcar por uma peneira), mas em vez disso realiza um padrão de difração – uma distribuição de luz e manchas escuras – em um filme fotográfico, confirmando seu segredo ondulado (Figura 3).

Você pode estar pensando: "Bem, talvez a onda seja uma propriedade do raio de luz como um todo, e não de um único elétron...". Para testar essa possibilidade, nos primórdios da física quântica um jovem físico estabeleceu um padrão de difração com uma fonte de elétrons bastante fraca – tão fraca que em média apenas um elétron atravessava o cristal em um dado momento. Então ele saiu em viagem com a namorada. Se a propriedade de onda do elétron fosse uma propriedade do raio de luz como um todo, o padrão de difração cederia em favor de uma bolha única contínua. Mas quando o físico retornou após alguns dias (sem dúvida razões amorosas o fizeram demorar-se um pouco mais), ele encontrou um padrão de difração, não uma mancha contínua. A conclusão não dá margem a ambiguidade. Cada elétron contorna os obstáculos atômicos do cristal rumo a locais classicamente proibidos, bem ao modo de ondas, mas sempre aparece no filme como uma mancha única, ao modo de partícula. A localização da mancha varia randomicamente de elétron a elétron, formando-se, de modo cumulativo, o padrão de difração quando elétrons em número suficiente forem coletados no filme.

A interpretação desse experimento é crucial para se encontrar uma nova visão de mundo centrada na criatividade. Temos de perceber que, antes da mensuração, um elétron existe em um reino de possibilidade, aparecendo em muitos lugares. Tem-se uma onda de possibilidade. Nosso olhar (a mensuração) entra em colapso com sua onda de possibilidades, provocando um único acontecimento concreto em um local particular no filme fotográfico.

Pode o nosso olhar afetar os elétrons? Em anedota citada por Sarah Whitfield, o pintor impressionista René Magritte certa vez entrou numa loja de laticínios para comprar queijo holandês. Enquanto a atendente buscava uma peça do queijo da vitrine de frios, Magritte insistiu para que ela cortasse um pedaço de outra peça, cuja embalagem ainda não tinha sido aberta. "Mas é o mesmo queijo!", respondeu a atendente. "Não, senhora...", disse Magritte. "Esse da vitrine já foi olhado por todo mundo aí passando o dia inteiro...". A realidade quântica parece concordar com Magritte: o olhar muda as coisas.

O que tudo isso tem a ver com criatividade? Elétrons e todos os objetos submicroscópicos, e, por implicação, todos os objetos materiais deles construídos são ondas de possibilidade (pense neles como pacotes de possibilidade com muitas facetas). E a consciência, no processo de observação, escolhe qual faceta de um pacote de possibilidade será manifestada em um evento particular (Figura 4); tal escolha é descontínua, não algorítmica. O caso é que essa escolha – causação descendente – pode ser criativa; a consciência pode usar essa escolha para manifestar seu jogo propositivo e criativo (Goswami, 1993).

Como pode a matemática algorítmica da física quântica determinar a probabilidade que essas possibilidades têm de manifestar, no âmbito da física quântica, a teoria mais bem-sucedida quanto às predições? É simples. Para um grande número de objetos e acontecimentos, ou ambos, a consciência escolhe de modo que o cálculo de probabilidade quântica seja mantido.

No entanto, o macromundo é aparentemente newtoniano, determinista. Isso é abarcado pelo princípio de correspondência inerente à matemática quântica: para massas maiores, o comportamento quântico tende a se aproximar do comportamento clássico. Primeiro, as moléculas de objetos muito maciços são mantidas juntas por forças coesivas, para que não haja a menor possibilidade de escaparem; elas fazem suas ondulações mantendo-se firmes em seu lugar, como ondas

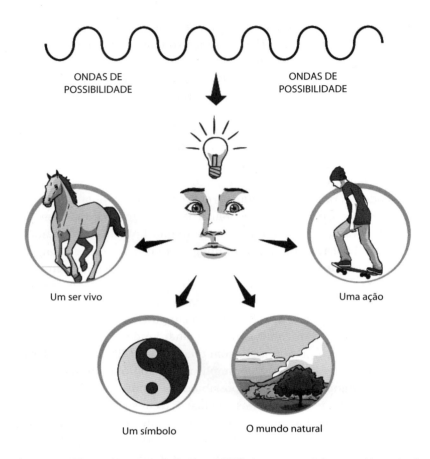

Figura 4. Objetos existem como ondas de possibilidade no oceano de incerteza (chamadas de *potentia* transcendente). Quando olhamos, escolhemos a experiência concreta dentre as possibilidades, e os objetos aparecem no mundo de manifestação em seu estado escolhido.

sonoras em uma corda de guitarra. Além disso, a matemática quântica é construída de tal forma que, para objetos macro maciços como um todo, o espectro de possibilidade seja limitado. Como resultado, encontramos o cosmos lá fora, e os repolhos e teias de aranha aqui embaixo, exatamente onde poderíamos esperar encontrá-los de acordo com a física newtoniana, o que lhes dá a aparência de continuidade algorítmica clássica e comportamento determinista. E isso também é uma coisa boa. Usamos o macro como aparato que ajuda na mensuração com o intuito de amplificar as possibilidades microquânticas (de maneira semelhante ao modo como usamos um aparelho de surdez) e para registrar as experiências concretas de nossa escolha. Somente porque esses registros detêm uma fixidez clássica é que podemos compartilhá-los com outros e chegar a um consenso. Outro aspecto crucial da macrofixidez da matéria está em ela possibilitar representações de objetos sutis de significados mentais e de energias vitais (onde o comportamento quântico jamais é comprometido) para obter fixidez. Por fim, a fixidez no macromundo nos proporciona os sujeitos e também os objetos que vemos como pontos de referência.

A consciência se utiliza de matéria densa e mundos sutis para executar seu jogo. Normalmente o jogo é clássico; é melhor que ele seja, pois precisamos da ordenação determinística das coisas mundanas para poder apreciar o que é realmente criativo. Contudo, quando a matéria e os mundos sutis se empenham com consciência em seus aspectos quânticos, a criatividade se faz possível. Em seus aspectos quânticos, tanto o cérebro como a mente consistem em possibilidades a partir das quais a consciência pode criar o que é eternamente novo. Quando os aspectos quânticos do cérebro e da mente são suprimidos, o comportamento condicionado prevalece.

É evidente que essa visão da física quântica continua controversa, pois ela traz a consciência imaterial para a arena da ciência supostamente materialista, além de atribuir comportamento quântico ao cérebro. Mas a controvérsia é emocional, e não lógica. Baseia-se em territorialidade, não em fatos. Embora muitos físicos considerem que o problema de interpretação da física quântica ainda careça de resolução e imaginem que uma interpretação materialista, que preserve o materialismo científico, deverá ser descoberta algum dia, é fato que a pesquisa orientada para tal interpretação tem se mantido infrutífera já há mais de sete décadas. A razão é simples: a matemática quântica impede uma interpretação material. Interações materiais podem meramente converter uma onda de possibilidade em outra onda de possibilidade, jamais em experiência concreta – segundo o teorema comprovado pelo matemático John von Neumann (1955). A consciência pode converter a possibilidade em experiência concreta porque ela é imaterial. Mas isso não é dualismo. Como se afirmou aqui, no Capítulo 2, para a nova concepção a consciência é o fundamento de todo ser no qual matéria, mente e todas as outras fontes de experiência se mantêm como possibilidades. Uma vez que a consciência não é separada de suas possibilidades, não há a necessidade de interações nem de sinais para mediar sua escolha a partir das possibilidades de concretização da experiência. Lembrando o já afirmado aqui, na física quântica chamamos essa ausência de sinais de comunicação não local.

A situação implicada pela timidez da física clássica (materialista) em aceitar a interpretação da mensuração quântica baseada na consciência me faz recordar uma história. Uma mulher vai a uma loja e pede 45 metros de um tecido para o seu vestido de casamento. Quando a vendedora se mostra surpresa, ela diz: "Meu noivo é um físico quântico... Tenho certeza de que ele vai achar adequada essa metragem".

Fato é que temos disponível uma interpretação da física quântica completamente livre de paradoxos, muito embora ela se baseie na primazia da consciência (Goswami, 1993; Stapp, 1993; Blood, 2001). É hora de renunciar à pesquisa estéril e aceitar uma interpretação da consciência. Como afirmei no Capítulo 2, esta nova abordagem abre nossa ciência para um novo paradigma, capaz de solucionar não apenas o paradoxo da mensuração quântica, mas também todos os paradoxos e anomalias da velha ciência materialista.

Transcendência e não localidade do quantum

A definição dicionarizada de criação – "fazer com que algo exista ou formar a partir do nada" – é um enigma até você reconhecer que "nada" tampouco significa coisa alguma. Criação é proporcionar forma a partir de possibilidades transcendentes que não são coisas. Todos os objetos quânticos evoluem como possibilidades em sua *potentia* transcendente até que sejam trazidos à imanência – à coisidade – por colapso via observação consciente. Mas podemos verificar pela via experimental a transcendência de "objetos *in potentia*" em coisas? Nós podemos. Ou melhor: nós temos de fazê-lo.

Na física quântica, podemos correlacionar objetos de maneira que eles permaneçam interconectados e capazes de comunicação não local desprovida de sinais, mesmo enquanto viajam separados (*in potentia*) por grandes distâncias. Quando estamos observando, os objetos quânticos correlacionados colapsam-se em experiências concretas, separadamente, e ocorre que a natureza de seu colapso indubitavelmente revela a correlação entre eles. É evidente que correlações não locais existem em um domínio de interconexão que transcende o domínio de realidade espaço-temporal imanente. Nessa medida, a transcendência é sinônimo de não localidade quântica.

A compreensão e a aceitação de um reino transcendente acabaram se disseminando mesmo entre cientistas materialistas, em consequência de um experimento em física quântica realizado em 1982 por um grupo de físicos franceses liderados por Alain Aspect (Aspect *et al.*,

1982). Nesse experimento, dois correlacionados de luz – fótons – mutuamente se influenciam a distância, sem que haja troca de sinais.

Assim, a fase de correlação de ondas quânticas, sua dança em degraus, é uma correlação não local existente em um domínio não local transcendente que conecta uma localização especial com outra sem adentrar o espaço interveniente e sem defasagem temporal. Traduzindo agora em termos de pessoas: se duas pessoas são correlacionadas (por interagir de algum modo adequado) e passarem então a extremidades opostas da terra, caso uma delas toque num cacto e sinta o espinho, também a outra sentirá o espinho (Figura 5). Parece-lhes um disparate?

O físico Leo Szilard certa vez convidou dois outros físicos, Murray Gell-Mann e Marvin Goldberger, para um encontro intercontinental sobre controle de armas. Como Goldberger estava ocupado, ele disse que poderia comparecer apenas na segunda metade da conferência. Quando Szilard olhou para Gell-Mann, este lhe disse que assistiria apenas à primeira metade. Szilard pensou por um momento e soltou, com seu inigualável senso de humor: "Não, então não; seus neurônios não estão interconectados". O próprio Gell-Mann (1994), que tem contado essa história, continua a fazer comentários futuristas sobre como dois cérebros um dia poderão estar conectados ao mesmo computador, compartilhando neurônios. É possível duas pessoas compar-

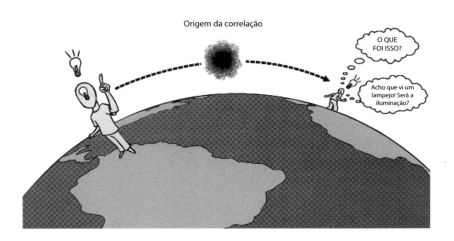

Figura 5. O milagre das correlações não locais. Estando correlacionados em alguma origem, se um indivíduo vê um lampejo luminoso, o outro também o vê. Mera metáfora?

tilharem seus neurônios sem um computador futurista? Julgue por si mesmo o significado do experimento a seguir.

Os experimentos do neurofisiologista mexicano Jacobo Grinberg-Zylberbaum, seus colaboradores (1994) e umas duas dezenas de outros (ver, por exemplo, Wackerman, 2003; Standish *et al.*, 2004) apoiam diretamente a ideia de uma não localidade quântica no cérebro humano; esses experimentos são o equivalente dos cérebros macroscópicos do experimento de Aspect no reino submicroscópico.

Traço característico desses dois experimentos é que dois voluntários são instruídos para meditar juntos por um período de 20 minutos com o intuito de estabelecer uma "comunicação direta"; então eles entram em gaiolas de Faraday (compartimentos metálicos que bloqueiam todos os sinais eletromagnéticos) separadas, ao mesmo tempo em que mantêm sua comunicação direta pelo tempo que durar o experimento. A um dos voluntários é mostrado um flash luminoso que produz um potencial evocado (resposta eletrofisiológica produzida por um estímulo sensorial mensurável por um eletroencefalograma (EEG) mediante eliminação de ruído por computador) no cérebro estimulado. O surpreendente é que numa proporção aproximada de um em cada quatro casos a mensuração por eletroencefalograma do cérebro não estimulado também revela uma atividade elétrica, ou seja, um potencial "transferido" bastante semelhante em forma e força ao do potencial evocado (Figura 6a). Os indivíduos de controle que não meditam juntos ou que não são capazes de estabelecer comunicação direta jamais mostram qualquer potencial transferido (Figura 6b). A explicação direta aponta para a não localidade quântica – os dois cérebros atuam como um sistema quântico não localmente "correlacionado" ou "entrelaçado". Em resposta a um estímulo direcionado a somente um dos cérebros correlacionados, a consciência não local entra num estado de colapso próximo de estados idênticos nos dois cérebros; daí a semelhança dos potenciais cerebrais.

Evidencia-se a existência de uma semelhança notável entre cérebros correlatos e fótons correlatos, mas também aí se tem uma diferença impressionante. A semelhança está em que em ambos os casos a correlação inicial é produzida por alguma "interação". A diferença é que, no primeiro caso, à medida que a onda de possibilidade entra em colapso por mensuração, os objetos se tornam não correlacionados; no caso dos cérebros correlacionados, porém, a consciência mantém a correlação ao perfazer cem flashes de luz necessários para se chegar ao potencial evocado médio. Essa diferença é bastante significativa. A não localidade de fótons correlatos, ainda que seja notável quando

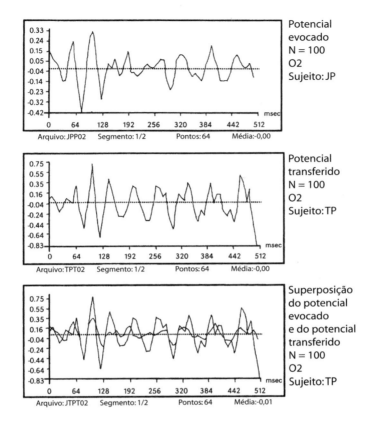

Figura 6a. Experimento de Gringberg-Zylberbaum. (a) Se dois indivíduos estão correlacionados e a um deles se mostra um feixe de luz que produz um potencial evocado distinto no EEG afixado em seu couro cabeludo, um potencial transferido de força e fase comparáveis aparece no EEG do parceiro não estimulado. Note a diferença de escala de ordenadas nas duas figuras.

se trata de demonstrar a radicalidade da física quântica, não pode ser usada para transferência de informação, de acordo com um teorema atribuído ao físico Philippe Eberhard (1978). Os defensores do materialismo científico não raro denigrem a importância do experimento de não localidade quântica de Aspect porque, se a informação não pode ser transferida, a comunicação não local demonstrada é meramente benigna. Mas considerando que a consciência media a correlação, no caso dos cérebros correlatos o que se tem no envolvimento são mais do que interações, e o teorema de Eberhard não se aplica; por isso transferir a mensagem se torna possível. Na verdade, ao perceber o potencial transferido, um experimentador pode facilmente

55

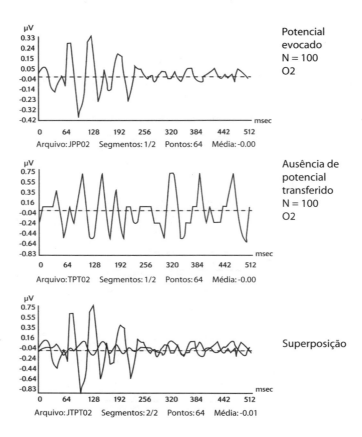

Figura 6b. Experimento de Gringberg-Zylberbaum. (b) Um indivíduo de controle sem correlação, mesmo quando há um potencial evocado distinto no EEG do indivíduo estimulado, mostra não haver potencial transferido. Observe a escala.

concluir que o parceiro correlacionado voluntário do potencial transferido viu estímulos ópticos. A não localidade quântica não é benigna.

Se aplicarmos essa situação ao ato criativo, segue-se que pode haver exemplos nos quais duas pessoas podem ter a mesma ideia criativa por meio do espaço e do tempo, mas sem qualquer contato local entre elas. São encontradas evidências para esse tipo de criatividade correlacionada em muitos casos de descobertas múltiplas – descoberta do mesmo tema, seja na ciência, seja nas artes, por duas ou mais pessoas separadas no espaço e no tempo.

A descoberta quase simultânea do cálculo infinitesimal por Isaac Newton e Gottfried Leibniz e, já no século 20, a codescoberta da matemática quântica por Werner Heisenberg e Erwin Schrödinger são exemplos de criatividade múltipla (para outros exemplos, muitos deles, ver Lamb & Easton, 1984).

Alguns pesquisadores, com destaque para Dean Simonton (1988), defendem que descobertas simultâneas não são a mesma descoberta: "O cálculo de Newton não era idêntico ao de Leibniz". Ocorre que a questão não é bem essa. O *insight* de Leibniz foi o mesmo de Newton, mas isso se manifestou por diferentes estruturas de ego. Isso explica as diferenças relativamente triviais entre seus cálculos.

Contudo, tendo em vista a linha de pesquisa de Grinberg-Zylberbaum *et al.* (1994), faz-se possível situar a questão do mecanismo das múltiplas descobertas via experimento objetivo. Para demonstrar a não localidade quântica diretamente no processo criativo, talvez seja o caso de selecionar pares bem conhecidos de colaboradores científicos ou artísticos com máquinas de EEG que meçam seus potenciais cerebrais e busquem uma sincronia entre a atividade elétrica de seus cérebros quando estiverem à altura de sua colaboração criativa e quando se sentirem em comunicação direta, apesar da distância. Esse apoio experimental de não localidade foi encontrado para voluntários em meditação conjunta (Radin, 2006). Nesses experimentos, geradores de números randômicos gerando séries randômicas de 0 e 1 a partir de acontecimentos quânticos randômicos de decadência radioativa estatisticamente revelam um desvio significativo da randomicidade quando trazidos para uma sala de meditação em que pessoas estejam meditando.

Precisamos realmente da física quântica para compreender a criatividade humana? Diálogo imaginário com um não cientista

LEITOR – Gosto de algumas coisas que você tem dito, mas seria bom se tivesse outra forma de dizê-las. Para falar a verdade, não gosto de física; fico um pouco intimidado... Com a física quântica também. Compreender a criatividade humana deveria ser mais simples...

AUTOR – Entendo. Einstein disse algo a respeito de tornar nossas teorias simples, porém não mais simples do que elas realmente são. Espero que os detalhes das definições, explicações e classificações do fenômeno criativo nos últimos três capítulos tenham demonstrado de maneira decisiva que compreender a criatividade requer a introdução da não localidade e da descontinuidade dos processamentos quânticos consciente e inconsciente, dos valores de significado e de arquétipos na teoria. E esses atributos necessitam de um arcabouço em física quântica.

LEITOR – Tomemos a descontinuidade. Não tenho certeza do que vem a ser a descontinuidade. Coisas ou pensamentos, para mim tudo sempre parece estar em contínuo movimento. Na verdade, não consigo me lembrar de um caso claro de uma experiência de descontinuidade.

AUTOR – Muito pelo contrário, caro leitor, eu acho que intuitivamente você percebe que atos criativos são saltos descontínuos, razão pela qual você deve saber o que a descontinuidade é. Numa deliciosa tira humorística de Sidney Harris, Einstein, com suas calças pregueadas e o visual que lhe é característico, está diante de um quadro-negro, giz na mão, pronto para descobrir uma nova lei. Na lousa a equação $E = ma^2$ é escrita e riscada; no caso de $E = mb^2$, igualmente descartada. No título se lê: *O momento criativo*. Por que você ri disso? É uma caricatura maravilhosa de um momento criativo precisamente porque todos nós intuitivamente reconhecemos que um *insight* criativo envolve uma descontínua mudança de contexto, que não segue, pois, aqueles tais passos "raciocinados".

LEITOR – Você chamou a atenção para um ponto importante. Mas será a física quântica o único veículo a explicar a descontinuidade da criatividade?

AUTOR: Receio que sim. Todos os mecanismos newtonianos são contínuos. Na verdade, todas as interações materiais são contínuas. Por isso uma fonte causal não material se faz necessária para o movimento descontínuo que é o papel da consciência.

LEITOR – Certo, eu aceito esse ponto. Agora, vamos passar para a consciência. Você diz que a consciência é necessária para que se considerem as possibilidades quânticas e se escolha um acontecimento concreto entre essas possibilidades. Por quê?

AUTOR – Objetos quânticos são ondas de possibilidade por causa do jogo do princípio da incerteza – você nunca pode medir com precisão os valores iniciais tanto da posição como da velocidade. Os objetos quânticos se expandem como ondas de possibilidade no oceano da ignorância da incerteza. Só mesmo a consciência pode processar o conhecimento capaz de remover a ignorância.

LEITOR – Você está me pedindo para acreditar que esta sala em que eu estou, esta mesa de trabalho, esta Terra sob a força da gravidade do Sol, a existência de tudo isso desaparece tão logo ninguém esteja olhando?

AUTOR – Eu não falaria num desaparecimento da existência de todas essas coisas. Elas existem enquanto ninguém está olhando, mas somente enquanto *potentia*, como possibilidade. Às vezes, por exemplo, para objetos maciços como a mesa de trabalho, o espectro de possibilidade é consideravelmente fixado com pouca liberdade de ação, e, por isso, sempre que você olha, encontra a mesa basicamente no mesmo lugar. Esse é o princípio da correspondência. E quanto à gravidade, esta, bem como todas as outras leis naturais, continua a ser um parâmetro a determinar as possibilidades de acordo com as leis quânticas de movimento que determinam em que medida a matéria se manifestará quando a olharmos.

LEITOR – Sim, sim. Agora outra preocupação. Eu entendo escolhas manifestas. Quando chego a um cruzamento, eu decido se vou virar ou se vou em frente. Mas escolher entre ondas de possibilidade é algo que não compreendo. Onde elas estão? Por que não as vejo antes de escolher?

AUTOR – As ondas de possibilidade em si não podem se manifestar em suas formas múltiplas e simultâneas, pois elas residem em um domínio transcendente de realidade. Mas quem diz que não as "vemos"? Certamente você não as vê como objetos separados de você no espaço-tempo. No entanto, os pesquisadores da criatividade afirmam que as pessoas criativas (ou seja: todos nós) processam não só conscientemente, mas também no inconsciente. Estou dizendo que é nesse inconsciente que o processo criativo processa possibilidades, e é nesse processamento que uma faceta de possibilidade jamais antes considerada é escolhida – ela como que salta e se torna experiência concreta. É assim que eles trazem aquelas joias de *insight* criativo do Céu transcendente para a Terra. Você também, em seus atos criativos. Todos o fazemos via de regra na infância. E nosso condicionamento, nossos hábitos enraizados – a fixidez funcional de nossas mentes – impedem que o façamos com mais frequência quando adultos.

LEITOR – Vale a pena pensar a respeito. Mas tenho uma objeção à sua ideia de que a consciência escolhe a experiência concreta a partir da possibilidade. Suponha que você e eu estejamos olhando simultaneamente para a mesma onda de possibilidade quântica. Quem tem de fazer a escolha?

AUTOR (*rindo*) – Eu, é claro. Eu é que sou o físico. Mas, falando sério, essa é uma questão bastante paradoxal e que durante muito tempo foi um entrave a qualquer consideração real de uma interpretação da física quântica com base na consciência. Na literatura especializada, chama-se a isso de paradoxo do amigo, de Wigner. Wigner chega a um semáforo ao mesmo tempo que seu amigo chega no cruzamento pela outra rua. Ambos querem um sinal verde. A luz é operada por um átomo radioativo cuja redução quântica faz mudar a luz. Então, qual escolha conta? Se Wigner diz que é a escolha dele que conta, ele está pensando em termos do que os filósofos chamam de solipsismo, segundo o qual somente a consciência de Wigner é real, todo o resto sendo apenas imaginação de Wigner. Mas se o amigo de Wigner tiver uma escolha tão potente quando a dele, o pandemônio porá em convulsão o mundo inteiro – quando se derem tais conflitos de escolha.

LEITOR – Você articulou muito bem o paradoxo. Obrigado.

AUTOR – Agradeça a Wigner. Mas você percebe de onde vem a dificuldade? É pensando que temos consciência, que possuímos consciência individual, assim como temos cérebros individuais. Você tem de mudar radicalmente a sua ideia do que é consciência. A consciência que escolhe a experiência concreta a partir da possibilidade quântica é uma consciência indivisa. Naquela consciência não local, onde a escolha acontece, somos todos um; não existe você ou eu separados que façam a escolha (Bass, 1971; Blood, 1993; Goswami, 1993).

LEITOR – Mas eu não percebo você e eu como um só. Vejo-me bem separado de você.

AUTOR – Essa não é uma percepção criativa, mas uma percepção bastante condicionada. O um se torna um em razão do condicionamento. No momento o seu ego está se afirmando a si mesmo (assim como o meu está) à medida que articulamos um discurso racional, intelectual. A criatividade é um dos raros exemplos em que temos uma oportunidade de apreender a unidade da consciência.

LEITOR – Isso me parece bem claro. Mas se é uma consciência que cria, então para que o cérebro? Para que o indivíduo?

AUTOR – O cérebro contém o mistério por trás da manifestação. Certa vez alguém disse que se o cérebro fosse tão simples a ponto de podermos entendê-lo, ele seria tão simples que nós não poderíamos entendê-lo. Imagine. Uma das coisas não tão simples de compreender sobre o cérebro é por que a autorreferência – a divisão sujeito-objeto do mundo – ocorre em sua presença. O Capítulo 5 deste livro trabalha essa questão. E o indivíduo, também ele, desempenha um importante papel na criatividade. Ela requer a interação de indivíduo e consciência cósmica.

LEITOR – Uma última questão. Qual o papel da mente em tudo isso?

AUTOR – A mente confere significado à interação entre consciência e matéria. Pense em você assistindo à TV. Todas aquelas imagens são simplesmente movimentos eletrônicos na tela. Quem põe naqueles padrões eletrônicos a imagem de Jenny ficando brava com o namorado porque ele prestou muita atenção em Violet? Você, com a ajuda de sua mente. É o que sempre acontece quando se assiste à TV. Mas quando a mente está imaginando algo novo, que traz novo significado via salto quântico, aí estamos sendo criativos (para mais detalhes, consulte o Capítulo 6).

Pensar em criatividade?
Fazer perguntas?
Tuas perguntas são vislumbres vagueantes
Da alma a te chamar.

Ouves o marear das ondas de possibilidade
Nas bordas de tua mente?
Olha então pela janela quântica
Face a face com o *self* original,
O salto quântico te tomará de assalto. *

---

* No original: *Thinking about creativity? / Asking questions? / Your questions are firefly glimpses / Of the soul calling you. / Do you hear the lapping of possibility waves / On the shore of your mind? / Then look through the quantum window. / Face to face with your original self / The quantum leap will take you by surprise.* [N. de T.]

capítulo 4

o que é criatividade?
os detalhes

Espero que vocês estejam suficientemente motivados para entrarmos em alguns detalhes da definição e classificação dos atos criativos. Vamos começar pelo começo. O que é criatividade? Um modo completamente incontroverso de responder a essa questão é dizer que ela é o fenômeno conectado ao ato de criação. Mas o que é um ato de criação? Podemos definir um ato de criação de um modo que satisfará a todos?

O dicionário define a criação como o "o ato de fazer o mundo existir a partir de nada". Analogamente, podemos dizer que qualquer criação, seja ela um poema ou uma teoria da ciência, é o ato de trazer ao mundo a partir de nada? Ocorre que muitas pessoas que pensam em criatividade hoje tendem a se esquivar de tal definição. Diz-se que ninguém faz algo a partir de nada.

O problema é que tentamos definir coisas em termos que se adequem à nossa visão de mundo. Como disse certa vez o psicólogo Abraham Maslow, "se você tem um martelo na mão, tende a ver o mundo como pregos". Por exemplo, o matemático Jacques Hadamard (1939) definiu a criatividade da seguinte forma: "É óbvio que a invenção ou descoberta, seja em matemática ou em qualquer outra área, realiza-se pela combinação de ideias". Esse modo de olhar para a criatividade satisfaz uma visão de mundo que, eu defendo, Hadamard compartilha com a maior parte dos cientistas (materialistas), segundo a qual o mundo é causalmente determinista – causas passadas determinam eventos futuros. Uma ideia nova tem de ser vista como nada além de uma nova combinação de ideias já conhecidas. A limitada visão de mundo de Hadamard produziu sua limitada definição de criatividade.

Máquinas determinísticas – o computador é um exemplo – podem resolver problemas combinando programas previamente existentes. Se a solução é nova e inesperada, e sobretudo se ela usa uma combinação de programas nova, que não foi previamente testada, como podemos negar a você a rubrica da criatividade? Nossa criatividade não precisa ser um pouco diferente daquela das máquinas determinísticas?

Mas estaremos atrelados a uma visão de máquina de nós mesmos? Somos pessoas com mentes, somos também conscientes. E, na condição de seres conscientes dotados de mente, somos capazes de escolher a novidade verdadeira, e nessa medida produzir sobre a criatividade uma definição mais próxima da que se tem no dicionário. O psicólogo Rollo May (1976) – que acredita na potência da mente e da consciência –, diz que a criatividade "é o processo de fazer existir algo novo". Por essa concepção de criatividade, algo genuinamente novo vem a ser num ato criativo. E é possível manifestarmos essa novidade genuína porque não somos máquinas determinadas.

É o velho debate materialismo *versus* idealismo – somos feitos apenas de matéria? Ou será a consciência o fundamento de nosso ser? Se somos feitos apenas de matéria, então faz sentido dizer que somos máquinas determinadas, que mesmo nossos atos supostamente novos e criativos não são realmente novos, mas apenas um refazer de material velho. Mas se somos feitos de consciência, e daí?

Pode a criatividade ser a um só tempo não nova e nova? Muito embora o mundo seja fundamentalmente idealista – isto é, muito embora a consciência seja o fundamento de todo ser –, essa visão de mundo idealista monista inclui a concepção materialista como caso limitante. Na condição de seres conscientes, conquanto tenhamos a capacidade de criar o novo a partir do nada, temos também a tendência a nos tornarmos condicionados e a manipular nossos programas condicionados para com isso criar coisas novas e úteis. Eu defenderia que ambas as exposições acima têm validade.

Seria equivocado evidenciar prematuramente um ou outro aspecto particular de fenômeno tão complexo como é a criatividade? Seria como o pai ansioso na sala de espera da enfermaria. Quando a enfermeira lhe traz um trio de bebês, declarando que ele é o pai dos trigêmeos, o homem estuda os bebês e diz, apontando para um deles: "Eu escolho este aqui!". A maioria de nós concordaria que o homem está sendo por demais apressado.

O quiproquó materialista-idealista sobre a definição é resolvido reconhecendo-se que temos dois tipos básicos de criatividade: a situacional e a fundamental. A criatividade situacional versa sobre a resolução de novos problemas combinando ideias antigas de maneira nova. E a criatividade fundamental versa sobre verdadeira originalidade, da qual é capaz só mesmo a consciência, em sua liberdade incondicionada.

Uma vez que a maior parte das pessoas hoje se alinha à visão materialista do mundo, a criatividade situacional tem dominado o debate sobre atos criativos no passado recente, chegando-se mesmo a negligenciar aspectos subjetivos (pois nesse caso apenas a criatividade situacional se assemelha à resolução mecânica de problemas). E pior: na última metade de século 20, a maior parte de nossa criatividade se constituiu de atos de criatividade situacional, de soluções de curto prazo que não pretendem dar conta de questões mais profundas. Mas graças aos avanços em física quântica, tem se revelado irrefutável o acontecimento de uma consciência causalmente potente (Goswami, 2008a). Portanto, esse é o momento de nos voltarmos a todos os aspectos da criatividade, tanto da criatividade fundamental como da situacional.

O que é o novo?

Passemos a discutir a questão "o que é novo" em algum nível de detalhe. O que é o "novo", para ser tão singular à criatividade? Uma resposta simplória dirá que o novo significa algo que jamais se manifestou ou se deu a manifestar. Suponha então que eu construa uma sentença com palavras absurdas que com toda probabilidade jamais apareceram na língua inglesa, ou suponha que eu chegue a escrever um poema inteiro com sentenças formadas por elas. Seria criativo só porque é novo? Podemos pensar que, muito embora tal poema possa não ter aparecido antes, isso não seria impossível – qualquer pessoa poderia ter feito algo similar. O poema não é realmente novo.

Por outro lado, Jackson Pollock realizou algumas pinturas artisticamente muito importantes pelo puro e simples despejar de tinta sobre uma tela, de um modo que em muito se assemelha à escrita de um poema fazendo uso de combinações arbitrárias de palavras. Qual a diferença?

A questão é que a definição de criatividade de Rollo May não diz respeito à novidade num sentido material e trivial; a definição do novo é mais sutil. É isso que as pessoas deixam de contemplar quando declaram, sem rodeios: "Não há nada de novo sob o Sol". Pode, sim, haver algo novo, materialmente falando, em um poema de palavras justapostas com arbitrariedade ou na pintura em que se despeja tinta, mas se de tais atos emergir um novo significado na consciência, então existirá aí criatividade. E é nesse novo significado – seja ele de criatividade situacional ou fundamental – que se concentra o idealista ou um aficionado pelo quantum. E é esse aspecto da criatividade – o significado – que distingue a criatividade da solução mecânica de problemas. Mesmo a criatividade situacional não é apenas resolver problemas. Mesmo a criatividade situacional é uma exploração de um novo significado.

Um breve comentário sobre quando um ser humano efetivamente resolve um problema. Pode ser o mais comezinho dos problemas, mas você perceberá um gosto especial em sua resolução – o ato de resolvê-lo lhe dará satisfação. De onde vem essa afecção? Vem de nossa experiência do movimento de energia vital no chakra coronário (ver Capítulo 7). Assim, mesmo para resolver problemas, na maioria das vezes não usamos apenas nossa consciência computadorizada (ego mental).

De um tijolo a um vestido vermelho: o contexto da criatividade

Pode alguém fazer um vestido vermelho com tijolos? Se você pegasse um adulto para responder com seriedade a essa pergunta, ele poderia menear a cabeça e fazer algum comentário sobre o que há de atomicamente comum entre um tijolo e um vestido, ou dar alguma outra resposta igualmente erudita. Mas uma criança, ao ser confrontada com essa questão, poderia dar uma resposta mais imaginativa; por exemplo, "se construímos um edifício com tijolos em sua parte mais externa, o tijolo vermelho será como um vestido vermelho para aquela construção". Essa migração do significado usual de tijolo exemplifica uma mudança contextual.

Etimologicamente, o contexto da palavra provém de duas palavras latinas – *com*, significando "junto", e *texere*, significando "tecer". O contexto se refere à relação de um sistema com seu ambiente, de uma figura com o fundo no qual ela aparece.

Talvez a experiência mais familiar que se possa ter com contextos seja o modo como o significado de um termo muda com os diferentes panos de fundo, proporcionados por outras palavras. Considere as duas sentenças:

O burro é um animal doméstico útil.
Qualquer pessoa que não considere o contexto é burra.

A palavra "burro" tem um significado diferente na segunda sentença porque é usada em um contexto físico novo, em uma nova justaposição de palavras.

Einstein deu outro exemplo de diferença de contextos. Se você sentar num fogão por um minuto, um segundo parecerá uma hora; mas uma hora com o amor da sua vida parecerá um minuto.

Lembre-se de que o problema de definir a criatividade é o problema de definir o que é novo. Usando essa ideia de mudança contextual, podemos definir o que é novo tanto em criatividade fundamental como em criatividade situacional.

Em primeiro lugar, na criatividade fundamental algo é realmente novo quando é original em pelo menos um novo contexto – físico, mental ou supramental. E agora, uma definição não ambígua de criatividade fundamental: a criatividade fundamental é fazer com que se manifeste um novo significado de valor em um novo contexto.

Um ingrediente importante da definição ainda está implícito. A mudança para um significado novo é uma mudança descontínua na consciência. Contextos previamente conhecidos não nos podem preparar para essa mudança de sentido, tampouco podem causá-la. Por fim, uma definição completa: a criatividade fundamental é a manifestação do novo significado de valor em um contexto novo por meio de um processo que envolve descontinuidade.

O que é novo em uma criatividade situacional? A criatividade situacional baseia-se em contextos antigos de onde não extraímos todo o seu significado e valor. Além do mais, quando combinamos contextos antigos, existe a possibilidade adicional de novo significado e valor. Assim, a criatividade situacional consiste em criar um novo produto ou resolver um problema de uma maneira que reflita novo significado e valor em um velho contexto ou em uma combinação de velhos contextos.

Nenhum algoritmo de computador pode ser dado para um significado que um computador não possa processar, muito embora o significado assim obtido não seja tão revolucionário quanto uma mudança para um novo contexto. Assim, a descontinuidade é o elemento principal na resolução do problema. É em sua pesquisa de significado e valor que o criativo situacional se revela bem-sucedido em encontrar novas soluções para problemas, enquanto os que resolvem problemas mecanísticos comuns não vão a parte alguma, por não estarem buscando significado nem valor.

Não existe a necessidade de alçar a novidade da criatividade situacional à da criatividade fundamental. O esclarecimento do novo significado na criatividade situacional se aplica a um âmbito limitado daquela situação particular; a criatividade fundamental é chamada "fundamental" porque a sua aplicabilidade envolve inumeráveis situações.

Existem alguns dados que sugerem fortemente a validade do que estou propondo, ou seja, que resolver problemas mecânicos não é criatividade, nem mesmo criatividade situacional. Existem supostos "testes" de criatividade que medem a capacidade de uma pessoa pensar determinado tema usando o máximo de contextos possíveis; esses testes fazem perguntas como "de quantas maneiras você pode usar um ventilador?"; "quantos títulos você pode dar a uma determinada história?". Se perseguir o contexto [conhecido] é o que nós podemos fazer em criatividade, certamente esse tipo de teste do "pensamento divergente" é relevante. Os testes são confiáveis, sem dúvida; se uma pessoa se propõe a fazer um teste previamente elaborado, ela tende a obter uma pontuação que seja condizente. Entretanto, não parece haver uma correlação entre as pontuações obtidas e a efetiva criatividade do indivíduo testado, razão pela qual a validade do teste é duvidosa. A transição de contextos triviais de resolução de problemas para contextos repletos de significados de criatividade em si não é trivial.

Em resumo, a essência da criatividade, tanto a fundamental como a situacional, envolve descontinuidade, consciência, significado e valor. Teorias mecanicistas da criatividade, por nos moldarem como se fôssemos máquinas newtonianas, não podem acolher nem comportar nenhum desses aspectos. Com este livro pretendo mostrar que ao se invocar a física quântica no seio de uma estrutura idealista monista geral, todos esses aspectos essenciais da criatividade podem ser incorporados, e o novo modelo então obtido será, ainda assim, um modelo científico.

O problema dos nove pontos

Considere o seguinte problema, chamado "problema dos nove pontos":

Ligue uma série de nove pontos retangular 3x3 (Figura 7a) com o menor número possível de linhas retas, sem tirar o lápis do papel.

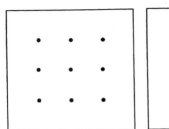 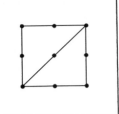 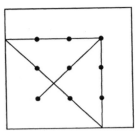

Figura 7. O problema dos nove pontos. (a) Conecte os pontos com o mínimo de linhas que puder sem levantar o lápis do papel. (b) A solução que primeiramente ocorre a muitas pessoas. Elas pensam "dentro da bitola" de seu sistema de crenças. (c) Solução melhor do problema dos nove pontos. Amplie seu contexto. Pense "fora da bitola".

Ao que tudo indica, você precisará de cinco linhas (Figura 7b), não é? E se eu lhe disser que cinco é demais? Você seria capaz de ver de imediato de que modo se poderia executar a tarefa como menos linhas?

Talvez não. Talvez, a exemplo de tantas pessoas, você ache que tem de conectar os pontos ao se manter na fronteira definida pelos pontos exteriores da série retangular. Se o fizer, você definiu para si mesmo um contexto para resolver o problema, está pensando numa caixa, e essa não é a caixa certa.

Então você deve sair da caixa para encontrar um novo contexto, no qual um número menor de linhas retas cumpram a função. Se se permitir estender as linhas para além do retângulo (note que, ao se enunciar o problema, em momento algum foi dito que você estaria proibido de fazê-lo), você precisa de apenas quatro linhas para conectar os pontos (Figura 7c).

Este é um exemplo simples da descoberta de um novo contexto. Tenha em mente que a criatividade aqui não é como aquela que definimos (você não deu origem a um "novo significado" ou a um "novo valor"), mas essa ideia de estender as fronteiras para além do contexto existente – o pensar fora da caixa – é de importância crucial em criatividade. Na verdade, a primeira regra em criatividade é: se o velho contexto não está funcionando, encontre um novo. E, por vezes, a criatividade é simples, basta reconhecer que o que não é proibido é permitido.

Comece sempre fazendo-se uma pergunta. Considere o seguinte episódio de *Alice no País das Maravilhas* (citado em Boden, 1994):

– São quase seis horas agora – disse o Chapeleiro em tom de lamento. Uma brilhante ideia ocorreu a Alice:

– É por isso que há tantas louças postas para o chá aqui? – perguntou.

– Sim, sim, isso mesmo! – disse o Chapeleiro, suspirando. – É sempre hora do chá, e não temos tempo de lavar as coisas no entretempo.

– É por isso que você fica em movimento o tempo todo? – perguntou Alice.

– Exatamente! – disse o Chapeleiro. – À medida que as coisas vão sendo usadas.

– Mas o que acontece quando você volta ao começo de novo? – pergunta Alice, atrevidamente.

Alice fez a pergunta certa, intuindo que o contexto conceitual do Chapeleiro Louco e de sua eterna hora do chá era limitado e que uma mudança deveria acontecer. Mas no País das Maravilhas sua resposta caiu no vazio. A Lebre Maluca mudou de assunto. E aí está outro aspecto relacionado ao ser criativo: você tem de continuar com suas questões mesmo quando a intuição lhe insinuar os limites do contexto presente.

Certo, então agora você tem uma boa ideia do que significa o contexto e do que vem a ser uma mudança de contexto. Na criatividade da vida real, coisas semelhantes estão envolvidas, e acrescente-lhes dois elementos muito importantes: valor e significância. Esta última cria a necessidade de um salto quântico descontínuo do qual você não precisa para resolver o problema dos nove pontos.

Exemplos de criatividade fundamental: a *Guernica* de Picasso e o átomo de Bohr

Como exemplo de criatividade fundamental, consideremos a arte de Picasso. Nos anos 1920, Picasso estava pintando banhistas junto ao mar em um contexto que refletia o escapismo da trepidante década de 1920, que varreu os Estados Unidos e a Europa. Mas olhe uma vez a obra de Picasso nos anos 1930. As banhistas ainda estão lá, mas agora elas são mecânicas; muitas vezes feitas de metal, elas têm uma qualidade inumana, ao modo de máquinas. Picasso tinha descoberto um novo contexto para retratar a condição humana – um futuro em que seres humanos estariam limitados como máquinas mecânicas, sem chama ou centelha. E, em 1937, veio outra avassaladora mudança de contexto com *Guernica*. As figuras em *Guernica* não são apenas mecânicas, são despedaçadas; elas profetizam o fracionamento da condição humana na segunda metade do século 20; fracionamento entre experiência subjetiva e raciocínio objetivo, entre ciência materialista e ética religiosa, entre dogma e espiritualidade aberta, entre conformidade e criatividade (May, 1976).

Em sua descoberta de novos contextos, artistas frequentemente saltam à frente de seu tempo. Gertrude Stein, olhando suas pinturas, uma contemporânea de Picasso, reclamou com ele: "Suas figuras não parecem muito com seres humanos...". Ao que Picasso respondeu: "Não se preocupe, elas o são".

Em contraste, se compararmos o "cardápio" dos filmes de Hollywood ano após ano, o que encontramos? Os nomes dos filmes, as estrelas, a tecnologia e as técnicas mudam, mas será que os contextos realmente mudam? Muito raramente. (Um produtor de Hollywood certa vez me contou que existem apenas sete linhas básicas de história usadas nos filmes românticos de Hollywood.)

Como outro exemplo de criatividade fundamental, tome-se o físico dinamarquês Niels Bohr, com os saltos quânticos. O físico britânico Ernest Rutherford havia combinado o antigo contexto do Sistema Solar com o do átomo. Ele conseguira imaginar que elétrons revolvendo-se em torno do núcleo sob a atração elétrica deste, em analogia com planetas gravitando em torno do Sol, seriam um bom modelo para o átomo. Esse é um exemplo de transferência de uma ideia de um contexto para o outro pela via da analogia – um bom exemplo de criatividade situacional; contudo aí ainda não é o caso de uma criatividade fundamental. O modelo tem um problema: o átomo de Rutheford não pode se manter estável. Assim como os satélites artificiais da Terra espiralam-se em direção à Terra quando perdem energia pela emissão contínua de radiação, os elétrons (de acordo com as leis da física clássica) se chocariam com o núcleo quando perdessem energia pela contínua emissão de radiação. Bohr encontrou uma resposta pouco convencional para esse dilema, fora do contexto estabelecido pela velha física newtoniana, e pavimentou o caminho para a descoberta de uma nova física.

Para Bohr, as órbitas dos elétrons em um átomo são discretas e estacionárias – estações congeladas no espaço, das quais se diz estarem "quantizadas". Os elétrons emitem radiação só mesmo quando mudam de órbita, mas não emitem nenhuma enquanto estão nessas órbitas (violando as regras da física então conhecida). Além disso, o movimento do elétron não é contínuo quando ele muda de órbita, mas sim é um pulo descontínuo, um salto quântico (ver Figura 2, p. 47); lembre-se de que ao elétron não é permitido estar no espaço entre órbitas. Quando o elétron se encontra na órbita mais inferior, ele não tem órbita inferior para a qual saltar, razão pela qual o átomo se encontra estável nessa configuração.

Quando Bohr terminou de escrever o artigo sobre sua nova descoberta radical, ele o enviou para Rutherford, na Inglaterra, a fim de que fosse publicado. Mas Rutherford teve dificuldade em apreciar a nova mudança de contexto de Bohr. Bohr teve de ir à Inglaterra e convencer Rutherford pessoalmente. Algum tempo depois, outro físico chamou a atenção de Einstein para o artigo de Bohr. Conta-se que os olhos de Einstein brilhavam de entusiasmo ao dizer que a descoberta de Bohr passaria à história como um dos grandes feitos da ciência!

Quão radical é a ideia do salto quântico! Um salto quântico é literalmente como um pulo de um degrau de escada para outro, sem a necessidade de atravessar o espaço interveniente – algo que ninguém tinha visto até então. Com o intuito de "ver" a verdade de tais saltos quânticos no átomo, Bohr teve de realizar uma mudança descontínua de contexto no modo como compreendia a física, uma convulsão na confiança cega nas leis de Newton, que postulavam continuidade de movimento, para novas leis quânticas, que ainda não tinham sido descobertas.

De modo semelhante, na tragédia do bombardeio nazista à cidade espanhola de Guernica, nas imagens de corpos despedaçados em uma cidade despedaçada, Picasso experimentou uma mudança descontínua do contexto do mural em que estava trabalhando na época. Ele "viu" a fragmentação de toda a humanidade que ele então imortalizava na pintura.

Exemplos de criatividade situacional

Como exemplo de criatividade situacional, consideremos o caso da percepção de uma analogia direta que possibilitou a Alexander Graham Bell inventar o telefone. Eis aqui o que Bell escreveu sobre a sua invenção:

> Fiquei impressionado com o fato de os ossos do ouvido humano serem tão maciços em comparação com as membranas delicadas que atuam

sobre eles, e me ocorreu a ideia de que, se uma membrana tão delicada pudesse mover ossos relativamente tão maciços, por que uma membrana mais grossa e mais firme não poderia mover minha peça de metal? Então foi concebido o telefone (citado em Barron, 1969).

Outro exemplo é a máquina a vapor, invenção de James Watt. Certa vez, Watt percebeu que o vapor em um bule de chá quente necessariamente levantava a tampa do bule. Se o vapor poderia fazer isso, por que não uma máquina? Foi esse o pensamento que James acabou traduzindo na invenção da máquina a vapor. Tanto Bell como Watt vislumbraram novo significado, nova possibilidade mediante a justaposição, pelo pensamento, de dois contextos analógicos.

Por que Bell e Watt foram bem-sucedidos, enquanto muitos outros pesquisadores não conseguiram chegar à invenção do telefone e da máquina a vapor? O que fez deles pessoas tão especiais? Suas habilidades computacionais de perscrutar os "espaços de problema" adequados (contendo vários contextos conhecidos) que tinham na mente ou sua capacidade subjetiva de antecipar e visualizar significado e valor?

A questão é que o composto particular de contextos ou de analogia que possa levar à criatividade situacional, muitas vezes não pode ser facilmente antecipado com base nos contextos existentes. A despeito de a novidade e surpresa ocorrerem ao indivíduo no exercício de seu raciocínio, é preciso não esquecer que tal novidade e surpresa surgem precisamente porque a consciência está visualizando novo significado e novo valor em ato, e com isso encontra-se fundamentalmente implicado um novo modo de compreensão. É algo a que não se pode chegar sem um processamento quântico inconsciente.

É concebível que, dados ambos os contextos, também um computador poderia ser capaz de apresentar analogias como aquelas a que chegaram Bell e Watt ao perscrutar seus espaços de problema, e ele o teria feito algoritmicamente. Programas de computador podem ser bons na resolução de problemas mecânicos mediante o ajuste do problema a um contexto de interação previamente conhecido. Nos anos 1980, havia um programa chamado Soar, e ele tinha em sua memória vários espaços de problema para lidar com problemas. Quando um novo problema lhe era apresentado, o programa buscava em primeiro lugar um espaço de problema apropriado. Então ele procurava uma solução no(s) contexto(s) do espaço de problema. Se chegasse a um impasse, ele mudava para um novo espaço de problema, e assim por diante, até encontrar a solução. Não se tem aqui nada descontínuo; tudo é algorítmico.

O engenheiro John Arnold (1959) concorda que, pelo menos na engenharia, todo o trabalho de preparação para um projeto inventivo pode ser feito por um computador. "Mas ao final", diz ele, "quando o computador apresenta algumas alternativas, é a vez de tomar uma decisão." Claro que uma decisão consiste também em aspectos mecânicos; a avaliação probabilística do resultado de cada uma das alternativas pode bem ser tomada por um computador. Mas, se esta é a questão crucial de Arnold, o computador não pode atribuir valores ou significado para as predições, desenvolver critérios de desejabilidade ou julgar arquétipos estéticos. Segundo ele, "existe ampla oportunidade para o trabalho criativo humano, e há também uma necessidade primordial desse trabalho... no estágio de tomada de decisões".

A invenção da máquina a vapor por James Watt e a do telefone por Alexander Graham Bell, indubitavelmente começaram como resolução de problemas situacionais, mas eles instigaram a engenhosidade de pessoas pacientes e perseverantes precisamente porque as invenções demandavam um novo "movo de ver" de significado e valor ocultos que nada tinham de óbvio para uma inspeção fundamentada do problema e uma tomada de decisão arriscada que requeria livre-arbítrio. Enquanto um computador devidamente programado para tal poderia ter inventado esses produtos, somente um ser humano (o programador) poderia reconhecer o seu novo significado e valor.

Teria a criatividade um lado obscuro?

Está em curso hoje um importante debate, versando sobre a seguinte questão: haveria um lado obscuro da criatividade? (Cropley *et al.*, 2010). A bomba atômica foi uma grande invenção, sem dúvida. E também não há dúvida de que ela foi usada para provocar efeitos nocivos a grande número de pessoas comuns. É evidente que estamos diante de um exemplo do lado obscuro da criatividade. A descoberta da ideia que subjaz à bomba atômica, de que existe uma imensa quantidade de energia armazenada no núcleo atômico e de que ela é passível de ser liberada em determinadas circunstâncias – aqui certamente um exemplo de criatividade fundamental –, pode ser culpada por todo o mal que a bomba desencadeou. Por isso, deve mesmo haver um lado obscuro da criatividade.

Parece algo chocante ao primeiro olhar que se lança a essa questão do ponto de vista da primazia da consciência. Se a criatividade é um dom da causação descendente de Deus, como pode um Deus ser responsável por tais atos obscuros? Essa questão é da mesma cepa que esta outra: por que coisas ruins acontecem a pessoas boas? Se Deus é perfeito, por que o mal?

Nosso choque é parcialmente atenuado quando percebemos que, na nova ciência, Deus é objetivo – trata-se de fato de uma consciência quântica não local, o agente da causação descendente. Uma resposta a ambas as questões acima pode estar numa palavra: *evolução*. A consciência não local usa a causação descendente para fazer representações cada vez mais sutis de suas possibilidades no mundo material manifesto. De início, essas representações não são perfeitas, afinal a matéria não está pronta. Daí a evolução. O critério para a escolha na causação descendente é o de que as representações evoluem em direção à perfeição.

A evolução tem de lutar contra a tendência a uma estase continuada. Muitas vezes isso requer uma desestruturação violenta, o que para o não conhecedor pode se assemelhar a atos do mau. Assim, o mau existe no mundo enquanto ele for necessário para a evolução.

Pode-se melhor compreender a questão da evolução quando se olha para nós mesmos em nosso atual estado evolutivo. É fato que nossas tendências negativas, como a violência, estão ligadas em nosso cérebro como circuitos cerebrais de emoções negativas, já que em nosso atual momento evolutivo não dispomos de circuitos cerebrais de emoções positivas em número suficiente para contrabalançar os das negativas. No ato criativo usamos sem dúvida o poder causal de nossa consciência quântica mais elevada. Mas quando manifestamos o produto de nossa criatividade, estamos excessivamente presos ao nosso ego e ao encantamento dos circuitos cerebrais negativos. Por isso, algumas vezes nossos produtos criativos fazem mais mal do que bem ao tentar explicar o lado negro da criatividade.

Virão dias melhores porque a evolução é progressiva, e cada vez menos violência é demandada para a desestruturação necessária da estase. Na condição de antídoto ao nosso próprio papel no exercício do lado negro da criatividade, já há milênios as tradições espirituais têm feito as vezes de remédio do mundo. Podemos nos transformar; podemos eliminar o mal em nós. Mas o processo de transformação espiritual veio se mantendo encoberto até o surgimento da ideia de que é um só o processo criativo que nos proporciona arte e ciência (Goswami, 1999). A título de distinção, podemos referir a criatividade na esfera das ciências como "criatividade exterior", e, quando a temos na esfera das artes, "criatividade interior".

Criatividade interior e exterior

Como já definimos, um ato de criatividade é a exploração descontínua de um novo significado de valor em contextos novos e velhos. Por exemplo, a descoberta por Einstein da teoria da relatividade revolucionou o nosso modo de compreender o tempo. Antes de Einstein, víamos o tempo como absoluto, como independente de todo o resto. Depois de Einstein, o contexto para pensar o tempo veio a ser a relatividade: tempo é relativo, ele depende do movimento.

Suponha que eu, como estudante, queira aprender a teoria de Einstein. A princípio parece algo muito difícil e obscuro, mas a certa altura, com tenacidade, começa a surgir algum entendimento. Eu consigo me libertar de minha antiga concepção de tempo, e dessa nova perspectiva consigo compreender Einstein. Tem-se aí um ato criativo? Muito embora não haja descoberta de um novo contexto, existe a compreensão de um novo significado; só não se tem produto no âmbito externo. E certamente muito menos criatividade é necessária para compreender algo como a relatividade do que para descobri-la ou fazer dela aplicação provida de significado. No entanto, descobri um novo contexto de pensar por mim mesmo, e isso certamente tem valor para mim.

Minha primeira experiência ahá em investigação na física veio com meu primeiro lampejo de compreensão da relatividade. Com o coração batendo forte, escrevi as seguintes linhas – a ingenuidade aqui não entra em questão, pois eu era apenas um adolescente:

De repente eu entendo a relatividade.
Meus olhos brilham
Por um momento penso:
Eu sou Einstein.

E o mais importante, quando lemos sobre Mahatma Gandhi, Martinho Lutero ou Eleanor Roosevelt, reconhecemos que eles descobriram modos de servir à humanidade despercebidos a muitos de nós. Ainda assim, a mudança de contexto por eles desvelada é pessoal. Isso pode ser qualificado como criatividade?

Yeshe Tsogyel, que foi esposa de Padmasambhava, místico do século 18, desempenhou um papel crucial na fundação do budismo no Tibete. Em certo momento da vida ela foi raptada por uma gangue de bandidos, que acabaram se tornando seus discípulos. O que torna alguém tão capaz de transformar a crueldade?

As civilizações do mundo têm uma grande dívida para com pessoas como Yeshe, Buda, Lao Tzu, Moisés, Jesus, Maomé, Shankara e outros que encontraram e comunicaram a verdade espiritual a toda a humanidade. Suas descobertas são atos criativos?

E quanto às pessoas que seguem os caminhos espirituais abertos por esses mestres, não raras vezes elucidando o caminho com seu trabalho e com suas vidas? Seus atos contam como criatividade?

Por fim, e quanto às pessoas que no dia a dia descobrem o amor não egoísta em relações com outras pessoas e o mundo? Suas descobertas redundam em criatividade?

A resposta está em perceber que atos de criatividade incidem em duas grandes categorias: a criatividade exterior e a criatividade interior. A criatividade exterior se refere àquela que rende produtos objetivos no âmbito exterior. A criatividade interior envolve a transformação criativa do *self* e proporciona um produto subjetivo, porém visível, detectável. Abraham Maslow (1968) reconheceu a importância da criatividade interior a que ele chamou de criatividade autoindividuadora (à criatividade exterior ele chamou de criatividade orientada pelo talento).

Atos de criatividade exterior, como as novas descobertas na arena pública, são comumente julgadas no contexto do que já existe. Um novo contexto é acrescentado a uma pluralidade existente de velhos contextos no âmbito público – como na descoberta da relatividade por Einstein. Muito embora a criatividade exterior não seja restrita a gênios, a arena da criatividade exterior certamente é dominada por pessoas que temos por grandes homens e grandes mulheres.

Já a criatividade interior diz respeito a uma transformação do *self* individual que produz novos contextos pessoais de experiência e de vida. Ela é avaliada na comparação não com o *self* dos outros, mas com o seu próprio *self*. Temos aqui exemplos notáveis como Buda, Jesus, Moisés, Maomé, Sankara etc. Mas pessoas comuns também desenvolvem a criatividade interior em seu aprendizado, em seu entendimento, e nos contextos novos e expandidos de sua vida pessoal; as contribuições à criatividade interior desses heróis desconhecidos formam a espinha dorsal das comunidades humanas.

Até aqui viemos debatendo a criatividade interior no nível fundamental. A transformação comportamentalmente manifesta do contexto individual de vida ocorre somente com pessoas de criatividade fundamental; seu *insight* espiritual lhes ajuda a definir um "caminho espiritual". A popularização e a explicação do significado desses caminhos constituem a criatividade situacional. Desse modo se originaram a maioria dos sistemas de conhecimento das grandes religiões e os sistemas éticos e morais do mundo.

Mas a predominância de pessoas de criatividade situacional nas áreas de religião e moralidade produz muita consternação e confusão. Os criativos situacionais nem sempre podem viver pelos contextos que eles pregam; seus seres não são necessariamente transformados. Muito embora possam apresentar clareza e sabedoria incomuns, também podem criar confusão na mente de seus seguidores quando fica evidente a incapacidade destes em praticar o que os primeiros pregam. Não há substituto para a criatividade fundamental.

Em resumo, em cada uma das categorias de criatividade exterior e interior encontram-se estes dois tipos de atos criativos – o fundamental e o situacional; o fenômeno da criatividade parece se manifestar em um esquema de classificação quadrifásico (Figura 8).

Toda grande arte e toda grande descoberta científica pertencem à categoria da criatividade exterior fundamental. Invenções tecnológicas pertencem à categoria de criatividade exterior situacional. A criatividade interior fundamental envolve a descoberta de um novo contexto de vida, que é também um contexto de vivenciá-la. A criatividade interior situacional em ampla medida consiste em produtos envolvendo esclarecimentos fundamentados na razão de contextos de

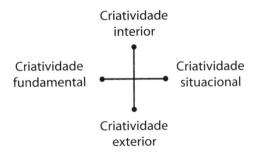

Figura 8. A polaridade quadrifásica da criatividade.

experiência e de vivência pela via da criatividade interior fundamental. As grandes religiões do mundo e os sistemas de ética e moralidade expandem-se, na maioria das vezes, a partir da criatividade situacional das pessoas. Buda e Jesus foram interiormente criativos em sua essência, mas as pessoas que fundaram e desenvolveram o budismo e o cristianismo foram, com mais frequência, criativas situacionais.

Os estágios do processo criativo

Reconheço que até o momento tenho enfatizado apenas os aspectos de criatividade em seu quantum espetacular – o processamento quântico inconsciente e o *insight* repentino do salto quântico. Mas eles são apenas parte de um processo demorado.

Ao abordar a plenitude do ato de criatividade, temos de estar atentos não só ao que é descontínuo e extraordinário, mas também ao que é contínuo e mundano. O pesquisador da criatividade Howard Gruber (1981), autor de um dos estudos mais definitivos sobre a criatividade científica com foco na obra de Charles Darwin, ressalta vivamente esse aspecto. A própria autobiografia de Darwin descreve um momento criativo de *insight* quando, ao ler o *Ensaio sobre a população*, de Malthus, acabou reconhecendo o papel crucial de fecundidade na teoria da seleção natural na evolução biológica. De acordo com Gruber, um estudo dos cadernos de notas de Darwin demonstra que, se esse foi o momento final do *insight*, existe também um processo gradual entremeado por muitos *insights* menores.

Assim, em que consiste o processo criativo como um todo? O pesquisador da criatividade Graham Wallas (1926) foi um dos primeiros a sugerir que os atos criativos envolvem quatro estágios, hoje comumente aceitos. Esses quatro estágios são: preparação, incubação, iluminação e manifestação. O que esses estágios ocasionam? Simplificando:

Estágio 1 (preparação): reunir fatos e ideias existentes acerca de seu problema e pensar, pensar e pensar. Misture as ideias em torno de seu campo mental, olhando para eles de todas as maneiras que lhe vierem à mente.

Estágio 2 (incubação): relaxe. O problema não vai escapar. Nesse meio-tempo, você pode se dedicar a alguma atividade lúdica, dormir e fazer todas as coisas que lhe sejam relaxantes. (Inclua sobretudo banho, ônibus e macieira – são ações que já se provaram substanciais. Arquimedes fez sua descoberta "eureca" enquanto tomava banho, o matemático Henry Poincaré teve um *insight* a bordo de um ônibus e Newton descobriu a gravidade sentado sob uma macieira.)

Estágio 3 (*insight* repentino): eureca, ahá, quando você menos espera, talvez quando em uma pescaria você vir o salto de uma rã, vai lhe ocorrer a iluminação com o característico ah-ha! A surpresa é o sinal líquido e certo de descontinuidade.

Estágio 4 (manifestação): acabou a brincadeira ou ela apenas começou? Verifique, avalie e manifeste o que tem em mãos. Em outras palavras, faça de seu *insight* um produto.

A preparação começa com uma intuição, um sentimento vago sobre um possível problema e/ou uma possível solução. Passa a envolver proceder à fundamentação adequada: reunir informação, fazer perguntas sobre a estrutura existente e assim por diante. Consiste em se familiarizar com o campo, obter real maestria.

Mas a maestria por si só não faz nada. Como enfatizou o psicólogo Carl Rogers, preparação também significa desenvolver uma mente aberta, uma desestruturação do(s) sistema(s) de crenças existentes para a aceitação do novo. Uma boa exemplificação da importância de uma mente aberta é o caso do físico do século 17, Johannes Kepler, que teve a revolucionária ideia na qual os planetas solares se moveriam em elipses em torno do Sol. Mas muito antes do *insight* final de Kepler, ele realmente havia procedido a uma ponderação lógica da possibilidade da elipse como opção para as órbitas planetárias, tendo, porém, descartado a ideia como "simplesmente um lixo". Ele ainda não estava preparado. Faltava-lhe uma abertura de pensamento.

A incubação, para Wallas e muitos outros pesquisadores, envolve atividades mentais inconscientes. A física quântica fornece a explicação: processamento inconsciente é processamento quântico – processar muitas possibilidades de uma só vez. Quando Bohr trabalhava em seu modelo de átomo, foi em sonho que ele viu o átomo a partir do sistema solar, o que sugere que a incubação inconsciente que ocorria em sua psique, teria ocasionado o *insight* onírico. Do ponto de vista comportamental, podemos equacionar incubação e relaxamento – "estar sentado quieto, sem fazer nada" – em oposição à preparação, que é o trabalho ativo.

A iluminação, é claro, refere-se ao *insight* repentino ahá, estágio em que a descontinuidade adentra a criatividade. A transição vai das possibilidades inconscientes para o *insight* consciente, do estágio 2 para o estágio 3, requer uma causação descendente a agir descontinuamente (Goswami, 1988, 1996). Como exemplo, considere a descoberta do compositor Richard Wagner, que chegou à abertura do *Das Reingold* – a ópera *O Ouro do Reno* – numa *rêverie*, estado intermediário entre o sono e a vigília. Eis a narrativa de Wagner sobre aquele momento:

> Retornando [de uma caminhada] pela tarde, estendi-me, cansado que estava, em um sofá duro, esperando ser logo envolvido pelo sono. Ele não veio; mas eu senti uma espécie de estado sonolento e, de repente, era como se eu estivesse mergulhando em uma água fluindo levemente. Em meu espírito o som de leve corredeira se transformou em som musical, no acorde de mi bemol maior, que tornava a ecoar continuamente em formas quebradas; essas formas não simultâneas pareciam passagens melódicas de movimento crescente, e ainda assim a tríade pura de mi bemol maior não mudava nunca, mas pela sua continuidade, parecia transmitir siginificado infinito àquele elemento em que eu me encontrava mergulhando. Acordei daquele cochilo num terror súbito, sentindo como se as ondas estivessem a afluir sobre a minha cabeça. De imediato reconheci que a abertura orquestral do *Reingold* – que até então jazia latente em mim, muito embora eu fosse incapaz de encontrar para ela uma forma definida – fora-me, por fim, revelada (Wagner, 1911).

Perceba aqui o uso das palavras "súbito" e "de imediato" para descrever a experiência. Também a construção "fora-me [a abertura], por fim, revelada". Elas claramente sugerem descontinuidade e causação descendente a partir de uma consciência mais elevada.

Poderia o cérebro fazer isso – a exemplo do que todos os materialistas tão fervorosamente afirmam, com os jornalistas engolindo suas descrições como verdade absoluta? (Ver reportagem sobre criatividade na revista *Newsweek*, 19 de julho de 2010, p. 44-49.) Nenhum modelo materialista é capaz de distinguir entre consciente e inconsciente; a neurofisiologia da experiência, para não falar da experiência criativa, é um problema "difícil" que está além do alcance do que o materialismo científico pode explicar (Chalmers, 1995). Por isso mesmo, as explicações "cerebralistas" deixam de considerar a um só tempo o processamento inconsciente e a experiência de *insight* repentino.

Como se não bastasse, eles incorrem em inconsistências. O artigo da *Newsweek* menciona como o cérebro "busca significados alternativos", como o cérebro "reúne esses pedaços disparatados de pensamento e os liga em uma nova ideia única que adentra a consciência". Como o cérebro busca por significado se ele é uma máquina material, dado que a matéria não pode processar significado? Como o cérebro faz a ligação de conteúdos de diferentes regiões cerebrais, uma vez que ele não dispõe de capacidade não local? Como uma ideia "entra" na consciência se não há distinção entre consciente e inconsciente? Uma explicação cerebralista da criatividade é um exemplo flagrante do que hoje se chama ciência "isenta de fatos". Procede-se aí da mesma forma que a Fox News quando apresenta reportagens que negam o aquecimento global.

Por fim, a manifestação traz em seu bojo a ideia de se trabalhar com o *insight* repentino, verificando a solução e terminando com um produto – a novidade manifesta. Com a manifestação e a reestruturação do sistema de crenças passa a haver, pelo menos, uma extensão do repertório de contextos aprendidos.

O que é criatividade?
O fazer de algo novo, todos concordamos.
Se aquilo a que dás origem
combina de maneira nova elementos já conhecidos,
então, criador, chame tua criatividade de situacional.

Só mesmo se a flor de tua criação
desabrocha em novo contexto,
tua criatividade é fundamental.

Podes apresentar o produto
de tua criatividade exterior
tal como uma floração iluminada pelo sol em um arbusto.
Você compartilha seu perfume com os outros.

Ocorre que a floração és tu,
a te abrires de tua criatividade interior.

Meditaste, aceitaste o convite interior?
Segue o caminho da transformação.
E só então, ó, criativo, compartilharás o teu ser.

Sê paciente e persistente.
Faça-o. Abasteça o processo criativo
com tua questão candente.
Mas jamais ignore o ser.
Quando do contexto arremessado fores
por um salto flamejante,
na resposta radiante sentirás o êxtase de Einstein. *

---

* No original: *What is creativity?* / *The making of something new, we all agree.* / *If what you originate* / *newly combines already known elements,* / *then, oh creator, call your creativity situational.* / *Only if the flower of your creation* / *blooms in a new context, as well,* / *is your creativity fundamental.* / *You can display the product* / *of your outer creativity* / *like a sun-illumined* / *blossom on the bush.* / *Its perfume you share with others.* / *But you are the blossom* / *that opens from inner creativity.* / *Have you meditated, accepted the inner invitation?* / *Follow the trail of transformation.* / *Then only, oh creative, you share your being.* / *Be patient and persistent.* / *Do. Stoke the creative process* / *with your burning question.* / *But never ignore being.* / *When a flaming leap of context bursts forth,* / *the radiant answer takes you to Einstein's ecstasy.* [N. de T.]

capítulo 5

criatividade e condicionamento: o *self* quântico e o ego

Suponha que no experimento de difração relatado no Capítulo 3 fizéssemos uso de uma tela florescente para registrar os elétrons difratados por meio de um cristal. Existe ali um padrão de difração quando não olhamos para ele? Não, dirão os físicos quânticos. Somente se olharmos veremos um padrão de difração. Suponha que, em vez de olhar, nós montamos uma câmera para tirar uma foto da tela florescente com o padrão de difração. Por acaso a câmera colapsará as possibilidades e constituirá o padrão concreto? O matemático John von Neumann demonstrou que, se nós sucessivamente estabelecermos toda uma hierarquia de máquinas insensíveis entre o objeto quântico que desejamos observar e nós mesmos – cada qual tentando mensurar o precedente –, a cadeia inteira continuará no limbo até assomarmos na cena, passando então a observar. Isso porque todas as máquinas em última instância obedecem à física quântica; cada uma delas se tornará ondas quânticas de possibilidade após interagir com a precedente, *ad infinitum* (Von Neumann, 1955). Em outras palavras, os chamados "aparatos de mensuração" não podem realmente "medir" um sistema quântico, ou seja, colapsar sua própria onda de possibilidade. É por isso que às vezes eu os chamo de aparatos de auxílio à mensuração.

A cadeia infinitamente ligada de sistema quântico e seus aparatos de auxílio à mensuração – a cadeia infinita de Von Neumann – não se colapsa em si mesma. Mesmo nosso cérebro, visto como máquina material, quando observa tal cadeia não consegue convertê-la em mente.

Se fôssemos apenas cérebro material, o paradoxo seria intransponível. Acontece que nós não somos apenas máquinas materiais – somos também conscientes! O remédio para o infinito é pular fora do sistema. O remédio é postular que a consciência não local fora da jurisdição da física quântica colapsa o estado do cérebro a partir de um domínio de espaço-tempo transcendente, com isso assinalando o término da cadeia de Von Neumann. É o que Von Neumann propõe.

Críticos desse matemático, em especial os realistas materialistas, levantaram objeções ao dualismo: como pode a consciência fazer algo sobre a matéria? Nós não acreditamos na mente sobre a matéria. O remédio para o dualismo é invocar a metafísica do idealismo monista (ver Capítulo 2): a consciência é o fundamento do ser, e o mundo material não é separado da consciência – ele existe como possibilidades no âmbito da consciência. O colapso consiste em escolher e reconhecer uma faceta com base nas superposições multifacetadas que representam o estado do cérebro e todos os estados multifacetados que lhe estejam correlacionados.

Por analogia, dê uma olhada em minha gravura favorita reproduzida na Figura 9, chamada pelo artista de "Minha mulher e minha sogra"

Figura 9. Uma figura de *gestalt*, "Minha mulher e minha sogra", originalmente por W. E. Hill.

por conter duas figuras – uma mulher jovem e uma mulher idosa – entre as mesmas linhas. Quando olhamos para uma imagem – a da mulher jovem ou a da idosa – e então mudamos de perspectiva, buscando ver a outra imagem, não estamos fazendo nada com a gravura. A possibilidade de ver ambos os significados já está presente em nossa mente. Estamos apenas reconhecendo e escolhendo uma das possibilidades.

E aquele que escolhe é a consciência quântica ubíqua por detrás de nossas diversidades; isso evita o paradoxo "qual escolha conta se há mais de um observador para uma mensuração quântica?" (ver Capítulo 3).

Mas o antagonista pode apontar outro paradoxo. A consciência transcendente do idealismo monista é o fundamento do ser; sendo onipresente, o colapso não deveria então estar ocorrendo continuamente? Se ele fosse verdadeiro, retornaríamos à física determinística clássica, segundo a qual tudo se encontra sempre determinado.

A resolução do paradoxo está em o colapso ocorrer quando um observador com um cérebro olhar com percepção-consciente. A percepção-consciente, ou *awareness*, é o campo ou contexto de objetos de nossa experiência. Quando não olhamos com percepção-consciente, não escolhemos; nem as ondas de possibilidade de objetos externos nem as ondas quânticas no cérebro se colapsam. É esse o caso quando o processamento inconsciente está acontecendo. A diferença entre processamento inconsciente e percepção de forma consciente é a escolha e, consequentemente, a percepção-consciente. A consciência está sempre presente, mas nem sempre é acompanhada de percepção-consciente; sem percepção-consciente, o processamento é inconsciente.

Contudo, o paradoxo não está completamente resolvido. Não existe percepção-consciente manifesta antes do colapso, antes da escolha. O que vem primeiro, a consciência do sujeito, que tem a experiência, ou os objetos da percepção-consciente? Essa é uma questão do tipo da do ovo e da galinha. A resposta é "nem um nem outro"; o sujeito que realiza a escolha e os objetos da percepção-consciente da experiência são cocriados na operação de mensuração quântica do cérebro. O infinito da cadeia de Von Neumann é percebido no cérebro sob a forma da chamada "hierarquia entrelaçada", ou "emaranhada", que nos dá a capacidade de autorreferência, pela qual eu me refiro a "eu" como separado dos objetos de nossa experiência.

O que vem a ser uma hierarquia entrelaçada? Numa hierarquia simples, o nível inferior afeta o nível superior, que não reage de volta (por exemplo, um espaço mais quente aquece o quarto, e não o inverso). Com um retorno simples, o nível superior reage de volta (por exemplo, se o espaço mais quente tiver um termostato), mas ainda poderemos dizer qual o nível superior e qual o inferior na hierarquia. Em hierarquias entrelaçadas, os dois níveis são entremeados de tal forma (por uma descontinuidade na cadeia causal), que já não podemos identificar os níveis hierárquicos diferentes.

Para ver como uma hierarquia entrelaçada surge no cérebro, passaremos a examinar um modelo cru de resposta cerebral a um estímulo ambíguo. O estímulo é processado pelo aparato sensorial e apresentado ao aparato dual de percepção/memória no cérebro. O estado do maquinário quântico do aparato da percepção se expande como superposição, e todos os aparatos que pareiam com ele nos vários papéis de amplificação e de constituição da memória também se tornam superposições de possibilidades. De particular importância é o fato de que os papéis de amplificação e de constituição da memória são desempenhados por aparatos que têm basicamente o mesmo tamanho do sistema quântico de percepção, de modo que se torna obliterada a distinção entre o que é sistema quântico e o que é amplificação ou aparato de constituição de memória. Na verdade, esses sistemas fazem-se entretecidos em uma hierarquia entrelaçada. O que acontece quando a consciência colpsa as ondas de possibilidade do sistema de hierarquia entrelaçada do cérebro? Autorreferência; a consciência se identifica com o cérebro do observador, que agora desenvolve a capacidade de se referir a si mesmo como um *self* separado de seu ambiente.

Autorreferência

Para compreender a autorreferência, considere o famoso paradoxo do mentiroso: Epimênides foi um cretense que disse: "Todos os cretenses são mentirosos". Esse é um exemplo de hierarquia que é entrelaçada porque a cláusula secundária reativamente retorna à cláusula primária, tão logo se perde o registro do que é primário (isto é, que confere valor de verdade) e do que é secundário. Epimênides está dizendo a verdade? Em caso afirmativo, ele terá de estar dizendo uma mentira. A resposta reverbera o tempo todo; se for verdade, então é mentira, então é verdade, *ad infinitum*.

Compare o paradoxo do mentiroso com uma sentença comum, como a bola é azul; uma sentença comum se refere a algo fora de si mesma, ou, pelo menos, um enunciado objetivo pode ser feito de seu conteúdo. Mas a sentença complexa do paradoxo do mentiroso volta a se referir a si mesma, é autopoiética, ela faz seu próprio significado.

Sistemas de hierarquia entrelaçada são autônomos. É assim que incorremos numa autodelusão – tal sistema fecha-se em si mesmo e se separa de todo o resto. É assim que a hierarquia entrelaçada chega à autorreferência (Hofstadter, 1980).

A autorreferência acontece porque não somos capazes de visualizar de maneira causal e lógica através do sistema. É a descontinuidade – no caso do paradoxo do mentiroso, a oscilação é uma descontinuidade – que frustra a nossa lógica uma vez que nossa consciência se identifica com o sistema. No caso do cérebro, a descontinuidade é a da mensuração quântica no cérebro a consistir na oscilação infinita entre o sistema quântico de percepção e sua amplificação e memória – compondo aparatos formadores da cadeia infinita de Von Neumann.

Mas existe ainda mais uma característica de uma hierarquia entrelaçada, a qual podemos visualizar melhor pela consideração da sentença autorreferencial: eu sou um mentiroso. Na forma comprimida do paradoxo do mentiroso, a autorreferência da sentença não é necessariamente autoevidente, como se pode verificar pela atitude em que se mostra a sentença a uma criança ou a um estrangeiro não muito versado na língua inglesa. A resposta pode ser "por que você é um mentiroso". Uma criança pode ver facilmente que a sentença está se referindo a si própria. A autorreferência da sentença advém do conhecimento implícito, não explícito, da língua inglesa devidamente possuído por todo adulto falante nativo da língua inglesa. A sentença autorreferencial é comparável à ponta de um iceberg; há um amplo patamar invisível sob a superfície. Esse nível invisível é um nível inviolado – um nível que é transcendente a partir de um ponto de vista restrito ao sistema (a sentença não pode ir até lá). Ainda assim, o nível inviolado (no caso da sentença autorreferencial, as convenções implícitas de nossa linguagem e, em última instância, nós) é que é a "causa" da autorreferência do sistema (Hofstadter, 1980).

Nós, em nossa consciência comum e local, somos o nível inviolado para a autorreferência da sentença autorreferencial. De modo semelhante, em um estado transcendente não comum de consciência, somos também o nível inviolado para a nossa própria autorreferência. Nós, como consciência quântica transcendente, agindo a partir do nível inviolado, colapsamos a onda de possibilidade do sistema quântico hierárquico entrelaçado/aparelho de auxílio à mensuração do cérebro; na imanência existe um cossurgimento dependente do sujeito que tem a experiência do objeto e do objeto que é experimentado em percepção-consciente. É como a famosa pintura de Escher das mãos dese-

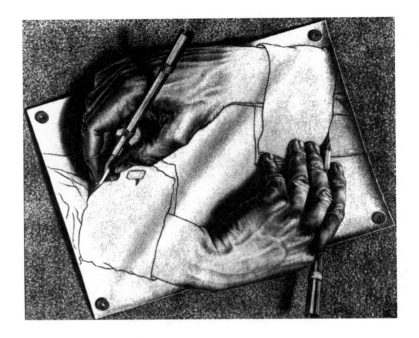

Figura 10. Desenhando-se, por M. C. Escher. Da realidade "imanente" do papel, as mãos esquerda e direita desenham uma a outra, mas do nível inviolado transcendente é Escher que desenha as duas.

nhando (Figura 10) – a mão esquerda e a mão direita parecem desenhar uma a outra, mas por detrás da cortina do nível inviolado Escher está desenhando a ambas.

De maneira semelhante, em uma mensuração quântica no interior do cérebro, o que tem a experiência e o que é experimentado, sujeito e objeto, aparentemente estão cocriando um ao outro, ainda que no cômputo geral final a consciência não local seja a causa única, e mesmo a causa por detrás da autorreferência. Essa autocriação é arquetipicamente ilustrada como o ouroboros – uma serpente mordendo o próprio rabo: eu tenho a experiência, portanto eu sou. A essa identidade de consciência com o *self* da experiência subjetiva primária (em oposição às autoexperiências secundárias – ver a seguir) eu chamo de *self* quântico, mas ela é conhecida por outros nomes nas tradições espirituais do mundo. Por exemplo, os hindus se referem a ela pelo termo sânscrito *atman*, enquanto no cristianismo é chamada de Espírito Santo.

Estamos descobrindo alguns detalhes de nossos processos cerebrais em criatividade. Os aparatos de auxílio à mensuração do cérebro

hierarquicamente entrelaçado interage com a maquinaria quântica; à medida que a consciência autorreferencialmente colapsa os estados de experiência concreta do cérebro, eles são registrados no cérebro. Às vezes o registro capta a música da criatividade. (Mas onde acontece a ação real da música? E o processamento de significado e de contexto? O significado criativo está na mente, não no cérebro – será esse o tema do próximo capítulo.)

Quem cria essa música? Nessa canção de criação existe um fluxo, existe ahá, existe alegria espiritual, que os indianos chamam de *ananda*, o terceiro aspecto da trindade, existência-percepção-consciente-alegria espiritual, alegria esta que os indianos costumam descrever como consciência. Não são só os indianos que dão mostras de conhecer a autoexpressão espontânea do quantum. Escritores, artistas, atletas e músicos falam de "fluxo" de experiências quando perdem a si mesmos, de tão ligados que estão com seus atos (Csikszentmihayi, 1990). Quando a "maçã" do *insight* lhes cai na cabeça, também os cientistas se revelam espontâneos em sua experiência ahá, sem se deixarem limitar pelos estereótipos racionais e lógicos que fazemos deles. Tentando definir, de alguma maneira todos os criativos parecem ter acesso a um modo de ser no qual prepondera a espontaneidade criativa em detrimento de deliberações do ego. Quem cria? A consciência quântica (a que nossos ancestrais se referiam como Deus) o faz experimentando a sua criação em sua autoidentidade quântica. Também esse modo de ser – a consciência quântica – e esse modo de experimentar – o *self* quântico – são figuras importantes em todos os atos de criação, e não apenas o nosso ego. Qual o papel do ego? O que vem a ser a relação do *self* quântico com o ego? Abordemos primeiramente essa última questão.

Condicionamento

As experiências levam ao aprendizado, e um aspecto desse aprendizado são as mudanças de desenvolvimento na subestrutura de registro do cérebro – as memórias e representações da experiência. Além disso, também algo profundo ocorre na física quântica do sistema quântico do cérebro.

Em resposta a um estímulo previamente experimentado, a maquinaria quântica do cérebro não apenas interage com o estímulo direto, que origina o acontecimento de percepção-consciente primária, como também interage várias vezes com os estímulos secundários da repetição da memória; isso dá origem a acontecimentos de percepção-consciente secundária logo em seguida ao colapso. Essas reflexões no espelho da memória agem como um retorno do passado para a situação atual; como resultado, a probabilidade de efetivar estados anteriormente experimentados vai ganhando maior peso. O cérebro quântico gradualmente se torna condicionado em sua resposta a estímulos previamente aprendidos (para uma demonstração matemática, ver Mitchell & Goswami, 1992). Em outras palavras, ao aprender propensões da dinâmica quântica do cérebro. Você se lembra de Pavlov, seu cão e os reflexos condicionados? Pavlov condicionava seu cão pela administração de reforços de estímulo e resposta – reforçando a resposta desejada a um estímulo por recompensa (ou por punição).

Há aqui algo de interessante. Onde reside a memória de aprendizado de nosso cérebro quântico? A memória está na modificação da dinâmica quântica – na verdade, em equações matematicamente modificadas. Essas equações não são parte do cérebro, mas governam o comportamento de um cérebro condicionado. Onde elas residem? Como qualquer lei da física (da qual a matemática é a representação mental), elas residem no domínio supramental não local da consciência. A memória de aprendizado é não local; ela reside fora do espaço e do tempo.

Especialmente interessante é que, no limite do condicionamento infinito de uma tarefa, é próxima de 1% a probabilidade de que um estímulo aprendido envolvendo a tarefa vá desencadear uma resposta condicionada. Nesse limite, ao que tudo indica, o comportamento do sistema quântico do cérebro se aproxima do comportamento determinado clássico, que é o análogo cerebral ao princípio da correspondência.

Razoavelmente cedo em nosso desenvolvimento físico, os acúmulos de aprendizado e os padrões de resposta condicionada começam a dominar o comportamento do cérebro, em que pese o fato de a versatilidade do sistema quântico estar sempre disponível para um novo jogo criativo. Quando a potência criativa do sistema quântico não está envolvida, e quando não estão presentes os acontecimentos de percepção-consciente primária, aí se tem o domínio dos processos de percepção-consciente secundária conectados à repetição de memória; efetivamente, a eficácia da hierarquia entrelaçada do cérebro é substituída pela hierarquia simples dos programas clássicos aprendidos – as representações de experiências passadas. Então começamos a nos identificar com um *self* separado e individual, o ego, que percebe a aparente continuidade na forma de uma corrente de consciência, que pensa suas escolhas com base em experiências passadas, que, presume-se, têm o "livre-arbítrio" de fazer escolhas. Mas, na verdade, o assim chamado livre-arbítrio da identidade do ego existe somente a) para que se faça uma escolha entre os subconjuntos condicionados de respostas; b) até o ponto em que o condicionamento para qualquer resposta particular seja inferior a 100% e c) para dizer "não" a escolhas condicionadas.

De certo modo, os experimentos do neurofisiologista Benjamin Libet e seus colaboradores (1979) têm demonstrado que se possui quase metade de um segundo de tempo entre o acontecimento primário de um colapso quântico e nossa percepção-consciente verbal do acontecimento. Esse meio segundo é o tempo ocupado pelo processamento da percepção-consciente secundária.

O papel do quantum/criativo e clássico/*self* determinado na criatividade

Desse modo, uma pessoa adulta é capaz de operar em dois modos de identidade do *self* – o do ego e o quântico (Figura 11). O modo quântico primário é onde a incerteza reina suprema e onde as respostas criativas, e não apenas as aprendidas, mantêm-se disponíveis por meio do conjunto de possibilidades dos corpos quânticos sutis e da

Figura 11. As modalidades de identidade do *self*: do ego e quântico.

liberdade de escolha da consciência quântica. O *self* quântico é o que conduz nossas experiências de *insights* intuitivos em direção a novos significados e novos contextos, que conduz os lampejos de imaginação que não podem ser abstraídos do que se aprendeu anteriormente, sendo, pois, as sementes que florescem em produtos criativos. Toda a nossa criatividade é criatividade quântica e envolve nosso *self* quântico.

O modo de ego clássico, associado ao nosso comportamento contínuo, condicionado e previsível, reforça nossas ideias e significados criativos com razão e com contextos aprendidos para a expressão. Assim, o ego nos capacita a desenvolver e manipular as ideias e significados criativos em formas acabadas, e usufrui dos resultados de suas realizações.

Disse Einstein certa vez: "Existem dois modos de viver a vida. Um deles, como se nada fosse um milagre. O outro é como se tudo fosse um milagre". Sim, ele sabia. Quando vivemos no ego, nada é milagre. Mas quando criativamente saltamos para o *self* quântico, tudo é milagre.

Um encontro com um solucionador de problemas

Fiquei um pouco intimidado quando o dr. João Resolveproblemas apareceu diante da minha porta. João jamais aparece em parte alguma, a não ser que haja um problema que possa resolver. Ele parecia ler meus pensamentos.

– Você deve estar se perguntando que problemas eu teria vindo resolver... O caso é que você, meu amigo, você é o problema – disse ele em tom grave, lançando o chapéu numa cadeira ao adentrar. Não foi pequena a minha surpresa.

– O que eu fiz agora?

– Há rumores de que você estaria revivendo a velha noção idealista segundo a qual a criatividade é um dom divino. E o que é pior, você estaria usando a ciência para justificar essa ideia absurda.

– Leia meu livro – disse, tentando uma conciliação. – Não mencionei Deus tanto assim; em vez disso usei a expressão "consciência quântica". A consciência quântica faz seu trabalho mediante o processamento inconsciente.

– Eu sei, eu sei – respondeu Resolveproblemas, impaciente. – Também isso eu lhe tenho dito. Mas você está usando conceitos como o inconsciente. O inconsciente faz psicologia vodu (Feynmann, 1962).

– E, além do mais, você também está usando nomes sânscritos – mais vodu. *Atman* traz até nós o *insight* criativo de Deus, você diz. Cheira a hinduísmo, não?

– *Atman* é o nosso *self* quântico, nosso *self* mais interior, uma identidade assumida pela consciência quando uma mensuração quântica criativa se realiza no cérebro. *Atman* não tem uma etiqueta que diz "hinduísmo". Você não precisa se preocupar...

João não parecia muito conciliador.

– Você está fazendo algo suspeito, tenho certeza. Criatividade é resolver problemas. Acredite-me, eu sei. Eu nunca tive nenhum processo inconsciente nem jamais deparei com qualquer *atman* ou *self* quântico, nem interior nem exterior. Sou eu quem faz todo o trabalho. Por que eu deveria dar o crédito a *atman*?

– Bem, João, em certo sentido você tem razão. Na verdade, o *atman* não se imiscui na resolução mundana de problemas se você ficar no nível do raciocínio. Nosso *self* pensante contínuo, local, já faz muito para isso. Mas, como disse o escritor Marcel Proust, "um livro é o produto de um *self* diferente do *self* que manifestamos em nossos hábitos, em nossa vida social, em nossos vícios". Quando um Einstein descobre a teoria da relatividade ou quando um T. S. Eliot escreve Burnt Norton, certamente eles não estão resolvendo um problema situacional, eles não estão pensando no âmbito restrito da razão. Tenho certeza de que você concordará que essas pessoas dançam conforme uma música completamente diferente. Estou dizendo que a música em seu caso é o *self* quântico. Sua criatividade consiste em realizar saltos quânticos descontínuos em um domínio de possibilidade não local – o supramental –, que não é acessível ao ego pensante, que apenas contempla o passado e suas extensões baseadas na razão. A criatividade requer um encontro com o *self* quântico que tem acesso ao supramental.

– Você ainda não entendeu – rugiu Resolveproblemas. – Einstein e Eliot são mais talentosos do que você, e por isso eles enfrentaram problemas mais difíceis. Mas o que eles fizeram é, ainda assim, resolver problemas.

– Ah, é? Quando Einstein começou a sua pesquisa, ele nem mesmo sabia que o problema era a natureza do tempo. Ele estava preocupado com a natureza da luz. Ele estava preocupado com a compatibilidade das leis de Newton da mecânica do movimento com a teoria da eletricidade e do magnetismo que Clerk Maxwell sintetizou. E Eliot não começou pensando: "Bem, vejamos. Hoje vou escrever sobre o ponto imóvel".

– Você está falando sobre resolver problemas. Todo mundo sabe que algumas pessoas devem encontrar seu próprio problema para resolvê-lo. Desse modo, elas não precisam competir. Veja como faz sentido. Einstein trabalhava em período integral como examinador de patentes. Não podia dispor de todo o tempo necessário para resolver – como foi que você disse mesmo? – problemas situacionais com os quais poderia superar seus concorrentes. É natural que ele procurasse um problema que não estaria sendo abordado por ninguém. Mera tática de sobrevivência. E não me venha falar de T. S. Eliot. Poetas são um caso um pouco diferente.

– Certo. Fiquemos com Einstein. Você sabe, certa vez ele disse algo como "eu não descobri a relatividade só com o pensamento racional". Resolver problemas, ao estilo de uma máquina, é algo feito pelo pensamento racional com base em continuidade, você há de concordar. Assim, o próprio Einstein deve ter percebido que ele estava fazendo algo que ia além do pensamento racional. Talvez estivesse fazendo alusão a seu encontro com o *self* quântico interior enquanto dava um salto para o supramental.

– Veja, eu vou admitir que Einstein era uma espécie de místico. Esqueça Einstein. Tomemos um caso da história que tem sido analisado nos últimos tempos. A história da escultura móvel de Alexander Calder. Pode-se traçar seu desenvolvimento do móbile móvel abstrato até os mínimos detalhes, e isso não é nada mais do que resolver o problema de Charlie (Weisberg, 1993).

– Agora você atiçou minha curiosidade. O que é esse "problema de Charlie?".

– Você nunca deparou com o problema de Charlie? – João parecia extasiado com a oportunidade de mostrar seu conhecimento. – Aqui está um problema. Dan chega em casa do trabalho e encontra Charlie estirado morto no chão. No mesmo chão há um pouco de água e vidros quebrados. Tom também está na sala. Dan dá uma olhada na situação e imediatamente sabe como Charlie morreu. E você?

– Não tenho a menor ideia. Você sabe que não sou muito bom com quebra-cabeças, muito menos com mistérios de assassinato.

– Por que não recorre ao *self* quântico para ajudá-lo? Tudo bem, eu sei... o *self* quântico não sujaria suas mãos com tamanha trivialidade. Mas bem que você poderia tentar. Provavelmente você levaria uma hora, a exemplo dos estudantes universitários. Quer saber o que eles fizeram?

– Claro!

– Bem, de início todo mundo pensou como você. Que Charlie era um ser humano. Mas isso não os levava a lugar nenhum. Quando se viram num beco sem saída, começaram a perguntar: "Charlie era humano, por acaso?". Quando ficaram sabendo que Charlie não era humano, logo imaginaram a resposta.

– Ahá! Charlie era um peixe! – não pude resistir.

– Veja – disse Resolveproblemas, orgulhosamente. – É assim que a criatividade funciona: descontinuidade, experiência ahá e tudo o mais. Você chega num beco sem saída com o contexto antigo. Elabora uma pergunta nova. A resposta o faz migrar para outro contexto, ou combinar os dois contextos antigos, ou transferir um contexto no outro. Calder já estava fazendo esculturas móveis, formas regulares que se moviam mecanicamente; talvez estivesse chateado e em busca de algo diferente. Um problema. Até que um belo dia ele visitou uma galeria de arte que expunha a arte abstrata de Piet Mondrian. Imediatamente lhe ocorreu usar peças abstratas em sua escultura em movimento, assim como os estudantes pensaram no peixe tão logo perceberam que Charlie não era gente. A fonte de sua mudança descontínua de contexto era externa. Até que, enfim, também a escultura móvel abstrata se tornou enfadonha. Como torná-la mais interessante? – outro problema. Foi então que ele pensou em se livrar do movimento mecânico e passou a usar o vento para mover suas formas abstratas. Nasceu o móbile, que nada tem de enfadonho (Weisberg, 1993).

– É uma construção bastante boa da criatividade de Calder – disse com admiração. – Mas você está deixando algo de lado em sua equação. Calder é um ser humano com ego; ele tem um sistema de crenças, um caráter, um modo de fazer coisas que profissionalmente o identifica. Por que deveria ele mudar o seu caminho, o seu modo padrão de criar esculturas que representem algo concreto no mundo, só porque viu a arte abstrata de alguém? Você é um cientista com crenças materialistas. Para você, todo fenômeno é um fenômeno material. Sabe, eu penso diferente; penso que todo fenômeno é um fenômeno da consciência. Você mudaria seu modo de fazer ciência só por ver o meu trabalho?

– Bem, eu teria de compreender seu ponto de vista primeiro e concordar com ele... – disse Resolveproblemas.

– Exatamente. Você tem de explorar um novo significado. Tem de explorar novamente os arquétipos para vislumbrar a necessidade de uma nova representação que está sendo sugerida pela intuição. Nessa exploração, você entra em contato com o *self* quântico. Foi o que Calder fez quando viu a arte abstrata de Mondrian. Calder teve um pensamento subitamente inspirado, um revertério, uma mudança descontínua do que até então vinha pensando sobre a arte da escultura, quando explorou o significado da arte abstrata. Ele viu a possibilidade de um modo inteiramente novo de representação. Ele teve uma experiência ahá envolvendo o *self* quântico, disso eu tenho certeza. Antes ele pensava sempre em esculturas como representações diretas de coisas no mundo – faz sentido, ele buscava uma forma reconhecível. Em um súbito lampejo de inspiração, ele descobriu a beleza da ambiguidade que o pensamento abstrato representa, e percebeu que precisava dessa ambiguidade em sua escultura para levar sua mensagem ao homem moderno: a beleza transcendente das formas moventes.

Mas mesmo essa mudança não o satisfez. Havia ainda algo previsível demais, mecânico demais. Então ele continuou a busca por um novo contexto. Outro dia, outro encontro com o *self* quântico, outra inspiração. Ele mudou os motores mecânicos, para que fossem movidos pelo vento. Não só ambiguidade na forma, mas também ambiguidade no próprio movimento – em que a ambiguidade é algo que intriga as pessoas justamente porque as ajuda a pular fora de sua existência mundana e é relativamente rara em nosso cotidiano moderno e tecnicista.

– Agora, se já ouvi alguma história fantástica, essa é uma delas. Então, como funciona esse encontro com o *self* quântico?

– Quer mesmo saber? – exclamei, e minha empolgação não era pequena.

– Acho que não... Se eu souber como essa coisa de *self* quântico age sobre nós, algum dia eu poderia acabar sucumbindo à sua influência. E então eu não ficarei satisfeito com resolver – o que foi que eu disse? – problemas situacionais usando minha mente racional. Mas eu odeio ter de sair à caça de todos aqueles problemas fundamentais. Não acredito em intuições. E odeio ter de sair à caça de significados. Não dá dinheiro.

Com essas palavras, João Resolveproblemas pegou seu chapéu e foi embora.

Na física clássica, a condição que se tinha era a certeza.
Mas na física quântica, só temos possibilidade ambígua – é aí que
reside a criatividade.
Eras hábil e capaz em tua modalidade clássica predeterminada,
Repousa em paz com teus louros.
Mas é tua uma condição singular:
Por que temer a ambiguidade? Ela traz consigo a renovação.

Tens um ego forte?
Sim? Então assume o risco, encontra o teu *self* quântico.
Vá em frente – vejas o que acontece.
O comida newtoniana é boa; mas o gosto é sempre o mesmo.
Para teres um gosto de criatividade realmente delicioso
Saboreia a física quântica. *

---

* No original: *In classical physics, conditioned certainty. / But in quantum physics, only ambiguous possibility / –there lies creativity. / Capable in your fixed classical modality, / You may rest in your laurels. / But yours is a unique condition: / Why fear ambiguity? It contains renewal. / Have you a strong ego? / Yes? Then take a risk, encounter your quantum self. / Go ahead – see what happens. / Newtonian chow is okay; but the taste is always the same. / For the truly delicious taste of creativity, / Savor quantum physics.* [N. de T.]

capítulo 6

o significado da mente

Dê uma olhada na ilustração da Figura 12a. Você está se perguntando se isso vem a ser um monte de linhas dentadas? Poderia ser a imagem de um piquete de cerca quebrada com alguns dentes faltando? Sim, você começou a se divertir com a figura. O que representam essas linhas na fenda? E se inventarmos uma história: um soldado está passeando com seu cachorro por detrás da cerca, mas é claro que, neste momento, deste ângulo, só podemos ver sua baioneta e a cauda do cachorro (Kraft, 1996)! Você viu, não viu (Figura 12b)?

É um típico exercício de classe de psicologia; um exercício de imaginação sobre nosso modo de dar significado. Mas, e daí? Já argumentamos que o nosso tão glorificado neocórtex do cérebro não pode conferir significado algum. Ele é mais um computador processador de símbolos. É a mente que confere significado ao processamento de símbolos pelo cérebro.

Pense na situação de outra maneira. Uma sentença tem uma estrutura, a sintaxe, o modo como as palavras são reunidas de uma maneira antiga, ultrapassada. Mas a gramática da sintaxe não vai elucidar o significado da sentença, não proverá seu conteúdo semântico. A semântica é algo extra.

Então, quando os cientistas da computação e os pesquisadores da inteligência artificial falam no cérebro como hardware de computador e na mente como cérebro (Fodor, 1981), eles deixam de considerar uma questão importante. Pensar na mente como software de computador é válido só até certo ponto; só até levantarmos a questão do significado.

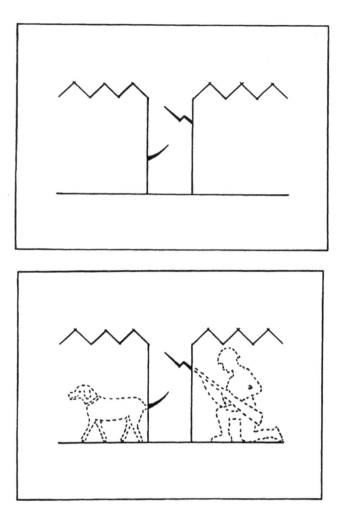

Figura 12. (a) Que significado você vê nas linhas dentadas? (b) O significado pretendido pelo artista.

Como saltamos do software processador de símbolos para o significado em conexão com o computador? O significado existe na mente do programador de computador que representa o significado mediante o uso de símbolos de seus programas. Só então a operação do software de computador faz algum sentido. Assim, olhar para o cérebro como um computador de processamento de símbolos se faz útil porque podemos ver claramente que precisamos de uma mente a conferir significado aos processamentos cerebrais.

Você pode se perguntar então como o seu cérebro confere sentido ao mundo exterior? Todo computador se limita a processar seus próprios símbolos. Assim, o cérebro como processador de símbolos pode processar o mundo somente à medida que é interpretado pela mesma lógica interna usada para atuação dos símbolos sobre símbolos; ele não consegue saber sobre o mundo como o mundo realmente é.

Existem aí dois problemas: um é o do significado, e o outro é o do conhecedor do significado. Um computador carece de ambos. No Capítulo 3, discutimos sobre aquele que conhece: a consciência não local. Em nossa consciência não local, todo o mundo material está dentro de nós. Somos autorizados a conhecer a lógica simbólica por detrás de cada parte do mundo, já que nós a criamos. O mundo material encontra-se atrelado pelas leis ditadas por nosso corpo supramental que inclui as leis da física, as quais descobrimos criativamente (ver Capítulo 6). Mas para dar significado ao mundo, precisamos de outro corpo, da mente, dentro da consciência.

Faz sentido. Quando vejo uma flor, existem dois objetos em minha percepção-consciente. Existe a rosa exterior em minha percepção-consciente exterior. Essa rosa exterior eu posso compartilhar com qualquer pessoa capaz de olhar para ela, ela é pública. Mas com a rosa exterior existe uma rosa interior, em meu pensamento. Essa percepção-consciente interior é pessoal. Só eu estou ciente dela.

Assim, intuitivamente, todos conhecemos, todos experimentamos de maneira direta a mente como diferente do cérebro. Meu cérebro poderia estar ligado a máquinas de eletroencefalograma, poderia estar aberto para uma cirurgia ou ser explorado por ressonância magnética imagética para que todos os pesquisadores visualizassem o que acontece dentro do cérebro quando vejo a rosa. Mas nenhum instrumento ou coisa alguma daria a menor ideia, para quem quer que fosse, do pensamento exato provocado pela rosa em minha percepção-consciente interior.

E essa mente, cujos objetos são interiores à nossa percepção-consciente, é o que dá significado aos objetos físicos da percepção-consciente exterior, para a qual o cérebro atua como aparato de mensuração sensorial e autorreferencial. O cérebro também constitui uma memória, uma representação ou mapa, de modo que da próxima vez que ele encontrar o mesmo objeto, a memória evocará o mesmo estado mental de que a consciência se utilizou da primeira vez.

Como você faz um desenho ou esculpe uma estátua? Você começa com lápis e papel, é claro, mas algo mais também é importante – sua imaginação. Você imagina um quadro mental do que está para desenhar ou esculpir, e só então algo acontece entre cérebro, mão, pincel e papel (ou cérebro, dedos e argila).

A imaginação nos ajuda a fazer novos mapas da mente no cérebro para que da próxima vez possamos usar esses mapas com facilidade. Podemos imaginar, dentro de contextos conhecidos e suas combinações, como resolver um problema. Enquanto resolvemos um problema, podemos vislumbrar novo significado nos velhos contextos que estamos usando – um caso de salto quântico de criatividade situacional. Ou ainda, damos um salto quântico para o supramental, de relance percebemos um arquétipo e o mapeamos na mente, um mapa que até então não tínhamos. Quando somos capazes de mapear esse salto da imaginação em nosso cérebro e em um pedaço manifesto de arte ou ciência, nós mergulhamos na criatividade fundamental.

A natureza quântica do pensamento

Você pode experimentar a natureza quântica do pensamento diretamente. O físico David Bohm (1951) observou que um princípio da certeza opera em favor de nossos pensamentos. Quando nos centramos no conteúdo do pensamento, perdemos a direção que o pensamento está seguindo. Por outro lado, quando nos centramos na direção do pensamento, acabamos perdendo o seu conteúdo. Faça a experiência e observe. O conteúdo do pensamento é chamado o seu aspecto; a linha de pensamento é a associação de pensamento.

Mas só mesmo os objetos quânticos são associados com variáveis conjugadas e complementares. Assim, a observação de Bohm (e a sua, se você tiver realizado o pequeno experimento) revela apenas uma coisa: um pensamento é um objeto quântico que aparece e se move no campo de nossa percepção-consciente interior assim como objetos físicos aparecem e se movem no espaço comum.

Mas pensamentos aparecem na percepção-consciente somente quando estamos realmente pensando. Para onde vai um pensamento entre nossas mensurações, ou seja, entre um pensamento e outro? Ele se dissemina como ondas de possibilidades de significado, e o que mais? Muito embora ele sempre se manifeste na percepção-consciente em uma forma descrita por atributos complementares como aspecto e associação, entre manifestações o pensamento existe na consciência como uma onda de possibilidade transcendente, a exemplo de qualquer outro objeto quântico.

A imagem quântica também nos permite pensar nos mundos físicos e mentais diferentemente de como estamos habituados a pensá-los. Via de regra, pensamos em ambos esses mundos como feitos de substâncias. Claro que a substância mental é mais sutil, não podemos quantificá-la da maneira como fazemos com o mundo físico, mas ainda assim é uma substância – pelo menos pensamos assim. Agora, mude esse modo de ver. Até mesmo o físico não é substância no sentido comum, para não falar do mental. Tanto o mundo físico como o mental continuam a ser possibilidades, até que a consciência lhes dê substancialidade pelo colapso da experiência concreta.

Cognição é recognição

Nossa dificuldade em compreender a percepção fazendo uso tão somente do cérebro (moldado como um computador) é a de que a representação de um objeto sensorial em nosso cérebro após processamento pelos centros "mais elevados" não é uma réplica exata do objeto (quando vemos um porco, o cérebro não faz um porco tridimensional no seio de seu substrato teórico – não há espaço suficiente), e, ainda assim, de certa maneira, somos capazes de traduzir a representação no objeto e fazê-lo de tal modo que formamos um consenso com outros observadores. Como a atividade neuronal no córtex cerebral evoca a percepção do objeto no espaço-tempo exterior?

O modelo representacional é mais adequado quando a percepção é uma questão de recognição, não de cognição. Então, quem ensina o biocomputador humano – o cérebro físico, suas representações? Bem, é a consciência que o faz, com a ajuda dos estados do corpo mental. Um estímulo não aprendido produz uma imagem no cérebro físico em forma de possibilidade do cérebro quântico, mas essas imagens possíveis não têm significado mental. A consciência atribui significado mental à imagem com a ajuda de estados mentais do corpo mental. Quando a consciência reconhece e escolhe um par correlacionado de estados, um no cérebro físico (que se torna memória e forma os símbolos sintáticos da representação) e o outro no corpo mental (que proporciona a semântica), tem-se uma representação dotada de significado. A mensuração quântica simultaneamente colapsa o objeto físico da representação (que, de acordo com a física quântica, é apenas "um padrão de tendências deslocadas" antes do colapso) no espaço-tempo exterior e o objeto na percepção-consciente interior. Vemos o objeto externo e não a imagem do cérebro, mas a imagem do cérebro contribui para a nossa percepção por ser correlacionada com o objeto mental que experimentamos. Dessa maneira, uma pessoa cega para cores vê uma árvore em sua plenitude, e não a imagem cerebral; ainda assim, ela não vê a árvore como verde, uma vez que sua imagem cerebral não dispõe da "verdidade", e, por essa razão, o estado mental correlato tampouco pede a cor verde.

Sendo uma representação feita e aprendida, a ação subsequente é uma operação que se dá em estilo de computador. Um estímulo aprendido desencadeia a memória, que é reconstruída cada vez que o estímulo é apresentado e processado. Desencadeia também a resposta aprendida do cérebro.

À medida que a consciência reconhece e ocasiona o colapso de um estado aprendido, nas possibilidades quânticas do cérebro físico em resposta a um estímulo, ela também reconhece e escolhe um estado mental correlacionado. Assim, no processo de percepção, sendo realizadas no cérebro físico as representações do mundo físico, no corpo mental dá-se uma mudança por meio da modificação da probabilidade das possibilidades mentais experimentadas. No processo recíproco da imaginação, um cérebro físico é feito a partir de estados mentais sutis.

A percepção produz não apenas representações físicas ou memória no cérebro físico, mas também uma tendência no corpo mental para que certos estados correlacionados se colapsem ao que determinado estímulo físico for apresentado. O mesmo acontece com a imaginação. A lembrança aumenta a probabilidade de uma lembrança posterior (ver Capítulo 5). Assim, os estados do corpo mental são individualizados para que se adequem a uma história particular. Em outras palavras, muito embora em potência todos compartilhemos a mesma mente do ponto de vista estrutural (a mente é um todo indivisível), uma mente pessoal forma-se funcionalmente à medida que adquirimos nossos padrões individuais.

Por que os objetos mentais
da experiência são pessoais?

A percepção-consciente de aspectos mentais da percepção – pensamentos, conceitos e outros objetos mentais – é interna e pessoal, em contraste com a percepção-consciente dos aspectos físicos de objetos exteriores e compartilhados, que dividimos com outras pessoas. Uma explicação se tem em nosso modo de conceber a mente como uma mente quântica.

Qual a diferença entre substância física densa e substância mental sutil? Uma importante diferença está na densidade do macromundo de nossa percepção compartilhada do domínio do físico. Objetos quânticos obedecem ao princípio da incerteza – não podemos mensurar a um só tempo a sua posição e seu *momentum* com a máxima precisão. Com o intuito de determinar a trajetória de um objeto, precisamos conhecer não só onde ele está agora, mas também em que lugar ele estará um pouco mais tarde; em outras palavras, tanto a sua posição como a sua velocidade, simultaneamente. Por isso jamais podemos determinar com precisão as trajetórias dos objetos quânticos.

Muito embora os macrocorpos em nosso ambiente sejam feitos de objetos microquânticos que obedecem ao princípio da incerteza, pelo motivo mesmo de sua densidade, a nuvem de ignorância que o princípio da incerteza impõe sobre o movimento de marcocorpos é muito pequena; tão pequena que pode ser ignorada na maior parte das situações – esse é o princípio da correspondência. Aos macrocorpos, assim, podem ser atribuídos tanto uma posição aproximativa quanto um *momentum* aproximativo, e, por isso, trajetórias aproximadas. Como Descartes corretamente intuiu, substâncias mentais são indivisíveis. Para essa substância, então, não existem reduções "para cada vez menor", não existe micro a partir do qual o macro seja feito. Desse modo, o mundo mental é um todo a que os físicos eventualmente chamam de meio infinito. Pode haver ondas em tão infinito meio, modos de movimento que tenham de ser descritos como possibilidade de ondas quânticas obedecendo a um cálculo de probabilidade. E nós diretamente observamos (colapso) esses modos quânticos sem a intermediação do aparelho de auxílio à mensuração (o qual inexiste). Mas pagamos um preço. Entre colapsos e experiências, os modos mentais de movimento estão sujeitos ao princípio da incerteza. Isso significa que entre o meu colapso e o seu colapso, entre o meu pensamento e o seu pensamento, os modos mentais quânticos teriam se expandido em possibilidades – tanto que se torna improvável que você pense da mesma maneira. Por isso, pensamentos (comumente) não podem ser compartilhados por duas pessoas diferentes; pensamentos são pessoais, são experimentados interiormente.

Faço aqui um comentário de passagem. O modelo computadorizado de criatividade afirma que criatividade é um solucionar mecânico de problemas, no qual não haveria mistério algum. Quanto mais olhamos para ele, mais o vemos de outra maneira. A criatividade é misteriosa não só porque envolve uma consciência para além do ego familiar, mas também seu significado advém de um mundo interior e sutil, que é o mundo da mente. Parafraseando Alexander Pope,

> As leis da criatividade se ocultam na noite.
> Disse Deus, "haja computadores!", e fez-se luz.
> Não muito depois, gritou o diabo: "ó!
> Eis aqui uma mente quântica. Que se restabeleça *o status quo!*".*

---

* No original: *The laws of creativity lay hid in night.* / *God said, "Let computers be," and there was light.* / *It did not last, the devil shouted, "ho!* / *Here's quantum mind. Restore the status quo."* [N. de T.]

capítulo 7

de onde vêm as ideias criativas?

Atos criativos são descontínuos. Aqui está você, aferrado a contextos antigos e conhecidos – bingo, eureca, ahá! Um novo contexto aparece no campo de sua mente. Você descobriu uma verdade transcendente de grande beleza. Mas onde estava sua mente por ocasião da passagem do antigo para o novo contexto? Antes de mais nada, passemos em revista algumas velhas metáforas para a jornada criativa.

O poeta romântico inglês Samuel Coleridge foi bastante gráfico ao descrever sua própria viagem criativa e os símbolos desta ao despertar de um sonho. "E se dormires", escreveu Coleridge, "e se em teu sono sonhares? E se em teu sonho fores para o Céu e colheres lá uma estranha e bela flor? E se, ao despertares, tiveres a flor na tua mão?". E foi bem isso o que Coleridge fez! Sua flor foi seu famoso poema *Kubla Khan*.

Seu mito da criação é originário de povos de uma tribo de índios americanos da Califórnia:

> Tudo era água à exceção de um pequeno pedaço de terra. E ali estavam a águia e o coiote. Então a tartaruga nadou até eles, que a fizeram mergulhar em direção à terra, mas submergindo até o fundo da água. A tartaruga mal havia chegado ao fundo e o tocado com os pés. Finalmente ela encontrou um resquício de terra. Ela e a águia o tomaram e o fizeram seu. Originou-se daí a terra grande como se conhece (citado em Malville, 1975, p. 92-93).

Um ato de criação é visto aqui como um mergulhar profundo em direção a outro mundo – o oceano, para essas pessoas – para encontrar um resquício de nova "terra" (possibilidades) e, valendo-se dela, construir. Conosco é a mesma coisa. Como num sonho de Coleridge, e no mito da criação, acima, nossos atos criativos advêm de um domínio especial de *potentia* transcendente – a terra supramental dos arquétipos – para o qual mergulhamos a partir de nossa mente visando desenterrar tesouros escondidos da consciência quântica. À medida que mergulhamos no mundo desconhecido, dando um salto quântico a partir da mente comum, encontramos joias preciosas de entidades desprovidas de forma. Estas são os temas arquetípicos – os contextos – que formam a essência de nosso trabalho criativo. À medida que as trazemos de volta por mensurações quânticas em nosso sistema cérebro-mental, as formas se configuram em torno de arquétipos desprovidos de formas – sinos tocam, a alegria reverbera, nasce um ato criativo.

Nossa evolução até aqui produziu o cérebro capaz de mapear a mente, mas ai de nós! Não temos um caminho para fazer representações físicas diretas dos arquétipos supramentais. Mapas mentais desses arquétipos são o melhor que podemos conseguir. Uma vez que não há memória direta de nossas experiências arquetípicas, essas experiências jamais são condicionadas através de qualquer reflexo no espelho da memória. Dessa maneira, o *self* associado a experiências arquetípicas é sempre o *self* quântico.

Criatividade e matemática

Tempos atrás eu estava reclamando para o dolfinologista John Lilly sobre a dificuldade de explicar a transcendência, uma vez que muitos pesquisadores parecem não compreender a radicalidade das descobertas criativas justamente por não compreender a transcendência. Lilly disse: "Tenho da transcendência uma prova bastante simples. Eu me limito a perguntar: 'De onde vêm as matemáticas?'".

O matemático Roger Penrose (1990) apresenta visão semelhante em seu livro *The emperor's new mind*. Ele nos convida a explorar o famoso teorema de Goedel, para claramente ver a natureza não algorítmica das descobertas na matemática.

Falando de maneira simples, a proposta do teorema de Goedel é: qualquer que seja o sistema matemático de algoritmos usado para comprovar a verdade matemática, se o sistema for suficientemente elaborado, haverá sempre uma proposição no sistema que este não pode provar. Muito embora o matemático possa ver a validade da proposição sem dar margem a dúvidas, o sistema algorítmico da lógica é incapaz de prová-la. Em outras palavras, matemáticos, quando descobrem a matemática, pulam fora do sistema – eles trazem a verdade matemática de um mundo transcendente. Pelo mesmo viés, se as leis matemáticas científicas guiam o comportamento dos objetos materiais, elas têm de existir *a priori* em relação à matéria, transcendendo o mundo material.

Verdade

Atos de criatividade são atos de valor. Um desses valores é a verdade. Todos os atos de criatividade fundamental são de certo modo tentativas de expressar alguma verdade transcendente – essa verdade é um aspecto comum aos temas arquetípicos. "Meu país é verdadeiro", intuía a poeta Emily Dickinson.

A confusão surge porque, não raras vezes, o que um poeta ou artista retrata em nada parece com o que costumamos tomar por verdade. A face da verdade do artista muda de contexto para contexto: ela está, como disse o pintor russo Wassily Kandinsky, "constantemente se movendo em movimento lento". Isso porque, a verdade "como um todo" é transcendente, e dela não se faz possível uma descrição perfeita na imanência, como nos lembra Herman Hesse (1973) nestas linhas de seu *Sidarta*:

> Ora, unilateral é tudo quanto possamos apanhar pelo pensamento e exprimir pela palavra. Tudo aquilo é apenas um lado das coisas, não passa de parte, carece de totalidade, está incompleto, não tem unidade. Sempre que o augusto Gotama nas suas aulas falava do mundo, era preciso que o subdividisse em *Sansara* e *Nirvana*, em ilusão e verdade, em sofrimento e redenção. Não se pode proceder de outra forma. Não há outro caminho para quem quiser ensinar. Mas o próprio mundo, o ser que nos rodeia e existe no nosso íntimo, não é nunca unilateral. Nenhuma criatura humana, nenhuma ação é inteiramente *Sansara* nem inteiramente *Nirvana*. *

---

* Extraído da edição brasileira, traduzida por Herbert Caro (22 .ed. Rio de Janeiro: Record, s/d., p. 120). [N. de T.]

A realidade expressa-se a um só tempo em Nirvana e Sansara, sendo ambos o transcendente (*potentia*) e o imanente (manifestação); nossa criatividade tenta expressar os arquétipos transcendentes na relatividade do imanente; ela tenta resumir o infinito na finitude. Ela nunca se dá completamente e jamais atinge seu objetivo. Um personagem de televisão, tentando explicar um enunciado truncado que proferira, diz: "Seria melhor você ter ouvido antes de eu dizer". Por estranho que possa parecer, ele tinha razão. A expressão compromete o valor da verdade.

Mesmo as leis científicas deixam de expressar a verdade perfeita arquetípica – a verdade inteira. A ciência progride quando as leis velhas cedem às novas como interpretações das mudanças de dados ou de teorias, e com isso surgem novos dados, que chegam a ampliar os domínios da ciência.

Percebendo que a criatividade é direcionada a um objetivo – sendo um dos objetivos o de trazer a verdade transcendente à imanência –, podemos compreender a ênfase no produto para um ato criativo. O produto possibilita ao criador compartilhar a verdade descoberta com o mundo imanente; esse compartilhamento é parte e parcela da intencionalidade criativa.

Com a ideia de valor de verdade para um ato de criatividade, começamos a entender como podemos julgar um determinado ato, mas não outro, como criativo. Criativos são os atos em que pressentimos valores de verdade, já que os temas arquetípicos são bem representados, muito embora em alguns casos (como no caso do sistema heliocêntrico de Copérnico ou na grande arte impressionista de Van Gogh) esse reconhecimento de valor de verdade leve muito tempo. Algumas vezes, um determinado artista criativo é tão bem-sucedido em retratar um tema arquetípico, e o valor de verdade de sua arte é tão autêntico, que a arte se torna imortal. As peças de Shakespeare nos tocam mesmo nos dias de hoje (como o farão daqui a milênios) porque ele foi um mestre em sua exploração de temas arquetípicos, sobretudo os aspectos emocionais dos temas. "A verdade é o que toca o coração", disse o escritor William Faulkner. Estaria ele pensando em Shakespeare? O ciúme de Otelo, a ganância de Shylock, a volúpia por poder de Macbeth são encenados ainda hoje, porque nos sentimos vivos e em unidade com a verdade das emoções que eles provocam. Compare isso com o entretenimento oferecido pelo mercado editorial, pelo cinema e pelas gravadoras ano após ano; eles não carecem de arquétipos, mas carecem de valor de verdade, e entre eles são bem poucos os que vendem bem após uma estação.

Beleza

A verdade criativa pode não vir com perfeição, mas ela vem com beleza. O poeta John Keat disse: "A verdade é beleza, beleza, verdade". Outro poeta, Rabindranath Tagore, escreveu: "A beleza é o sorriso da verdade quando ela contempla seu próprio rosto em um espelho perfeito". Se a autenticidade de um *insight* criativo não pode ser julgada por seu valor de verdade, que está fadado a ser relativo, pelo menos ela pode ser julgada por sua beleza.

O físico Paul Dirac, um dos primeiros arquitetos da física quântica, descobriu a equação matemática que prevê a existência da antimatéria, que são substâncias materiais que aniquilam a matéria regular ao simples contato. Na época, não havia razão para acreditar que tal coisa existisse, mas Dirac foi guiado por um aguçado senso de beleza. Ele escreveu: "Ao que tudo indica, se alguém estiver trabalhando pela beleza de suas equações, e se realmente tiver um *insight* retumbante, esse indivíduo estará numa via segura para o progresso". Na verdade, a previsão de Dirac se tornou realidade poucos anos depois, na forma da descoberta das antipartículas. E a verdadeira antimatéria só recentemente foi isolada, usando-se, para tanto, a supermáquina de colisão de partículas do CERN (sigla de Organização Europeia de Pesquisa Nuclear).

Uma lenda sobre o poeta medieval bengali Jaidev faz observação semelhante. Jaidev estava em meio a uma cena de sua obra-prima *Gita Govinda*, na qual o Deus encarnado Krishna tenta acalmar sua raivosa consorte Radha. Uma linha inspirada, de grande beleza, veio à mente do poeta e ele tomou nota. Mas, em seguida, teve um segundo pensamento: se Krishna é o Deus encarnado, como poderia dizer coisa tão humana? Ele riscou a linha e saiu para caminhar. Diz a lenda que quando o poeta saiu, o próprio Krishna apareceu e ressuscitou aquela linha. Tão grande é o poder da beleza nos atos criativos.

Mas o que é beleza? Quem a julga? Alguns autores tentam encontrar causas intelectuais, emocionais ou socioculturais para a experiência estética; alguns dizem que a beleza é experimentada intelectualmente ao se vislumbrar ordem e harmonia onde as pessoas comuns só veem o caos. Ainda assim é um truísmo que a beleza esteja nos olhos de quem vê, da pessoa criativa. Dirac foi especialmente sábio quando disse: "Bem, a gente sente. Assim como beleza em um quadro ou beleza na música. Não dá para descrever, é uma coisa... E se não a sentir você deve se limitar a aceitar que não está suscetível a ela. Ninguém vai conseguir lhe explicar".

Quando Pitágoras definiu a beleza como "a redução de muitos ao um", ele estava falando de uma experiência pessoal, transcendente. O poeta Khalil Gibran (1971) disse a mesma coisa:

> E a beleza não é um desejo, mas um êxtase.
> Não é uma boca sequiosa nem uma mão vazia que se estende,
> mas antes um coração inflamado e uma alma encantada.
> Ela não é a imagem que desejais ver nem a canção que desejais ouvir,
> mas antes a imagem que contemplais com os olhos velados
> e a canção que ouvis com os ouvidos tapados.
> Não é a seiva por baixo da cortiça enrugada
> nem uma asa atada a uma garra,
> mas sim um jardim sempre em flor e
> uma multidão de anjos em voo. *

Os muitos esplendores do amor

O amor é outro arquétipo que cobiça a criatividade. Em especial com poetas populares, romancistas, artistas e músicos. O amor é também um caminho que as pessoas seguem tendo em vista um crescimento espiritual. Em outras palavras, em referência ao nome de certo filme de Hollywood, o amor é uma coisa esplendorosa. O amor é um arquétipo muito especial, porque suas primeiras representações foram feitas no corpo físico (não no cérebro) pela intermediação do corpo vital muito antes que tivéssemos cérebro e a capacidade de fazer representações mentais. Estou falando do chakra do coração, e todo mundo sabe ser nele que vivenciamos o sentimento do amor romântico. Isso porque o chakra cardíaco, que corresponde ao órgão da glândula timo, que é parte do sistema imune, é uma representação das energias vitais do amor romântico. Mas isso demanda uma breve explicação.

O corpo vital equivale a uma espécie de matriz das funções biológicas chamadas campos morfogenéticos, das quais a consciência se utiliza para realizar aquelas funções biológicas (Sheldrake, 2009; Goswami, 2008b). Essa ideia está mostrada na Figura 13. Os chakras são os pontos de nosso corpo físico em que a consciência colapsa a um só tempo o órgão e o campo morfogenético do qual ele é representação. A energia que sentimos no chakra vem do movimento do campo morfogenético vital.

---

* Versão extraída da edição brasileira do livro *O profeta*, traduzida por Mansour Challita (Rio de Janeiro: Associação Cultural Internacional Gibran, 1980. p. 72-73). [N. de T.]

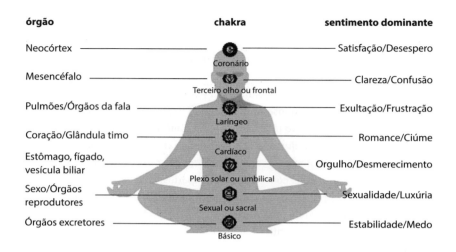

Figura 13. Os chakras. A criatividade vem com afecções em razão do movimento associado de energia vital nos chakras.

A Figura 13 apresenta também os diferentes sentimentos por nós vivenciados em cada chakra. Os sentimentos positivos (afetos) associados com experiências humanas criativas (muitas vezes mesmo na resolução de problemas) como amor, exultação, clareza e satisfação têm suas origens na ativação dos chakras superiores (coração, garganta, testa e coroa, respectivamente). As emoções negativas – como os sentimentos de medo, a sexualidade, as frustrações e o sentimento de inadequação – são associadas à ativação dos chakras inferiores (o chakra básico, o sexual e o do plexo solar, respectivamente).

O papel do sistema imunológico é distinguir entre "eu" e "não eu". Se a distinção de separação se esvai entre duas pessoas, obviamente o sentimento é o de "você é meu", e daí resulta a necessidade de união física. Em outras palavras, o amor romântico. Dessa maneira, o amor romântico é um acordo firmado entre sistemas imunológicos (e os campos morfogenéticos que lhes estão associados).

O segundo chakra é uma representação de energia sexual; esta e a energia do amor romântico encontram-se evidentemente conectadas. O terceiro chakra, que coincide com a localização de nossos órgãos digestivos, é a representação da identidade do *self* físico corporal. Quando o primeiro se torna ativo no segundo chakra, em nossa adolescência a tendência é usar o sexo para estimular o poder do ego. Mas se esperarmos por aquela parceira ou por aquele parceiro especial do amor romântico, usaremos o sexo para fazer amor – a representação vital do arquétipo do amor. Se nos comprometermos com um parceiro de amor romântico, poderemos usar essa relação para explorar em maior profundidade o arquétipo do amor.

A mente confere significado a todas as nossas experiências, incluindo as de amor romântico. Nossas representações do significado inicial do arquétipo do amor são amplamente influenciadas pelas experiências físico-vitais e por outras fontes de condicionamento psicossocial. A descoberta dos significados mais profundos do amor demanda criatividade. E essa tem sido uma das persistentes viagens criativas de muitas pessoas (ver Capítulo 18).

Ética, criatividade e os arquétipos de bondade e justiça

A ética, em forma de uma filosofia de discriminação entre bem e mal, tem se revelado uma preocupação tradicional de muitos empreendedores criativos. Os personagens do famoso romance de Dostoievski, *Os irmãos Karamazov*, travam incessantes debates sobre ética. Se focarmos nos filmes de Hollywood de décadas atrás, encontraremos o mesmo debate – simplificado, é claro. Naquela época o bem geralmente vencia.

Materialistas acreditam ser a ética um conjunto de regras que as religiões prescrevem com o propósito de atrair as pessoas para seus braços, receosas que estariam de uma punição divina. Alguns deles, porém, conseguem vislumbrar um caráter comum nas prescrições éticas de diferentes religiões e se perguntam se as leis éticas não teriam algum embasamento científico, se as leis éticas não seriam invioláveis, tal como as leis da ciência. Infelizmente, o pensamento materialista não provê muita justificativa para o ato de seguir preceitos éticos, exceto, talvez, por um vago valor de sobrevivência. Desse modo, uma vez que o materialismo científico se torna a nossa visão de mundo não oficial, a ética se torna supérflua. Pode-se ver os reflexos disso em nossos dias; por exemplo, ainda nos filmes de Hollywood: o bem já nem sempre vence! É algo que se pode constatar na mídia, que assimilou muito ao pé da letra a filosofia materialista. Toda opinião, seja ela certa ou errada, factual ou não, tem de ser contrabalançada com outra opinião, tem de ser apresentada em isenção de valores.

Na nova ciência, porém, uma vez que estamos todos interconectados pela via da consciência não local, a ética protagoniza um retorno sem ambiguidades. Além disso, muito embora a ideia de punição por alguma violação ética seja por demais simplista para pretender a sustentação de qualquer ciência, a consideração reencarnacionista facilmente demonstra a importância de seguir a ética: você reencarna repetidas vezes até aprender o seu novo comportamento ético; como diz Woody Allen (aqui em paráfrase), depois de algum tempo fica chato seguir sempre de novo o mesmo arquétipo.

De modo geral, a prescrição ética é simplesmente esta: seja bom e faça o bem. O problema em seguir a ética está em não ser tão fácil visualizar o que é o "bem". A definição de bem depende das circunstâncias. Então, evidencia-se que ser bom para alguém em determinadas circunstâncias exigirá, no mínimo, criatividade situacional de nossa parte.

Quando percebemos que a bondade realmente é um arquétipo do qual temos apenas representações mentais e que nossas representações mentais não são nem perfeitas nem totalmente objetivas, isso torna tanto mais forte a ideia de que existe sempre uma necessidade de criatividade em nossa busca de uma ética para se pautar a vida – tanto a pessoal como a social (Goswami, 2011a).

Juntamente com o arquétipo da bondade, a ética social também deve servir ao arquétipo da justiça – segundo o qual todos devem ter a chance de explorar e realizar o potencial humano. Nos Estados Unidos, a Justiça prescreve que todos devem ter a oportunidade de realizar o sonho americano. Isso pode parecer um idealismo impossível até se perceber que o "potencial humano" ou "sonho americano" não precisa ser definido apenas em termos de bens materiais, mas principalmente em termos de processamento de significado.

Uma razão pela qual nós ficamos para trás no quesito manifestação da Justiça, não só nos Estados Unidos, mas no mundo todo, remete à nossa tentativa de fazê-lo por meio de leis estabelecidas pela via mecânica de solução de problemas situacionais e não por autênticos atos de criatividade.

A criatividade não reside
em análise e comparação.
Sua casa é a região de penumbra,
para além da localidade.

Lá, imperadores e mendigos,
criativos, críticos e pessoas comuns
banham-se na mesma água de temas arquetípicos.

A consciência se move,
e a catapulta quântica da criatividade
lança-nos do conhecido para o que não se conhece
e ainda uma vez de volta. Da escuridão da inconsciência
surge a luz da percepção-consciente.

A intuição transporta-nos em asas quânticas
para a corrente desse movimento.

Adentrar uma pintura,
perder-se em música,
sentir a alegria ou a dor penetrante de um poema,
reconhecermo-nos numa história,
enxergar a verdade numa lei científica
pois um arquétipo de verdade e de beleza
vibra em nosso coração.
Criativos que somos,
sorvemos do mesmo néctar arquetípico! *

---

* No original: *Creativity dwells not / in analysis and comparison. / Its abode is the twilight zone / beyond locality. / There emperors and beggars, / creatives, critics, and ordinary people / bathe in the same shower of archetypal themes. / Consciousness moves, / and the quantum catapult of creativity /launches us from the known to the unknown / and back again. From unconscious darkness / comes the light of awareness. / Intuition transports us on quantum wings / into the stream of that movement. / We enter a painting /lose ourselves in music / feel the keen joy or pain of a poem / recognize ourselves in a story / see truth in a scientific law / because an archetype of truth and beauty / vibrates in our heart. / We have drunk from the same / archetypal nectar as the creative!* [N. de T.]

PARTE 2

O PROCESSO CRIATIVO

capítulo 8

a criatividade é um salto quântico?

Um prisioneiro feriu as pernas em um acidente com máquina. Ele fora encaminhado ao hospital da prisão, onde era estritamente vigiado, em sua condição de preso incorrigível. Infelizmente, para o prisioneiro, a perna esquerda acabou por gangrenar e teve de ser amputada. Como era religioso, o homem insistia em que a perna lhe fora uma dádiva, e por isso ele queria que ela ficasse com um amigo, a fim de que este desse a ela um fim adequado. Quando o amigo o visitou, o prisioneiro lhe deu a perna amputada, enquanto o guarda da prisão observava sem dizer coisa alguma.

Mas o quadro do prisioneiro se agravou, e também a sua perna direita veio a gangrenar e teve de ser amputada. De novo, quando o amigo veio visitá-lo, o prisioneiro lhe entregou a perna para que ela recebesse um fim digno. Foi então que o guarda suspeitou de alguma coisa. Depois que o amigo foi embora, ele interpelou o prisioneiro: "O que é isso? Dando as pernas para seu amigo? Está tentando fugir?".

Bem, jamais prisioneiro algum fugiu aos pedaços – ou foge inteiro ou não foge. Da mesma forma, ninguém jamais descobriu um significado novo ou um novo contexto para um pensamento de um ato criativo pensando continuamente. O pensar contínuo, o raciocínio, entra em jogo apenas após a ocorrência do significado criativo e/ou da mudança do contexto; erige-se então uma estrutura baseada no novo significado/contexto. A razão nos permite explorar e estende-se o máximo possível no contexto do objeto conhecido, mas isso não nos torna capazes de pular níveis. A razão não se mostra adequada à realização de um ato criativo de novidade no âmbito de um contexto ou significado porque, em última instância, este se baseia em continuidade.

Descontinuidade na criatividade

Conforme enunciado do físico Nicola Tesla, as ideias criativas chegam a nós "como um raio de iluminação". Pensamentos criativos que mudam nossos contextos ou revelam novos significados são saltos descontínuos dados a partir de nossos pensamentos comumente engendrados num fluxo de consciência, como demonstra de maneira evidente o exemplo a seguir.

Henry Poincaré debruçava-se sobre um problema matemático por dias a fio, mas nada acontecia em seu fluxo de consciência, em seu modo de pensar passo a passo. Algum tempo depois, durante uma viagem, um novo contexto para funções matemáticas lhe ocorreu de modo inesperado, descontinuamente, em um percurso de ônibus. Algum tempo depois ele contou que sua ideia não estava relacionada com os pensamentos que ele tinha no momento do lampejo, nem mesmo ao conteúdo e contextos do que previamente pensara sobre o tema em questão.

De modo semelhante, sobre os grandes compositores Mozart e Brahms diz-se que chegavam a um tema musical como um todo, e não como continuidade paulatina de notas e compassos. E do poeta romântico Samuel Coleridge, sabe-se ter tido como fonte de inspiração o poema de Kubla Khan como um todo.

Uma das mais espetaculares descobertas originais no campo da ciência foi a codescoberta por Heisenberg da equação matemática fundamental da física quântica. A ideia a que chegou Niels Bohr sobre os saltos quânticos tinha sido verificada pela via experimental, e por isso em 1925 era de conhecimento de todos que a equação de movimento de Newton já não se sustentava na física atômica. Mas isso todos conheciam na prática; ninguém tinha ideia alguma de como proceder para criar a nova mecânica.

Nesse contexto, Werner Heisenberg, um jovem de vinte e poucos anos, descobriu que se ele tomasse os saltos quânticos possíveis em um átomo e os ordenasse em séries, essas quantidades obedeceriam a uma equação que nenhum físico clássico jamais visualizara, e tal equação detinha todas as propriedades que poderiam ser esperadas de uma nova mecânica. Essas séries eram conhecidas nas matemáticas – as chamadas de matrizes. Mas Heisenberg jamais tinha ouvido falar nelas, e raramente alguém usara tais quantidades em física. Elas eram muito diferentes dos números comuns. Se você multiplica 3 por 4, tem

12; se multiplica 4 por 3, ainda assim chega a 12. Para números comuns, a ordem de multiplicação não faz diferença – é a propriedade da comutatividade. As novas quantidades quânticas de Heisenberg, as matrizes, não comutam; para elas, a ordem em que se realiza sua multiplicação efetivamente faz diferença.

Certa vez, quando, por ingenuidade, entrei na roda-viva dos encontros, já faz muitos anos, logo descobri que para aquelas pessoas a ordem em que se colocavam duas questões "você gosta de mim?" e "você me ama?" não importava muito. Eu tinha de aprender a discriminar. Heisenberg me ensinou o mundo da física para discriminar a ordem de multiplicação das quantidades quânticas – daí nasceu a física quântica. A física quântica desvela um contexto tão novo, que ainda nos encontramos a decifrar seu significado, do que é exemplo este livro.

A partir do ponto de vista objetivo do materialismo, a análise subjetiva das mudanças descontínuas na consciência, como a descoberta de Bohr dos saltos quânticos, e a de Heisenberg, da física quântica, são indícios em favor da evidência da descontinuidade da criatividade, razão pela qual continuaremos a debater essa importante questão. Os materialistas defendem que o que parece pensamento descontínuo se deve à capacidade atípica do pensar convergente por parte de pessoas criativas. Mas note-se que efetivamente existe prova objetiva desses saltos quânticos! Tem-se o fenômeno da cura quântica (cura espontânea sem intervenção médica; Chopra, 1990). Como argumentei alhures, as chamadas lacunas fósseis da evolução biológica, identificadas por muitos biólogos como um tempo rápido não darwiniano de evolução (Elredge & Gould, 1972), efetivamente são exemplos de saltos quânticos de criatividade biológica (Goswami, 2008b).

E há também outra sugestiva fonte de sustentação. A mitologia, segundo o filósofo William Irwin Thompson, é a história da alma (consciência). A importância da descontinuidade para os atos criativos é imortalizada pela história da maçã de Newton – a queda da maçã é tida como fator desencadeante de uma mudança descontínua no modo como Newton pensava a gravidade.

Descontinuidade na descoberta da gravidade por Newton

Corria o ano de 1665, e uma peste assolava as cercanias de Cambridge, Inglaterra. A Universidade de Cambridge fechara temporariamente suas portas, e Isaac Newton, que ali lecionava, mudou-se para a fazenda da mãe, em Lincolnshire. Certo dia, no jardim, Newton viu uma maçã cair do pé, claro, em direção à terra. Em sua consciência, isso desencadeou o *insight* da gravidade universal: todo objeto atrai outro com a força da gravidade.

O que a história da maçã significa para você? Maçãs caem todos os dias; dificilmente alguém iria prestar atenção nisso, nem na época de Newton nem nos dias de hoje. Ainda assim, a história da maçã conta-nos sobre a iluminação obtida por Newton a partir de tal acontecimento desprovido de relações. Como pôde acontecer? Na verdade, pelo que afirmam muitos historiadores, a história da maçã não é fato, mas um relato fantasioso, possivelmente iniciado pela sobrinha de Newton. Se é lenda, por que sobrevive mesmo assim? Creio que o caráter repentino da criatividade é entre os cientistas experiência tão comum, que acabou sendo mitificado na história da maçã. Na verdade, acho mesmo que a história da maçã de Newton retrata um ato criativo como tem de ser.

Infelizmente, Newton não deixou sugestão nem indício de como teria sido o processo de descoberta que o conduziu à lei da gravidade. Mas não é difícil reconstruir sua descoberta de um modo que demonstre como se deu o *insight* repentino.

Os planetas giram em torno do Sol em órbitas quase circulares. Antes de Newton, Johannes Kepler tinha analisado os movimentos planetários e formulado algumas leis. Uma das questões incipientes de Newton foi encontrar uma explicação para as leis de Kepler.

O próprio Newton formulou as leis de movimento que atrelam o movimento de objetos às forças externas que atuam sobre eles. Provavelmente ele reconheceu que o movimento planetário deve ter sido o resultado de uma força de atração exercida pelo Sol sobre um planeta (ou, no caso do movimento da Lua em torno da Terra, de uma força de atração da Terra em relação à Lua). O problema era: não havia nenhuma força conhecida.

Newton nutria curiosidade também sobre a obra de Galileu, no que diz respeito aos corpos em queda em direção à terra. Ver a maçã desencadeou em Newton a criativa ideia segundo a qual os dois movimentos, o da maçã e o da Lua, têm sua origem em uma força "da gravidade" universal que a Terra exerce sobre eles.

Em psicologia se tem uma palavra, uma palavra bastante elucidativa – *gestalt*. Basicamente, ela significa o todo, a percepção de um padrão integrado em vez de uma coleção de fragmentos separados. Foi de repente, e de maneira descontínua, que o padrão pulou na mente do observador, como quando a *gestalt* de uma mulher jovem e a de uma idosa aparecem para você nas mesmas linhas da Figura 9 (p.84).

A percepção da *gestalt* está na realização da harmonia de um padrão de notas por um compositor de músicas. Está no súbito irromper de prazer daquele que observa alguns desenhos de M. C. Escher e reconhece o padrão do artista em sua "plenitude". Para um estudante de algum campo da ciência, a percepção da *gestalt* de Newton em sua descoberta da gravidade traz satisfação semelhante. Eu espero que aqui também você tenha tido um lampejo disso. Nos espamos de criatividade, o cientista não difere do músico nem do artista plástico.

Seria o caso ainda de uma observação. Trafegando por uma autoestrada, na fachada de um banheiro de um posto de gasolina deparei com o seguinte enigma: "O que o Capitão Kirk e papel higiênico usado têm em comum?". Fiquei pensando um instante, mas não pude chegar à resposta. Ela estava escrita invertida, logo abaixo da pergunta: "Ambos nos livraram dos Klingons".* Não tive dúvidas de que se fosse maior o alcance de minha memória, eu poderia ter resolvido a charada. Tampouco duvido que se um computador estiver equipado com o espaço de problema certo, ele poderá resolver esse enigma.

Em que medida o problema de Newton e sua solução diferem dessa charada? Newton deve ter perguntado o que a Lua e a maçã têm em comum. Bem, ambas caem em direção à Terra, muito embora seja bem complicado visualizar que a Lua também cai (Figura 14). Assim, a Terra deve estar exercendo uma força sobre uma e outra – a força da gravidade. Estritamente lógico, certo?

Mas espere aí... Esquecemos uma coisa. Na época de Newton havia um grande preconceito (o contexto então em vigor): não se supunha que a Terra exercesse uma força sobre um objeto do céu – no caso, a Lua. As leis terrenas e celestes eram tidas como diferentes entre si; afinal, os gregos o disseram! Além disso, força alguma que se conhecesse tinha já atuado a distância sem o intermediário de um corpo ou de um meio qualquer ou de alguma outra coisa.

Ao sugerir que a Terra exercia a força da gravidade sobre a maçã bem como sobre a Lua, Newton estava sugerindo a gravidade como força universal – quaisquer dois objetos interagiriam dessa maneira, em que pesasse essa ideia ir contra o senso comum vigente, segundo o qual não haveria força que pudesse ser exercida a distância. (Teriam de se passar mais dois séculos e meio até que Einstein resolvesse essa

---

* Trocadilho envolvendo a raça ficcional "Klingon", do seriado *Jornada nas Estrelas*, e a expressão "cling on", que pode significar "grudar em". [N. de T.]

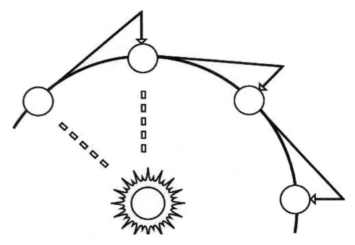

Figura 14. A Lua se mantém em órbita em torno da Terra porque ambos viajam tangencialmente à órbita e caem em direção à Terra.

dificuldade ao provar que a gravidade é um espaço curvo e que na verdade não existe ação a distância.)

Assim, o novo contexto para a física desvelado pela pesquisa de Newton foi um contexto que computador algum jamais poderia ter encontrado em seu espaço de problemas constituído de contextos conhecidos e de preconceitos comuns e predominantes. Como disse o físico Paul Dirac, grandes ideias superam grandes preconceitos.

Para entender a descontinuidade

Um problema envolvendo a descontinuidade está no fato de habitualmente vermos a continuidade operando no mundo macroscópico a nossa volta (em outras palavras, a física newtoniana trabalha ali). Felizmente, a matemática provê exemplos de descontinuidade que são fáceis de resolver. Por exemplo, considere o conceito matemático do infinito. Tente pensar um número infinitamente grande. Tão logo você o tiver pensado, diga 10^{100} (isto é, 1 seguido de 100 zeros). Temos aí um infinito? Não, mas sim um número infinitamente grande. Na verdade, não se consegue pensar de maneira contínua um número que seja realmente infinito, pois ele é uma descontinuidade! Podemos conceitualizá-lo como um número que seja grande para além da compreensão, mas não conseguimos experimentá-lo por uma aproximação contínua passo a passo.

Infelizmente, os padrões habituais de pensamento são dominados por nossa corrente de consciência aparentemente contínua. Assim, é fácil racionalizar a descontinuidade de um ato criativo de outra pessoa, ou mesmo dos nossos: ah, deve ter tido ali uma corrente, apenas não nos lembramos disso. Mas quando crianças nós não tínhamos tais inibições ou racionalizações. Para efetivamente poder vislumbrar que algumas de nossas experiências são de fato descontínuas, bom é refletir nas experiências de nossa infância.

Quando era criança, na primeira vez em que memorizei números e aprendi a contar até 100, eu o consegui porque minha mãe tinha me feito decorar. Ela fixou o contexto, e eu aprendi mecanicamente; os números em si não tinham significado para mim. Algum tempo depois, disseram-me que pensasse conjuntos de dois elementos – duas canetas, duas vacas – e de três elementos – três bananas, três moedas. Até que, um belo dia, de repente, a diferença entre dois (2) e três (3) (e entre todos os números) ficou clara para mim, já que eu tinha aprendido a ver os números em um contexto novo, dado pelo conceito dos conjuntos. Isso ninguém me ensinou. Embora as pessoas de meu convívio facilitassem as coisas para que eu "pegasse", em última instância era eu que tinha descoberto o significado. E isso se dava como um lampejo de iluminação! A partir daí, sempre que alguém se referia a "3", eu sabia o que significava.

Gregory Bateson (1980), com sua definição de meios de aprendizado, apresenta um *insight* mais profundo da ideia de uma mudança descontínua de contexto no aprendizado. De acordo com Bateson, o nível mais baixo de aprendizagem, que ele chamou de aprendizagem I, consiste em aprender com um contexto dado e fixado, e um exemplo se tem no caso do aprendizado condicionado ou memorizado. Já o aprendizado II, que é um aprendizado de nível mais elevado, consiste na capacidade de mudar o contexto de aprendizado I.

Vamos reconhecer o óbvio: o nível de aprendizado II é um aprendizado criativo; ele contribui para a criatividade interior. Ele pode ser recriação no sentido histórico ou objetivo, e bons professores podem facilitá-lo – mas ninguém pode ensiná-lo a nós.

Experimentos com golfinhos

Se você relembrar a sua infância, encontrará ampla evidência da descontinuidade em suas experiências de aprendizado II, como na minha experiência, que citei anteriormente. Faça um exercício. Feche os olhos e lembre-se de quando teve sua primeira experiência de (1) compreender o que esteve lendo, (2) entender matemática, (3) executar espontaneamente um passo de dança ou começar a cantar, ou ainda (4) conceitualize o contexto de uma série de conteúdos. Você vai constatar o que eu quero dizer.

O caráter descontínuo das experiências criativas é algo que por si já revela a condição de surpresa que faz com que sejam chamadas de experiências ah-ha! Há também o êxtase inerente à ação de descobrir, de experimentar o salto bem-sucedido para território não mapeado. Esse êxtase associado à plenitude da autoexperiência quântica deve compensar todas as ansiedades do ego (associadas ao ego vital, no chakra do plexo solar) ou as relacionadas à condição de buscar sem saber o que se busca. Mas da perspectiva de uma ciência objetiva, essas experiências pessoais são "subjetivas" e, por isso mesmo, não são confiáveis. Sorte nossa que o trabalho a ser relatado a seguir, realizado com golfinhos pelo pesquisador Gregory Bateson, apresenta evidência "objetiva" irrefutável da descontinuidade do aprendizado.

Uma golfinho-fêmea no Ocean Institute, no Havaí, vinha sendo treinada para esperar comida ao som do assobio do treinador. Mais tarde, se acontecesse de ela estar repetindo o que estivera fazendo por ocasião do assobio, de novo ouvia o assobio e ganhava comida.

Essa golfinho-fêmea foi usada para demonstrar ao público algumas técnicas de treinamento. E ao público o treinador anunciou: "Quando ela entrar no tanque de exibição, vou lhes mostrar que quando ela faz algo que quero que repita, eu assobiarei, e ela será alimentada". Mas para demonstrar a técnica de treinamento em apresentações públicas repetidas, o treinador tinha sempre de recompensar um comportamento diferente (novo) com assobio e comida a cada nova apresentação. Bateson reconheceu a importância do comportamento da golfinho-fêmea em níveis de aprendizado:

> Eu via que o que estava acontecendo ali requeria um aprendizado de tipo lógico mais elevado que o habitual, e, por sugestão minha, a sequência foi experimentalmente repetida com outro animal, e planejada com muito cuidado: a golfinho-fêmea teria uma série de sessões de aprendizado, cada qual duraria de 10 a 20 minutos. O animal não receberia nenhuma recompensa por comportamento que tivesse recebido na sessão anterior. Dois aspectos da sequência experimental tinham de ser acrescentados: primeiro, era necessário (considerou o treinador) quebrar as regras do experimento muitas vezes. A experiência de fazer algo errado estava incomodando a golfinho-fêmea, tanto que, para preservar a relação

entre ela e o treinador (ou seja, o contexto, do contexto, do contexto), foi necessário dar muitos reforços para os quais ela não estava qualificada. Um peixe que não se merecia. Em segundo lugar, cada uma das primeiras 14 sessões foi caracterizada por muitas repetições inúteis de algum comportamento que tinha sido reforçado na sessão imediatamente precedente. De modo similar, foi por mero acaso que o animal apresentou algum comportamento diferenciado.

No período entre a 14ª e a 15ª sessões, a golfinho-fêmea pareceu bem mais entusiasmada, e, quando ela apareceu para a 15ª sessão, mostrou uma *performance* elaborada que incluía oito mostras de comportamento que ainda não tinham sido observadas naquela espécie de animal. Do ponto de vista daquela espécie houve um salto, uma descontinuidade... (Bateson, 1980, p. 336-337).

A descontinuidade no aprendizado dos golfinhos revelou uma evidência quase que incrível; o que se teve não foi um aumento gradual até a resposta correta ser aprendida. Em vez disso, de um só golpe, entre a 14ª e 15ª tentativas o golfinho "pegava" – tudo de nada – em um único salto. E é perceptível a relação com o modo de atividade do animal; seu comportamento entusiasmado indica o mesmo tipo de êxtase, de *insight* ahá! diante de um novo significado, o mesmo tipo de surpresa experimentada por nós em momentos criativos. (O interessante é que pesquisadores do comportamento que repetiram esse experimento realçaram a importância de que eventualmente os golfinhos recebessem um peixe "não merecido, ou muitos deles, para que se mantivessem em atividade" (Prior, Haag & O'Reily, 1969). Mas é claro que isso foi uma ajuda para que o animal conseguisse lidar com a ansiedade criativa.) Os experimentos com o golfinho proporcionam importante evidência empírica de que atos de aprendizado criativo – e, por implicação, todos os atos de criatividade – são atos de descontinuidade.

A descontinuidade da criatividade apresenta outra característica digna de nota: ela denota algum conhecimento. Procure lembrar de alguma ocasião em que um *insight* repentino lhe tenha revelado a solução para um problema ou ajudado a entender uma relação. Agora compare a qualidade da certeza assim obtida com a de alguém que se fia somente na razão. Você verá o que quero dizer.

Einstein, em sua busca por uma teoria que relacionasse a gravidade à curvatura do espaço, deixou-se levar pela grande beleza da simetria da natureza. Após a comprovação da teoria de Einstein por observações astronômicas, uma entrevistadora, mesmo após o físico ter falado da certeza que tinha em sua teoria, perguntou como ele se sentiria se o experimento não a tivesse confirmado. Ao que ele respondeu: "Eu só poderia lamentar pelo bom Deus, já que minha teoria estava correta".

Há quem relate uma terceira característica que elucida o caráter descontínuo de um pensamento criativo – um sentimento inequívoco associado ao movimento criativo da energia vital. Algumas pessoas referem-na como "um frio na espinha". Outros dizem algo como "meus joelhos tremiam". Como se vê, o supramental não apenas proporciona o contexto do movimento mental, mas também o do corpo vital. Desse modo, um profundo *insight* supramental não apenas vem atrelado a um pensamento que o representa, mas também a um sentimento que igualmente o representa.

O salto quântico

É possível visualizar descontinuidades no mundo físico? Sim, para se ter exemplos fascinantes de descontinuidade é preciso observar a física quântica. Por exemplo, quando um elétron salta órbitas, ele não viaja através do espaço interveniente entre as órbitas discretas. O elétron está primeiro ali e então acolá, instantaneamente. Ele desaparece da velha órbita e reaparece na nova sem atravessar o espaço entre elas. O salto quântico do elétron é um pouco como imaginamos que deva ser a mágica real (não a que é feita pelos mágicos!) – uma abóbora se transformando em carruagem de uma só vez, diante dos olhos de Cinderela.

Podemos fazer a física quântica sem essa mágica, sem esses saltos quânticos? Erwin Schrödinger, codescobridor da física quântica, demonstrou inclinação favorável a essa continuidade. Quando visitou Bohr em Copenhague, durante dias a fio protestou contra os saltos quânticos. Até que, por fim, entregou os pontos com o seguinte desabafo: "Se eu soubesse da necessidade de se aceitar esse raio desse salto quântico, eu jamais teria me envolvido com física quântica". Ao que Bohr respondeu: "Mas estamos todos felizes por você ter se envolvido".

A descontinuidade da criatividade deixa de ser desconcertante quando percebemos que é análoga ao salto quântico do elétron. Um antigo padrão de pensamento morre quando um novo padrão de pensamento o substitui, mas não há continuidade causal entre os dois eventos.

Objetos quânticos desenvolvem-se no tempo como ondas de possibilidade. Se acompanharmos o comportamento de um elétron com a matemática da física quântica, descobriremos que entre uma mensuração e outra o elétron se espalha como uma onda de possibilidade; mas quando medimos, ele se revela como partícula que se localiza em um lugar. Como pode uma onda de possibilidades que aparecem em muitos lugares entrar em colapso em um único lugar sob nossa observação, de maneira instantânea, e mais rapidamente que a velocidade da luz? Isso pode porque o evento do colapso quântico da possibilidade à experiência concreta é um evento descontínuo.

De modo semelhante, também nossos pensamentos são objetos quânticos. Também eles se expandem em possibilidade (tornando-se suposições de muitos significados possíveis) quando não estamos prestando atenção neles. Se, por acaso ou perseverança de ambos, surgir uma nova possibilidade, provocaremos o colapso desta ao olhá-la, ter-se-á uma colisão, uma colisão quântica, um colapso descontínuo de um evento criativo que revela um novo contexto ou um novo significado.

O mundo não opera de maneira exclusivamente determinista, cativo de seu passado condicionante; após cada mensuração, os sistemas quânticos em nosso cérebro/mente se regeneram e ainda uma vez se abrem a novas possibilidades. Se você estiver livre para agir no *self* quântico, terá acesso a novas possibilidades a cada instante. O mundo quântico da ciência idealista é criativo no nível fundamental.

Um cossaco via um rabino indo em direção à praça de uma cidade todos os dias mais ou menos na mesma hora. Até que resolveu perguntar:

– Onde está indo, sr. Rabino?

O rabino respondeu:

– Não tenho certeza.

– O senhor faz esse caminho todos os dias nesta hora... É claro que sabe onde está indo. – O cossaco se mostrou irritado.

Quando o rabino continuou a dizer que não sabia, o cossaco se enraiveceu, lançou-lhe um olhar cheio de suspeita e por fim levou preso o rabino. Enquanto o trancafiava na cela, o rabino o encarou e disse mansamente:

– Vê como eu não sabia?

Antes de o cossaco interceptá-lo, o rabino sabia onde estava indo, porém depois não mais. A interceptação – podemos vê-la como mensuração quântica – mudou a progressão futura dos acontecimentos.

Essa é a mensagem da visão de mundo baseada na física quântica. De uma vez por todas: o mundo imanente não é determinado por suas condições iniciais. Toda e qualquer manifestação se deve a uma intervenção consciente; é potencialmente criativo, expondo sempre novas possibilidades.

Um pensamento criativo é uma batida quântica, não menos,
um salto quântico para um novo contexto ou significado arquetípico.
Bebês o realizam, também golfinhos,
Artistas, poetas, músicos, cientistas –
todos saltadores quânticos.
Não se deixam amedrontar pela descontinuidade.
E tu?*

---

* No original: *A creative thought is a quantum hit, no less, / a quantum leap to new archetypal context or meaning. / Babies do it, dolphins do it. / Artists, poets, musicians, scientists— / quantum leapers all. / They are not scared by discontinuity. / Are you?* [N. de T.]

capítulo 9

a importância do
processamento inconsciente

Para Graham Wallas (1926), o projeto criativo é composto de quatro estágios: preparação, incubação, *insight* e manifestação. Desses quatro, a preparação e a manifestação são o que eu chamo de estágios "clássicos" do processo criativo. Seria possível compreendê-los, pelo menos em certa medida, em face dos modelos newtonianos. Os outros dois estágios, porém, incubação e *insight*, são estritamente quantum. No Capítulo 7, abordei o salto quântico de um *insight* repentino. Neste capítulo, passaremos a explorar a importância da incubação – o processamento inconsciente – em criatividade.

A incubação ou processamento inconsciente é das partes do processo criativo a mais misteriosa, nesse quesito podendo ser comparada à iluminação ou *insight*. Para Freud, pioneiro na ideia do inconsciente, este era o repositório de instintos reprimidos, que consistem o mais das vezes em libido, ou seja, basicamente, a sexualidade. O modo como Carl Jung (1971a) conceitualizava o processamento inconsciente contemplava o inconsciente não só como inconsciente pessoal, mas também como inconsciente coletivo – um repositório de memórias coletivamente reprimidas, disponíveis para toda a humanidade que transcenda os limites do tempo, do espaço e da cultura. Jung (1971b) descobriu que as ideias criativas muitas vezes emergem na indumentária de símbolos universais a que ele chamou de arquétipos. Aqui vamos nos referir a esses arquétipos como arquétipos junguianos. No modo como os concebo, eles são representações universais dos arquétipos platônicos (ver Capítulo 12 para mais detalhes sobre Freud e Jung).

Em sua totalidade, os objetos quânticos existem em dois níveis de realidade. Em primeiro lugar, no nível transcendente, objetos existem como possibilidade – *in potentia*, para usar a terminologia de Heisenberg. Em segundo lugar, no nível imanente, os objetos existem como experiência concreta manifesta. Processamos a *potentia* transcendente no inconsciente. Quanto ao imanente, nós o experimentamos com consciência total da percepção-consciente. O colapso produz percepção-consciente – a experiência da divisão sujeito-objeto. O processamento inconsciente é processamento na ausência de percepção-consciente. Freud e Jung tiveram a ideia – por sinal de todo correta – segundo a qual o inconsciente é importante para a criatividade, apenas sua definição de *id* inconsciente não chegou muito longe.

A palavra "inconsciente" é um termo equivocado, já que a consciência – o fundamento do ser – está sempre presente. O que normalmente chamamos de consciente são os processos para os quais a percepção-consciente também se encontra presente. Mas há situações em que a nossa percepção-consciente não está presente. O inconsciente pertence justamente a essas situações. Você ainda está confuso? Alguns exemplos dos numerosos dados sobre a ocorrência e importância de tais processos em nossa psique poderão aclarar a questão.

Em primeiro lugar, pode-se arrolar o fenômeno da visão cega. O psicólogo Nick Humphrey (1972) tratou de um indivíduo que ficou cego do campo visual esquerdo de ambos os olhos em razão de uma afecção no córtex. Ocorre que o homem podia apontar com precisão para uma luz no lado esquerdo, além de distinguir cruzes de círculos e linhas horizontais de linhas verticais também no lado cego do campo visual. Mas perguntado como "via" essas coisas, ele insistia que apenas as imaginava, não obstante o fato de sua taxa de "êxitos" estar muito além do mero acaso. Hoje, cientistas cognitivos são unânimes em classificar essa visão cega como um processamento inconsciente – processamento de estímulos ópticos sem percepção-consciente por meio de olhos primitivos que temos no rombencéfalo.

Tendo sido realizada nos Estados Unidos e na Rússia, pesquisa voltada à obtenção de respostas elétricas cerebrais proporcionou novas evidências fisiológicas e cognitivas do processamento inconsciente (Shevrin, 1980). O procedimento consistiu em submeter os voluntários a uma série de mensagens subliminares. De um modo geral, respostas mais fortes eram obtidas quando uma imagem provida de significado (por exemplo, a imagem de uma abelha) subitamente aparecia na tela por um milésimo de segundo, enquanto uma imagem mais neutra (como uma figura geométrica abstrata) desencadeava respostas já bem menos incisivas. Além disso, quando se pedia aos voluntários que procurassem associar livremente após as exposições subliminares, a imagem da abelha suscitava palavras como *ferrão* e *mel*. Em contraste, a figura geométrica de um triângulo dificilmente conseguia motivar algo que fosse relacionado ao objeto. Ficou claro que havia, sim, percepção e processamento da imagem da abelha (até por contraste, já que a imagem do triângulo era praticamente ignorada), mas sem percepção-consciente.

Em terceiro lugar, alguma evidência adicional em favor do processamento inconsciente resulta da pesquisa em pacientes com cisão cerebral, cujas conexões corticais entre os dois hemisférios do cérebro tinham sido danificadas, mas cujas conexões do rombencéfalo (associado a sentimentos e emoções) estavam intactas. Em um dos experimentos mostrou-se a uma mulher, ao seu campo visual esquerdo, a foto de um nu de modelo masculino (que conecta ao hemisfério cerebral direito). A mulher corou, sem conseguir explicar o motivo (Sperry, 1983). Evidenciou-se que o processo de percepção de forma não consciente afetara seu comportamento consciente sem que ela tivesse consciência do motivo.

E, ainda em quarto lugar, dados impressionantes sobre o processamento cerebral vieram à luz em conexão com experiências de quase morte. Após um ataque cardíaco, algumas pessoas literalmente morrem (como ficou demonstrado pela leitura de seu eletrocardiograma), e são ressuscitadas algum tempo depois graças às maravilhas da cardiologia moderna (Sabom, 1982). Alguns desses sobreviventes relataram ter tido visões autoscópicas (pelas quais o paciente se vê fora de seu próprio corpo), em que observavam o próprio procedimento a que eram submetidos, como se estivessem pairando sobre a mesa de cirurgia. Foram capazes de dar detalhes específicos da operação, o que não deixava dúvida de que estavam dizendo a verdade. Esses pacientes "viam" usando sua capacidade não local de ver a distância, usando os olhos de outros envolvidos na cirurgia – médicos, enfermeiras etc. (Goswami, 1993). Deve ser por isso que até mesmo pessoas cegas relatam tais visões autoscópicas durante seu coma de quase morte (Ring & Cooper, 1995). E sabem do que mais? Isso é apenas uma parte da surpresa que os dados apresentam.

Como esses pacientes "veem" até mesmo não localmente enquanto estão "mortos", inconscientes e são completamente incapazes de provocar o colapso de ondas de possibilidade? Evidencia-se que isso se dá graças ao processamento inconsciente, a exemplo do que ocorre com as pessoas de visão cega, que vimos mais acima. Mas diferentemente dos casos de visão cega, os sobreviventes de quase morte parecem se recordar do que processaram durante a estada inconsciente (Van Lomel *et al.*, 2001). Uma cadeia causal de possibilidades que não tinham entrado em colapso faz-no de maneira retroativa no tempo pela via do colapso "atrasado" que se dá no momento do retorno da função cerebral, como se pode observar pelo eletrocardiograma, ao acelerar toda uma série de colapsos que retroagem no tempo.

Poderia o colapso se dar com atraso, em resposta a uma escolha retardada? Em experimentos realizados por Helmuth Schmidt (1993), eventos de deterioração radioativa, randômicos, são registrados por contadores de Geiger e computadores, e até mesmo impressos, sem que ninguém esteja olhando para os dados durante algum tempo. Depois de – possivelmente – poucos meses, de posse da impressão, um observador independente escolhe uma direção de desvio em relação à randomicidade que ele queira ver, e a mente, olhando para os dados computadorizados, tenta psicocineticamente influenciar a randomicidade da deterioração radioativa na direção escolhida. Os resultados foram positivos, ainda que meses tenham transcorrido desde o processo de deterioração original. Verificou-se também que se um observador, desconhecido de todos, examina pormenorizada e previamente a impressão, os dados não podem ser influenciados por nenhuma manobra psíquica. A conclusão é simples, direta e surpreendente: eventos quânticos se mantêm em possibilidade até que a consciência olhe para eles e os concretize.

Processamos de maneira inconsciente até surgir a *gestalt*. Daí a escolha, o colapso e a divisão sujeito-objeto da experiência primária.

Em quinto lugar, têm-se evidências consideráveis da criatividade em sonhos. A criatividade onírica obviamente desafia qualquer explicação que se intente no âmbito do processamento consciente, e por isso mesmo proporciona evidência direta do processamento inconsciente, ainda que não por meio de explicações, e sim de relatos. Jung (1971b) ressaltou o conteúdo arquetípico dos sonhos criativos de um modo que sugere o envolvimento do inconsciente coletivo. O conteúdo arquetípico de sonhos em conexão com atos criativos é revelado em incidentes como a experiência do inventor Elias Howe, quando ele estava no estágio final do projeto de sua primeira máquina de costura. Em seu sonho, Howe era capturado por uma tribo selvagem cujo líder exigia que ele terminasse a sua máquina, ou seria executado. Nisso Howe percebeu que as lanças de seus captores tinham buracos em forma de olho (uma conhecida imagem arquetípica) perto da ponta. Ao despertar, de pronto ele se deu conta de que a sua máquina de costura teria como princípio uma agulha com um buraco perto da ponta.

O caso do farmacologista Otto Loewi é interessante por lhe ter sido revelado em sonho a brilhante ideia de demonstrar por experiência que impulsos nervosos se dão por mediação química. Na primeira vez em que teve o sonho, ao acordar, ainda durante a noite, ele tomou nota de seu conteúdo. Na manhã seguinte, porém, já não conseguia decifrar a própria letra. Por sorte, na noite seguinte a mesma ideia lhe apareceu em sonho ainda uma vez. Dessa feita ele teve o cuidado de escrever de maneira legível (para saber mais sobre incubação onírica, ler Barret, 2001).

A importância do processamento inconsciente

Mulla Nasruddin procurava alguma coisa sob a luz da rua. Um passante começou a ajudá-lo na busca. Passado algum tempo sem nada encontrar, ele perguntou a Nasruddin:

– Mulla, afinal você perdeu o quê? O que está procurando?

– Minha chave... Perdi minha chave.

– Mas onde você a perdeu? – perguntou o outro, impaciente.

– Foi em casa... – respondeu Mulla.

– E a está procurando aqui?! – exclamou incrédulo, o solidário.

– Porque aqui é que tem luz... – disse Mulla, impassível.

Os solucionadores de problemas mecânicos procuram sempre onde a luz está. Olham sempre com um processamento de raciocínio consciente. Mas se o problema exigir um novo contexto ou um novo significado a partir de um domínio de possibilidades transcendentais, a luz já não ajuda. A chave está na casa, nas cavernas escuras da consciência. É lá que se tem de ir.

Há uma grande quantidade de luz para com ela se poder vislumbrar, na atividade exploratória da criatividade exterior, assim como na interior; na criatividade situacional assim como na fundamental. Sem dúvida que essa luz nos atrai. Infelizmente, não raro a chave está mesmo em casa – metáfora para a vastidão do inconsciente, para as regiões inexploradas da consciência.

Os grandes criativos entre nós sabem disso. O poeta indiano Rabindranath Tagore a bem dizer "tirou licença" de seu exercício exterior na arte de escrever poesia, ao perceber que sua prática estava se tornando frívola. E a exploração interior a que procedeu o resgatou para perto do coração espiritual da Índia, e ele começou a perceber e a reinterpretar, culminando na concepção e escrita do *Gitanjali*, obra agraciada com o prêmio Nobel. De modo bastante similar, o poeta americano T. S. Eliot, após criar *A terra desolada* – outra obra literária contemplada com o Nobel –, sobre a saga da desintegração do Oeste, entrou num processo de hibernação. Ao despertar legou ao mundo seus *Quatro Quartetos*, poesia caudalosa de *insights* e inspiração espiritual, sucedâneo bem à altura de *A terra desolada*. O virtuose Yehudi Menuhin desistiu de tocar violino no período entre 40 e 52 anos. Ele precisou de um longo período de recolhimento e reorganização, durante o qual a criatividade interior foi seu esteio por excelência.

Existe considerável evidência de que muitos criativos são atraídos para o que Howard Gruber chamou de "rede de empreendimentos". Ter uma rede de empreendimentos torna alguém capaz de processar inconscientemente um problema enquanto de modo consciente trabalha em outro.

A maioria de nós reage conscientemente a associações; ao ler um livro, temos ideias; muitos tomam nota para uma referência futura. Mas essas associações conscientes rendem contribuições apenas fragmentárias para uma irrupção verdadeiramente criativa.

Arthur Koestler observou que um tipo diferente de associação – uma associação de opostos a que chamou "bissociação" – pode ser mais útil do que o processo criativo (Koestler, 1964). "O padrão básico bissociativo da síntese criativa [deve-se ao] encravamento repentino de duas habilidades, ou então de matrizes de pensamento até então desprovidas de relação", disse ele. Quanto mais flagrante a bissociação, mais contundente e mais nova a criatividade do ato.

Como exemplo, tomemos o *Minotauro* de Picasso (Figura 15). A colagem de símbolos conflitantes, o violento Minotauro, o punhal e a folha como símbolo da vida criam bissociações múltiplas (será que deveríamos falar em poliassociações?). Poderia a pintura ter se originado pelo processamento dessas bissociações conflitantes no inconsciente de Picasso?

Ideia semelhante vem do psicólogo Albert Rothenberg (1976) – ele a chama de pensamento janusiano (Janus é o deus romano com duas faces, que pode a um só tempo olhar para as coisas passadas e futuras).

Rothenberg acredita que a ideia da peça de Eugene O' Neill, *The iceman cometh* [cujo título em português é *A vinda do homem do gelo*], teria resultado de um pensamento janusiano dicotômico. "Iceman" significa morte, como a peça indica declaradamente. Mas, veladamente, uma piada que O' Neill conhecia pode ter exercido algum impacto sobre seu pensamento: Um refrigerador doméstico precisava de reparos. Quando o marido chegou em casa, perguntou à mulher:

136

Figura 15. *Um minotauro*, por Picasso (adaptado) mostra a essência do conceito de bissociação de ideias conflitantes.

"O homem do gelo ainda não chegou?". A esposa respondeu: "Não, mas está quase...".* O sexo, observa Rothenberg, é um significante da vida, o oposto da morte.

Estariam certos Koestler e Rothenberg ao dizer que somos criativos à medida que conflitos, bissociações e pensamentos janusianos encontram-se atuando em nosso inconsciente, produzindo sempre novas possibilidades de processamento? É muito provável, pois impossível efetivamente resolver a dicotomia de uma bissociação ou de um pensamento janusiano a partir da análise consciente sediada no lugar privilegiado que é o dos contextos conhecidos do ego. Faz-se um convite ao novo. Ao ser confrontado com essa dicotomia, nosso estado

---
* Em inglês, o verbo "to come" [vir] tem também o sentido de "atingir o clímax sexual, ter um orgasmo". A piada faz um trocadilho com esse sentido do verbo "come" e com a palavra "cometh" do título da peça de O'Neill. [N. de T.]

quântico mental torna-se uma superposição de possibilidades que incluem o novo – o novo que só mesmo a consciência quântica é capaz de processar.

Criatividade e o experimento da fenda dupla

Um experimento mental com elétrons ilustra o modo como o processamento inconsciente funciona em oposição ao processamento consciente. Considere o experimento da fenda dupla, bem apropriado para o estudo da natureza de onda de possibilidade de um elétron. Nessa estrutura (Figura 16), um feixe de elétrons atravessa uma tela duplamente fendida antes de colidir com uma segunda tela florescente.

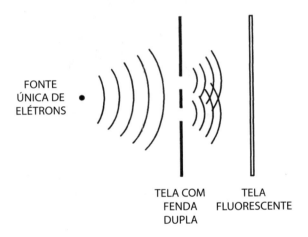

Figura 16. O experimento da fenda dupla com elétrons.

Depois de atravessar os dois cortes da primeira tela, a onda de possibilidade de cada elétron se divide em duas ondas que "interferem" uma na outra; o resultado é disposto em forma de manchas na tela florescente. Se as cristas das duas ondas chegarem juntas em algum ponto na tela, obteremos interferência construtiva – reforço de possibilidade (Figura 17a); a probabilidade de um elétron chegar é um máximo que se mostra como manchas brilhantes na tela. Cristas e vales, ao chegarem juntos a um lugar na tela, provocam uma interferência destrutiva – não há a menor possibilidade de qualquer elétron aterrissar ali (Figura 17b) – e mostram-se como regiões escuras na tela florescente (Figura 17c).

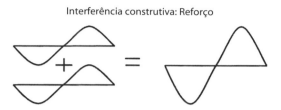

Figura 17a. Ondas chegando à tela fluorescente em fase reforçam-se mutuamente (inferência construtiva).

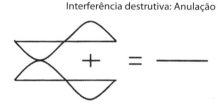

Figura 17b. Ondas chegando em um ponto fora de fase anulam-se uma a outra.

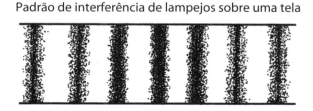

Figura 17c. O padrão de inferência resultante das franjas claras e escuras alternadas.

139

Suponha agora que possamos fazer bastante fraca a fonte do elétron – tão fraca que em dado momento apenas um elétron passe pelas fendas. Ainda assim veremos o padrão de interferência? Sim. Cada elétron interfere em si mesmo para compor o padrão. Mas agora fazemos uma questão capciosa: como pode um único elétron se cindir em dois? Por um lado, sem essa cisão, como pode o elétron interferir em si mesmo? Por outro lado, pode ser difícil para você imaginar que um elétron – um objeto que, tal como partícula, proporciona uma conferência clara e localizada em um contador de Geiger – pode atravessar duas fendas ao mesmo tempo.

Será que o elétron realmente passa por ambas as fendas? Vejamos. Podemos imaginar um pequeno feixe de luz, suficientemente forte para iluminar o elétron, de tal modo que em determinado momento podemos ver por qual buraco ele passa. Com isso ligamos a luz, e à medida que vemos um elétron atravessar uma fenda, também olhamos para identificar onde o flash aparece na tela fluorescente. Cada vez que um elétron passa por uma fenda, descobrimos que o flash que aparece por detrás da fenda acaba de atravessar. Depois de algum tempo os elétrons formam um padrão de franja, como o da Figura 18; o padrão de interferência desapareceu. Agora os elétrons estão se portando como bolas de beisebol.

Figura 18. Em um arranjo no qual um feixe de luz é direcionado às fendas de modo que possamos ver qual fenda atravessa por um elétron, o padrão de interferência desaparece: o elétron perdeu sua possibilidade de propagação.

Assim, quando observamos as fendas com uma luz, os elétrons não se cindem. Ao olharmos, incentivamos os elétrons a se comportar como partículas localizadas – localizadas em uma fenda. Mas quando não observamos as fendas, os elétrons se comportam como ondas e passam por ambas as fendas. Evidentemente, você já sabe que olhar afeta os elétrons.

O que tudo isso tem de ver com criatividade? Um *insight* criativo é sempre precedido por um processamento inconsciente. O que chamamos de processamento inconsciente nada mais é do que a geração na mente de ondas quânticas transcendentes de muitas possibilidades.

O experimento da fenda dupla claramente nos fala da vantagem ocasional de não saber a respeito do saber. Se você tentar saber por qual fenda o elétron atravessa, o elétron se torna limitado – limitado como que ao lugar em que pode chegar na tela fluorescente. Mas se você não insistir no saber, o elétron tem acesso a um número de lugares já bem maior, ele tem muitas possibilidades. É assim que a criatividade funciona. Ao deparar com uma ambiguidade, se você não exigir um conhecimento imediato da resposta, as possibilidades se abrem. Seus pensamentos podem ir aonde jamais foram antes em possibilidade. A superposição não resolvida continua a crescer *in potentia* em resposta a outros estímulos ambíguos, dando margem a muitas mais associações *in potentia* do que se as ambiguidades fossem conscientemente resolvidas.

Howard Gruber (1981) observa que Darwin fez uso frequente de metáforas ao desenvolver sua teoria da evolução. O que é uma metáfora? Uma metáfora envolve a mistura de significados léxicos e contextuais de palavras de modo que uma situação de contexto clara se torna uma situação não clara em que a ambiguidade cria possibilidades extras. Uma metáfora nos permite pensar num padrão ambíguo. Ajuda a desencadear o desenvolvimento de um pensamento em uma superposição que envolve o desconhecido.

Artistas parecem buscar situações ambíguas; parecem gostar de brincar com as fronteiras das coisas para ver o que acontece. Segundo Max Ernst (1960, p. 67):

> Fiquei chocado com o modo como o chão, sua granulação acentuada de tantas vezes ser esfregado, obcecou meu olhar, que se deixava instigar nervosamente. Foi assim que decidi explorar o simbolismo da obsessão, e para incentivar meus poderes de meditação e alucinação passei a observar uma série de desenhos nas tábuas do assoalho, lançando ali pedaços de papel ao acaso e então esfregando o papel com grafite. Quando eu olhei

para os desenhos que obtive daquela maneira – alguns escuros, outros com manchas um tanto vagas –, surpreendi-me com a súbita elevação de meus poderes visionários, e com a sucessão onírica de imagens contraditórias, uma por cima da outra, com a persistência e a rapidez peculiares às memórias de amor.

Da mesma forma, Albert Rothenberg (1976) se revelou profundamente intuitivo ao chamar "pensamento janusiano" esse pensamento ambíguo que de maneira criativa constrói em nossa mente superposições potentes que não entraram em colapso. Em seu processamento inconsciente, todos os criativos são altamente janusianos.

Assim, para um processamento inconsciente, estímulos ambíguos são cruciais. Arte e metáfora podem contribuir para a ambiguidade. Uma dúvida sobre as coisas passadas – é correta? Equivocada? – pode originar ambiguidade (Orlov, 1981; Oshins, 1983). Qualquer estímulo previamente desaprendido pode contribuir para produzir essas superposições não resolvidas que se expandem a criar uma árvore de ideias, de muitas ramagens, que em possibilidade frequentes vezes contém o novo.

Processamento inconsciente e quantum: dados

A título de recapitulação, no processamento consciente existe colapso e percepção-consciente – divisão sujeito-objeto. Mas no processamento inconsciente (ou subliminar), no qual está presente a consciência, mas não a percepção-consciente, não há colapso de onda de possibilidade. Experimentos cognitivos usando palavras polissêmicas (palavras de muitos significados) corroboram essa distinção.

Em um experimento representativo, Tony Marcel (1980) usou cadeias de três palavras nas quais a palavra do meio era ambígua em suas associações com as outras duas; os voluntários ficavam olhando para uma tela enquanto as três palavras apareciam, cada qual em intervalos de 600 milissegundos ou 1,5 segundo. Solicitou-se aos voluntários que apertassem um botão quando conscientemente reconhecessem as últimas palavras das séries. O propósito original do experimento era usar o tempo de reação do voluntário como medida da relação entre congruência (ou a falta dela), entre as palavras e os significado atribuídos a palavras em séries como mão-palma-pulso (congruente) e árvore-palma-pulso (incongruente). Por exemplo, da propensão da palavra "mão" seguida pela aparição de "palma" pode-se esperar que se produza um significado de "palma" que mantenha a relação da série inaugurada com a palavra "mão", o que deveria melhorar o tempo de reação do sujeito ao reconhecer a terceira palavra, "pulso" (congruência). Mas se a palavra propensa for "árvore", o significado léxico de palma como árvore é que deveria ser atribuído, e o reconhecimento de significado da terceira palavra, "pulso", demandaria maior tempo de reação (incongruência). De fato, foi esse o resultado.

Contudo, quando a palavra do meio foi mascarada por um padrão que tornou impossível que fosse visualizada com percepção-consciente, muito embora continuasse a percepção de forma não consciente subliminar, já não haveria qualquer diferença digna de apreciação no tempo de reação entre casos congruentes e incongruentes. Isso causa espécie, pois se presume que ambos os significados da palavra ambígua estavam disponíveis, independentemente do contexto propendido, e ainda assim não houve escolha de um significado em detrimento do outro. Então, aparentemente, a escolha, e por isso o colapso quântico, vem a ser uma concomitância de experiência consciente, mas não de processamento inconsciente.

O experimento de Marcel demonstra de maneira direta a existência de superposições macroscópicas de mapas de pensamento (estados quânticos macroscópicos) no cérebro. Antes da escolha, na descrição quântica, o estado ambíguo do cérebro sujeito a um estímulo de ambiguidade léxica, de padrão mascarado, é uma superposição de dois mapas de pensamento possíveis (McCarthy & Goswami, 1993).

Serenamente assentada, não faz nada
Chega a primavera,
E a relva cresce por si. *
(famoso koan zen)

---

* No original: *Sitting quietly doing nothing. / The spring comes, / And the grass grows by itself.* [N. de T.]

capítulo 10

o combate e o encontro, agonia e êxtase: fazer-ser-fazer-ser-fazer

"O ato criativo é um encontro", disse Rollo May, "e deve-se compreendê-lo tendo esse encontro como o seu centro." Na verdade é mais do que isso. Um ato de criatividade é o fruto do combate agônico e prolongado entre ego e consciência quântica – o processador consciente e o processador antigo e inconsciente do novo, respectivamente. Portanto, a criatividade é também o fruto do encontro extático entre o ego do *self* e as modalidades quânticas. De maneira superficial, é dessa última "intersecção entre o infantil e o maduro", para citar Howard Gardner, que o criativo se mostra consciente e manifesta-se como produto que outros podem ver. Mas mesmo o criativo não está consciente do entrejogo interior, e mais profundo, do consciente e do inconsciente – do fazer e do ser.

No processo criativo, há uma luta contínua para que se passe da autoridade do ego condicionante sobre o inconsciente para a consciência quântica; em cada um dos estágios conscientes do processo criativo existe um encontro entre a hierarquia simples do ego e a hierarquia entrelaçada do *self* quântico. Michelangelo legou-nos uma esplêndida imagem arquetípica do primeiro no texto da Capela Sistina – Adão e Deus (para a qual o termo científico é consciência quântica) alcançando-se mutuamente. A segunda é o encontro entre a nossa condição humana (o ego, hierarquia simples, predicabilidade condicionada) e nossa condição de filho de Deus (o *self* quântico, a hierarquia entrelaçada – possibilidades estendidas e mistério).

Em experiências comuns, o ego parece ser o chefe principal de uma hierarquia simples de programas mentais – as representações aprendidas do mundo; em uma experiência criativa, contudo, evidencia-se a qualquer ego introspectivo a existência de uma descontinuidade, de um inesperado, e que a experiência não salta do repertório aprendido do ego. O pesquisador Keith Sawyer (1992) escreveu sobre músicos do jazz: "Muitos deles descrevem a experiência de ser pegos de surpresa pelo que estão tocando, ou então discutem a importância de não estar conscientemente no controle" – o comentário se aplica a todos os criativos.

Consciência quântica, *self* quântico e o ego

Para compreender a natureza do combate e do encontro, passemos a analisar a sequência causal de acontecimentos que conduzem a uma experiência quântica em resposta a um estímulo aprendido. No início há tão somente o inconsciente, a consciência indivisa das possibilidades da potencial experiência. Quem presidirá sobre o inconsciente? O condicionamento do ego ou a consciência quântica incondicionada? Não surgindo novas possibilidades, se o condicionamento do ego chega a dominar mesmo o inconsciente, a consciência quântica não pode registrar o processamento inconsciente.

As possibilidades, tais como as ondas quânticas de significado que são as precursoras dos pensamentos, evoluem no tempo como espuma quântica no oceano da incerteza. O colapso da possibilidade em experiência concreta manifesta, simultaneamente, de modo autorreferente, o sujeito com o(s) objeto(s) da percepção-consciente, ao passo que o mundo da possibilidade indivisa na consciência parece se dividir em uma dicotomia sujeito-objeto. Na consciência, uma parte vê a outra, e a vê em sua verdadeira forma. O que há de mais proeminente aqui, neste momento crítico, é o ver – e entenda-se: o verbo – e não a condição mesma de sujeito ou a condição mesma de objeto, que vê ou que é visto. Em outras palavras, a relação do sujeito e os objetos que ela experimenta se mantém como relação de hierarquia entrelaçada e de cossurgimento dependente. A autoidentidade é definida por essa imediaticidade atemporal do *self* quântico, e não pela condição de atrelamento ao tempo, tempo este que é de manipulação do objeto pelo ego individual. Se a consciência quântica preside o inconsciente na precedência do acontecimento do colapso, essa percepção-consciente primária vibra com a possibilidade de criatividade, e com a experiência que é a um só tempo de novo significado e de novo contexto, e que é a um só tempo mental e supramental, mesmo quando o estímulo for antigo e familiar.

O cenário causal, à medida que leva a uma experiência comum, continua para além do acontecimento de percepção-consciente primária. A evolução temporal das formas de ondas quânticas continua no domínio transcendente de possibilidade em resposta às memórias no cérebro individual que reproduzem estímulos secundários. Aqui novamente se tem busca, colapso, reconhecimento e percepção-consciente de estados mentais secundários. Contudo, essas escolhas de acontecimentos de percepção-consciente secundária não são livres – no sentido de não condicionados –, mas condicionadas por um viés favorável a respostas aprendidas (Mitchell & Goswami, 1992). Esses acontecimentos de percepção-consciente secundária dão-se em rápida sucessão à medida que a maior parte das memórias passadas reproduz seus conteúdos e padrões. Psicólogos usam o adequado termo "pré--consciência" para falar desse domínio nebuloso de acontecimentos de percepção-consciente silenciosa do processamento secundário.

Memórias, reprodução de memórias e respostas condicionadas imprimem seu "eu" aos estados mentais de percepção-consciente secundária. Os programas aprendidos gradualmente mascaram a hierarquia entrelaçada do *self* quântico com uma hierarquia simples em que o nível mais elevado é vivenciado como ego – eu –, esse *self* pessoal, local, atrelado ao tempo e separado dos outros *selves*. A Figura 19 mostra como a interpretação desse cenário por um artista pode conduzi-lo a uma experiência pessoal.

Nossa experiência de separação se deve à ilusão provocada pelo espelho da memória, e nossa experiência do chamado "livre-arbítrio" no âmbito de nosso cubículo pessoal é definida por nosso condicionamento pelo passado. Para que se tenha real liberdade e criatividade, temos de, em primeiro lugar, deixar vagar a cadeira presidencial do inconsciente para a consciência quântica; fazemo-lo permitindo que o conjunto de possibilidades contenha o novo. E, em segundo lugar, devemos ter acesso à zona morta da pré-consciência e adentrar o labirinto de reproduções da memória e de respostas condicionadas se quisermos tomar parte no jogo incondicionado do *self* quântico.

Por fim, experimentos realizados durante cirurgia do cérebro pelo neurofisiologista Benjamin Libet e colaboradores podem lhe dar uma ideia da janela temporal do encontro entre ego e *self* quântico. Quando, por exemplo, Libet aplicou um estímulo de toque na mão de um paciente, o paciente foi capaz de, em cerca de 200 milésimos de segundo, pressionar uma tecla para indicar que o estímulo havia alcançado o seu cérebro;

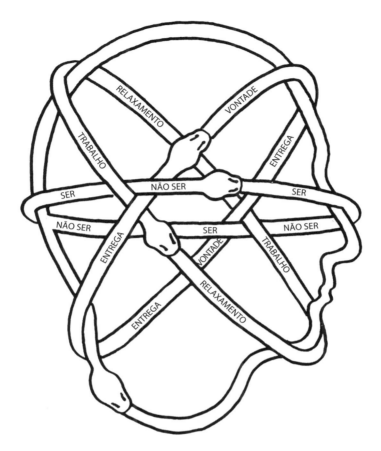

Figura 19. As hierarquias entrelaçadas dos vários estágios do processo criativo (segundo Charles Hampden-Turner).

mas foram necessários 500 milésimos de segundo para o paciente relatar o toque verbalmente (Libet *et al.*, 1979). O tempo extra é o tempo exigido para um processamento de percepção-consciente secundária. Temos acesso à pré-consciência quando de algum modo esse processamento de tempo é mais curto, e tem-se então um encontro criativo entre o ego e o *self* quântico, havendo também um "fluxo", uma espontaneidade de experiência que contribui para o êxtase da criatividade (Csikzentmihayi, 1990). Provavelmente você já deve ter vivido alguns poucos momentos encantados de fluxo, quando o ego se move como um fluido e deixa de ser uma identidade fixada. Nesses momentos, todos os criativos acessam um modo de viver: o *self* quântico, no qual a liberdade criativa e a espontaneidade sobrepujam o excesso de deliberação e escravidão egoica a um condicionamento passado; e o ego, que traz como contribuição o seu conhecimento e competência, o seu repertório aprendido de contextos passados, com os quais faz representação do novo.

Antes do encontro se tem a agônica ansiedade do ego. Alguns experimentos com adestramento de animais proporcionam uma perspectiva que provoca essa ansiedade. De modo característico, nesses experimentos um animal pode ser treinado num contexto de aprendizado pavloviano para discriminar entre, digamos, um círculo e uma elipse. Mas depois que a discriminação é aprendida, a tarefa se torna progressivamente mais difícil – a elipse se faz cada vez mais arredondada, a ponto de mais se parecer a um círculo. Por fim, já não há diferença alguma, e a discriminação é impossível. Nesse estágio, o pobre animal começa a manifestar sintomas de grave ansiedade – ou seja: neurose. É significativo como animais ingênuos (os que não foram ensinados a distinguir uma elipse de um círculo) não manifestam esse fenômeno de "neurose experimental".

Por que a neurose? A capacidade inferior do cérebro do animal em fazer representações do mundo lhes dá um "ego" fraco, e é esse ego fraco que torna o animal incapaz de lidar com a ansiedade criativa, incapaz de dar espaço à consciência quântica no processamento inconsciente, incapaz de penetrar o processamento secundário do pré--consciente, o que o torna incapaz de um aprendizado criativo. A criatividade é o resultado do combate entre ego e consciência quântica dando margem ao encontro entre o ego e o *self* quântico, e ambos são importantes. Em contraste com esses animais inferiores, experimentos envolvendo o treinamento de golfinhos (ver Capítulo 8) demonstram que golfinhos são capazes de lidar com a ansiedade da luta criativa. Isso porque, assim como nós, eles têm um volume de cérebro maior em proporção à massa corporal, conseguindo, portanto, compor um repertório maior de programas aprendidos, e com isso dispõem de um ego mais forte, mais seguro e mais desenvolvido.

O encontro no estágio de preparação: desestruturação

No estágio de preparação, e modalidade do ego, pelo menos exteriormente, faz-se predominante. Nós mesmos podemos nos dispor a resolver o problema; podemos decompô-lo em partes para dissolvê-lo.

Mas essas são todas etapas preliminares. O trabalho real começa quando iniciamos o questionamento do que temos aprendido – podemos mesmo questionar o próprio problema.

Como se vê, em nosso ego só conseguimos lidar de modo confortável com o reunir e digerir de informações, bem ao modo de uma unidade de processamento de um computador. É na modalidade quântica que lidamos com o novo. É o nosso *self* quântico que comunica o novo para nós, em nosso ego, vivenciado como intuição, ao nosso modo egoico. A verdade é que a preparação envolve sempre uma intuição inicial, um sentimento vago de algo novo a ser feito.

A palavra "intuição" é usada com pelo menos três conotações diferentes. Em primeiro lugar, para algumas pessoas intuição significa conhecimento. Certa vez um engenheiro foi chamado para consertar uma máquina; passou algum tempo inspecionando o problema, deu umas batidinhas na máquina, e, então, ela passou a funcionar. Mais tarde, quando se lhe perguntou por que havia cobrado US\$ 1.007 por aqueles tapinhas, ele disse ter cobrado apenas US\$ 7 pelos tapinhas na máquina. O restante foi por saber precisamente onde dar os tapinhas. Esse conhecimento sobre "onde dar os tapinhas" é uma espécie de intuição – uma capacidade de rapidamente vasculhar espaços de problema na memória.

Em segundo lugar, algumas pessoas usam a palavra "intuição" no sentido de *insight*, um senso da natureza interna das coisas, que inclui o *insight* criativo. Em terceiro lugar, a intuição significa "percepção antecipatória de valor que orienta o trabalho criativo em uma direção promissora". Esta, além de ser uma definição habitual, consta em um artigo publicado no *Creativity Research Journal*, embora o nome do autor agora me fuja completamente. E é esse terceiro significado que nos interessa aqui.

Pense na intuição como uma essência do *self* quântico. A artista plástica Georgia O'Keeffe chegou a entrar em crise emocional. Chaveou a porta do estúdio, pendurou o que havia pintado recentemente e encarou a verdade: ela estava trazendo à tela ideias de outras pessoas! Não havia nada original que pudesse pintar? Foi então que Georgia se abriu para o universo: havia formas abstratas, lampejos intuitivos de imagens originais que computador algum jamais reunira em nenhum espaço de problema, fosse ele humano ou fosse máquina. Um momento de crise trouxe a ela a intuição crucial sobre para aonde ir.

Uma das peças de Rabindranath Tagore sobre a criatividade começa com o herói entoando uma canção sobre o chamado da intuição que vem do *self* quântico – uma introdução bastante apropriada ao estágio de preparação para a jornada criativa. Quando não se ouve essa sirene tocar, quando se está contente com a homeostase do ego, a criatividade se mantém adormecida. O poeta Robert Browning escreveu apenas um poema durante os três primeiros anos de seu casamento com Elizabeth Barrett – também ele estava satisfeito, contente demais.

Assim, no estágio de preparação da criatividade, o encontro entre o *self* quântico e o ego realiza-se como intuição e preparação alternativas, como comunicação não local se valendo da consciência quântica que o *self* quântico traz e da reunião de informações locais a partir dos conteúdos do ego.

A interação emaranhada de eventos de intuição e preparação acaba por conduzir a uma desestruturação do velho para dar lugar ao novo. De modo experimental, faz-se necessário um ego forte para lidar com a desestruturação. De certo modo, é semelhante a um adentrar no mundo da pintura surrealista, onde tudo é distorcido relativamente à homeostase confortável de um sistema de crenças estabelecido.

O pesquisador em criatividade Frank Barron (1968) tem observado um aparente paradoxo relativo a pessoas altamente criativas; teste após teste, essas pessoas obtêm pontuação elevada tanto em se tratando dos traços de personalidade estáveis de força do ego – por exemplo, o modo como lidam com reveses e contrariedades – como nas fraquezas do ego – como neuroses, ansiedades e desvios. A resolução do paradoxo está em a fraqueza do ego que vemos nas pessoas criativas refletir a desestruturação de seu mundo conceitual, e isso provoca também uma desestruturação parcial de suas estruturas egoicas, resultando em ansiedade e nas dificuldades que dela resultam.

Carl Rogers (1959) deu um importante passo rumo à compreensão do processo criativo ao perceber que o estágio de preparação deve, em última instância, criar uma mente aberta. Tem de se tornar mais forte a convicção de que as ideias, programas e contextos existentes simplesmente não são suficientes. Até mesmo o modo como o criativo posiciona um problema pode não ser o modo correto, e assim por diante. Deixamos repousar o que conhecemos, o que viemos acumulando em nossa pesquisa e ao final reconhecer: "Eu não sei". Nas palavras de T. S. Eliot (1943):

> Para chegares ao que não sabes
> Deves seguir por um caminho que é o da ignorância. *

---

* No original: *In order to arrive at what you do not know / You must go by a way which is the way of ignorance.* [N. de T.]

Aprendemos a residir nessa ignorância, nessa mente do não saber, nessa "nuvem da sem sapiência" – para citar um místico cristão do século 20 – à medida que esperamos que Deus/consciência quântica escolha o novo, e o *self* quântico venha comunicá-lo ao nosso ego.

Alguns estudos laboratoriais de solução de problemas indicam a importância de se ter um amplo repertório de contextos – em outras palavras, conhecimento, que é a primeira metade de nossa dinâmica de preparação; mas não se encontra importância semelhante quando se trata de manter uma mente aberta interpretada como capacidade de pensamento divergente (Mansfield & Busse, 1981). O que deveríamos fazer com esses estudos? Bem, a interpretação está equivocada. A criatividade envolve divergência em processamento inconsciente, e não em pensamento consciente.

Há ainda outro aspecto da preparação a conduzir a uma mente aberta. Quando preparamos, familiarizamo-nos com o que é impossível, buscamos um mapa nas pegadas que são as obras dos grandes mestres. Além disso, nossa consciência pode avaliar todos os estados incondicionados dos mundos supramental e mental, bastando apenas que estejamos abertos a eles. Nesse sentido, somos como um holograma, cada minúscula peça tem a informação do todo, ainda que no inconsciente. Mesmo com as bibliotecas todas, mesmo com as superautoestradas da informação, nós, nossos egos, estamos inteirados apenas de ínfimos pedaços da totalidade, mas estar aberto ao novo e relegar a autoridade do processamento inconsciente à consciência quântica nos proporciona acesso ao todo do mundo supramental e mesmo do mental ainda inexplorado. Da Vinci sabia disso quando escreveu: "Este é o milagre real, que todas as formas, todas as cores, todas as imagens de cada parte do universo estejam concentrados num único ponto".

Um dos aspectos mais decisivos da preparação é a busca de uma questão candente. Você já foi perscrutado por uma questão assim? Sem questões candentes é difícil manter o movimento em direção ao *insight*. Todo mundo entende que entrar numa banheira cheia faz a água da banheira transbordar. Mas só mesmo um Arquimedes, fiel à sua questão candente, pôde ver nessa ação a resposta para o que buscava.

Uma mente aberta e uma questão candente são as configurações para o próximo estágio do processo de criatividade – alternar trabalho e relaxamento, fazer-ser-fazer-ser-fazer*. O trabalho é mais

---

* No original, *do-be-do-be-do*. O autor faz um jogo de palavras lembrando uma frase cantarolada por Frank Sinatra em algumas canções, como "Strangers in the Night", e que remete aos verbos *do* (fazer) e *be* (ser). [N. de T.]

preparação, mas para que serve o relaxamento? O relaxamento é necessário para incubar o ovo do *insight* no processamento inconsciente da resposta a novos estímulos, conflitos e ambiguidades não aprendidos – todos de uma vez.

Fazer-ser-fazer-ser-fazer: alternando trabalho e relaxamento, esforço e entrega

Palavras do matemático G. Spencer Brown (1979) descrevem a qualidade inexorável de se ter uma mente aberta com uma questão candente:

> Chegar à mais simples das verdades, como Newton bem o soube e o praticou, é algo que requer anos de contemplação. Não atividade. Não raciocínio. Não cálculo. Nenhum comportamento desenfreado, de nenhum tipo. Sem leituras. Sem conversas. O puro e simples ter em mente o que se precisa conhecer.

Emily Dickinson chamou essa intensidade de "coração branco". Manter essa intensidade por uma longa extensão de processamento consciente seria humanamente impossível e tampouco proveitoso. Em vez disso, a estratégia prática é o fazer-ser-fazer-ser-fazer. Alternamos entre a intensidade da questão candente consciente e o relaxamento consciente, deixando a intensidade seguir inconsciente. Por que tanta intensidade? A intensidade é necessária porque as superposições de possibilidades da mente, geradas em nosso processamento inconsciente, tendem a ser dominadas por nossos contextos e significados aprendidos com pesos de probabilidade maiores. O peso de probabilidade do novo é pequeno, mas a intensidade do processamento compensa a probabilidade reduzida. A persistência intensa é muito importante porque quanto mais se opera o colapso do estado quântico da mente relativamente à mesma questão, mais se aumentam as chances de realizar uma nova resposta. Mas nesse entremeio é preciso sentar tranquilamente, deixar que se espalhem as ondas de possibilidade, tornando-se maiores e fazendo-se conjuntos de possibilidade que serão escolhidas pela consciência quântica.

Também é importante o caráter intencional da criatividade – existe uma intuição da solução que se revelará bastante adequada. A intuição é intimada pelo *self* quântico como inspiração.

Marie Curie defendeu sua tese de doutorado sobre emissão de radiação eletromagnética do urânio, mas não conseguiu ir adiante ao deparar com o problema de encontrar a razão para a radiação. Seu marido, Pierre, tomou parte na pesquisa, e a perseverança do casal terminou por produzir o *insight* de que um novo elemento, o rádio, seria o responsável.

Está claro que o ego individual criativo tinha de demonstrar uma vontade forte, além de motivado para se mostrar persistente e pronto para lidar com a ansiedade associada ao salto quântico em direção ao novo *insight*, que ameaça a homeostase do ego. Assim, a contribuição do ego pode ser reconhecida precisamente na estimativa de Thomas Edison: o gênio é 2% de inspiração e 98% de transpiração. Mas a inspiração é de suma importância. Sem ela, nenhum ego criativo pode assegurar a persistência do esforço.

Rabindranath Tagore compreendeu perfeitamente esse papel alternativo da vontade e sua contrapartida, a entrega, e o expressa bastante bem em uma de suas canções bengali. Não havendo tradução disponível, parafraseio aqui a experiência de Tagore – no contexto da minha questão aqui – reproduzindo o seguinte poema:

> Quando o infinito chama
> quero voar ao canto dessa sereia;
> quero segurar o infinito na palma da mão
> AGORA.
> Esqueço que não tenho asas,
> que sou desventuradamente local.*

Eis o estágio do esforço que todo criativo conhece muito bem. Tagore compreende também o estágio do relaxamento, que é diferente:

> Em tardes indolentes, o raio do sol feito manteiga,
> árvores balançam e lançam sombras dançantes.
> Sou banhado na luz do infinito.
> Desgarrada, ainda assim ela inunda o céu de minha mente.
> Eu processo inconsciente, em silencioso êxtase.**

---

* No original: *When infinity calls / I want to fly to its Siren's song; / I want to hold the infinity in my palm / now. / I forget I don't have wings, / that I am too damn local.* [N. de T.]

** No original: *On lazy afternoons, sunshine like butter, / swaying trees cast dancing shadows. / I am bathed in the light of infinity. / Unattended, still it fills my mind's sky. / I process unaware, in silent bliss.* [N. de T.]

Tagore sabia também que esse êxtase não dura. E a inspiração torna pleno o desejo de manifestação ainda uma vez:

Ó infinito, ó grande infinito...
siga em frente, toque tua flauta, cante tua canção.
Deixa-me esquecer
as portas fechadas do meu quarto.
Quero me pôr incansável, com energia criativa.
Fazer e ser, vontade e entrega. Então... *

O *insight* ahá

Lembro vividamente do dia em que percebi que todas as coisas são feitas de consciência, não de matéria, e que nós temos de desenvolver uma ciência idealista – uma ciência no âmbito da consciência – valendo-nos desse ponto de partida providencial. Durante muitos anos eu vinha pesquisando a ideia de que a consciência colapsa a onda de possibilidade quântica. Eu estava me esforçando para escrever uma de minhas inumeráveis versões dessa pesquisa em forma de livro, mas sempre me via num beco sem saída quando era o caso de explicar como uma consciência causalmente potente poderia emergir do cérebro material. Naquele dia, de férias, eu estava explicando a dificuldade de compreender a consciência emergente para um amigo místico, Joel Morwood. Ele não concordava com a minha concepção, e, a certa altura, no meio de uma longa argumentação, ele fez uma afirmação que já de muito me era familiar: "Nada existe a não ser Deus". De súbito, sem aviso nem advertência, deu-se uma viragem na minha psique. Não há nada a não ser consciência, e pode-se fazer ciência com base na primazia da consciência. Eu já vislumbrava lampejos da nova ciência, eu já sabia que essa nova ciência resolveria todos os paradoxos da velha ciência e explicaria todos os dados anômalos; mas eu não tinha pressa. Mantive-me no entusiasmo da experiência ahá ainda por um bom tempo. A inspiração de que aquele *insight* seria providencial para a posterior pesquisa e desenvolvimento do paradigma da ciência na consciência culminou em *O universo autoconsciente*. (Aliás, algumas entre as novas ideias baseadas no

---

* No original: *Oh infinity, oh great infinity – / go on, play your flute, sing your song. / Let me forget / the closed doors of my room. / I want to be restless with creative energy. / Will and surrender, surrender and will. Then...* [N. de T.]

novo *insight* apareceram no estágio de manifestação – por exemplo, a solução do paradoxo do amigo de Wigner.)

O *insight* criativo descontínuo resulta do colapso quântico descontínuo de novas facetas das ondas de possibilidade em experiência concreta. Nós transformamos possibilidade em experiência concreta pelo reconhecimento. Como escreveu o poeta chinês Chu Hsi (citado em Chung-Yan, 1970):

Se simplesmente reconhecermos a face do vento leste
cada uma das milhares de flores, vermelhas ou púrpuras, é primavera.*

Com um longo jogo de fazer-ser-fazer-ser-fazer, alternando-se vontade e entrega, persistência e relaxamento, processamento consciente e inconsciente, nós na consciência quântica escolhemos a *gestalt*, o padrão dos pequenos *insights* que juntos compõem o novo contexto, o padrão de rompimento a partir do conjunto de superposições que, não tendo entrado em colapso, acumularam-se durante a jornada criativa. Entramos em colapso a partir da consciência quântica e vemo-la separada de nós mesmos na modalidade quântica; temos uma experiência da alegria da criatividade no fluxo/encontro com o *self* quântico à medida que representamos o *insight* com nosso repertório egoico.

Você se lembra do espaço de tempo entre experiências primária e secundária? Nossa preocupação pré-consciente com processos secundários (indicada pelo próprio espaço de tempo) nos distrai de nosso *self* quântico, tornando difícil vivenciar o nível quântico de nossa operação. Uma experiência criativa é uma das poucas ocasiões em que experimentamos diretamente a modalidade quântica com pouco ou nenhum tempo de reação, e é esse encontro espontâneo que produz ananda: a alegria espiritual do *insight* ahá. Foi a essa alegria espiritual que Rabindranath Tagore (1913, p. 73) se referia ao escrever sobre sua experiência da luz (do *self* quântico):

Luz, minha luz, luz que preenche o mundo;
luz que me beija os olhos, luz de doce coração.
Ah, a luz, como dança, minha querida, no
centro de minha vida. A luz faz soar, querida,

---

* No original: *If we simply recognize the face of the eastern wind / Each of the thousand flowers, red or purple, is Spring.* [N. de T.]

as cordas de meu coração; abre o céu,
selvagem o vento sopra, e aquele riso
passa sobre a terra. *

Há toda uma evidência circunstancial de que experiências exaltadas ocorrem sempre que se reduz o retardo do processamento secundário. Os dados de Abraham Maslow sobre experiências de pico – experiências transcendentais diretas do *self* enraizado na unidade e na harmonia de um Ser cósmico, que são experiências cruciais de criatividade interior – proporcionam outro exemplo de um tempo de reação reduzido e do lampejo que resulta da experiência do self quântico (Maslow, 1968).

Um *big bang* ou muitos pequenos *bangs*?

A iluminação de um ato de criatividade fundamental sobrevém em um *big bang* quando o contexto se altera de maneira descontínua, trazendo clareza ao padrão inteiro das pequenas ideias? Ou existirão muitos pequenos *insights* que juntos contribuem para o momento do cômputo final?

Na literatura sobre criativos há evidência tanto de um como de outro. A música vinha a Mozart como um todo. O físico Nicola Testla via no olho de sua mente as ideias não em partes, mas em sua inteireza. O poeta Rabindranath Tagore escreveu muitos de seus poemas em sessões inspiradas, o que sugere que para ele a iluminação se mostrava muitas vezes como um *big bang*. Por outro lado, o estudo de Gruber (Gruber, 1981) sobre os diários de Darwin claramente revelam que para Darwin muitos *insights*, pequenos *bangs* acabaram por contribuir para a sua grande irrupção – a teoria da ciência natural como o agente da evolução da vida.

Qual a explicação para essa ambiguidade da evidência? Existem dois aspectos potenciais que de certo modo concorrem: o processamento consciente e o processamento inconsciente. Como já se observou, o processamento inconsciente tem a vantagem de uma rápida proliferação de ideias via disseminação de superposições quânticas que não entraram em colapso. Por outro lado, o colapso de uma ideia particular tem a proverbial vantagem do "pássaro na mão". Uma vez tendo en-

---

* No original: *Light, my light, the world-filling light; / the eye-kissing light, heart-*
-sweetening light. Ah the light dances, my darling, at the / center of my life. The light
strikes, my darling /, the chords of my love; the sky opens, / the wind runs wild, laughter
passes / over the earth. [N. de T.]

trado em colapso, uma ideia fica para sempre disponível para alguma lembrança subsequente.

O criativo anda sempre no fio da navalha – entrar em colapso ou não entrar em colapso é uma questão difícil. Obviamente, sua escolha também depende do estilo de criativo particular – talvez até mesmo o defina.

O encontro na manifestação

O quarto e último estágio, que é o estágio da manifestação, é o encontro entre ideia e forma. O *self* em sua modalidade de ego tem de desenvolver a forma para a ideia criativa gerada no estágio três. Ele tem de sair e organizar os elementos da ideia e verificar que ela funciona. O quarto estágio do encontro entre o ego e o *self* quântico impõe-se como essa dança de alternância entre ideia (obtida pela reprodução intuitiva do salto quântico do *insight*) e forma (do repertório aprendido do ego).

A importância da forma é muito aparente em estudos feitos com desenhos de crianças. Descobriu-se que, até as crianças terem aprendido certas formas, elas se mostram completamente incapazes de expressar certas ideias criativas. E, obviamente, sem a ideia não haveria necessidade de usar determinada forma.

Mesmo Einstein teve problemas em operar a transição da ideia para a forma. Com frequência ele reclamava do embate para encontrar a forma certa, a matemática certa, para expressar sua ideia de uma teoria unificada de todas as forças do mundo, este o problema que o envolveu na última parte de sua vida. Em retrospecto, sabemos que a sua ideia estava correta; mas após 30 anos de pesquisa frustrada, a forma acabou por escapar-lhe.

A verdade é que mesmo após o cérebro ter feito um mapa de uma nova ideia mental, a indisponibilidade da forma no repertório conhecido do ego pode lhe fazer sair em busca de ideias mais uma vez. É o que provoca as oscilações no processo de reestruturação.

Então, para muitos atos de criação, encontrar a forma no mundo exterior é uma empreitada bastante dura, às vezes até no sentido literal. A visão de um arquiteto pode jamais vir a encontrar sua expressão no mundo exterior, por razões econômicas. O combate de Michelangelo com a manifestação criativa incluía a luta para conseguir mais mármore. Mesmo após seu *insight* sobre a existência de um novo elemento químico, o rádio, Marie Curie e seu marido Pierre passaram quatro anos processando toneladas de urânio para isolar o rádio.

Quando Nikos Kazantzakis (1965) tentou escrever *Zorba, o grego* pela primeira vez, foi com as seguintes palavras que ele expressou sua frustração:

> Eu escrevia e riscava. Não conseguia encontrar as palavras adequadas. Às vezes elas eram opacas e sem alma, outras vezes indecentemente garridas, e outras vezes abstratas e cheias de ar, faltando-lhe um corpo caloroso. Eu sabia o que planejava dizer quando começava, mas as palavras, estáticas e descontroladas, acabavam me levando para outra parte... Percebendo que o tempo ainda não tinha chegado, que a metamorfose secreta no interior da semente ainda não se consumara, eu parei (citado em Malville, 1975).

Kazantzakis teve de estancar para dar vazão a outros mini-insights, outros jogos entrelaçados de ideia e forma.

Em suma, o processo criativo é o combate do fazer-ser-fazer-ser-fazer entre ego e consciência quântica a produzir o encontro ocasional do ego com o *self* quântico, e nessa medida ele se revela como jogo alternante de informação e comunicação, transpiração e inspiração, forma e ideia (Figura 19, p. 147). Quando a luta dá lugar ao jogo, passamos a vivenciar o fluxo. É quando a caneta (ou a digitação) parece ir sozinha, a dançarina se torna a dança, e jogadores de golfe dizem estar "na zona". As linhas de Rabindranath Tagore (1976), a seguir, resumem todos esses aspectos da luta criativa e vão ao encontro de uma perfeição precisa e detalhada:

> A melodia procura se agrilhoar ao ritmo
> enquanto o ritmo flui de volta para a melodia.
> A ideia busca o corpo na forma,
> e a forma, sua liberdade na ideia.
> O infinito busca o toque do finito,
> e o finito, sua libertação no infinito.
> Que drama se deflagra entre criação e destruição...
> Essa infindável oscilação entre ideia e forma?
> A servidão luta pela liberdade,
> e a liberdade busca repouso no cativeiro. [*]

---

[*] No original: *Melody seeks to fetter herself in rhythm. / While the rhythm flows back to melody. / Idea seeks the body in form, / Form its freedom in the idea. / The infinite*

A dança de Shiva

Dessa maneira, o processo criativo é como a dança de Shiva, da mitologia hindu (Figura 20). Shiva, Nataraja, o rei dos dançarinos, dança sob um halo de chama cósmica. Em uma das mãos ele tem o fogo que destrói o mundo conhecido, para desestruturar a ordem antiga,

Figura 20. A dança de Shiva. Em uma das mãos ele segura o tambor para anunciar a criação; na outra, ele porta o fogo da destruição. O anão sob seus pés representa a ignorância. Metáfora maravilhosa para o ato criativo.

---

seeks the touch of the finite, / The finite its release in the infinite. / What drama is this between creation and destruction – / This ceaseless to and fro between idea and form? / Bondage is striving after freedom, / And freedom seeking rest in bondage. [N. de T.]

enquanto na outra ele tem um tambor, com o qual saúda a nova criação, a nova ordem. Nessa descrição integrada de dinâmica de criação, os aspectos cruciais do mecanismo subjacente são uma desestruturação caótica do estrangulamento da memória condicionada do conteúdo e de contextos do cérebro-mente, proliferação inconsciente de superposições coerentes de pensamento, saltos quânticos de *insight* em pensamento e a reestruturação do cérebro-mente, quando se descobre a fórmula que possa representar o *insight* criativo.

A criatividade quântica até agora

O modelo quântico de criatividade contribui em ampla medida para a sua compreensão, não é? Ele lhe orienta em todas as questões mais frequentes:

- O que é a criatividade? O universo é propositado. Alinhe seu propósito à finalidade cósmica.
- Onde está a criatividade? Ideias criativas encontram-se inativas, como possibilidades da mente e do supramental em um domínio quântico não local de consciência. Cultive e procure perceber as experiências e interações não locais. Pratique o fazer-ser-fazer-ser-fazer; isso vai suavizá-lo, aumentando a sua sensibilidade.
- Quando se dá a criatividade? A criatividade se dá quando existe uma descontinuidade ou um salto quântico no ato. Busque-os; e encontrando-os, siga-os.
- Quem é criativo? Toda criatividade em última instância é causada por uma causação descendente da consciência quântica, sendo manifestada e comunicada pela via do *self* quântico, que é um *self* universal. O *insight* criativo tem representação como produto sobretudo em razão dos esforços do ego. Reconheça que você é mais do que seu ego e suas agendas. Abrace a sua plenitude. Aceite o seu poder.
- Como se dá a criatividade? A consciência quântica, usando a liberdade criativa que lhe é inerente, processa novas possibilidades no inconsciente, provocando o colapso de *insights* em nosso complexo mente-supramental; nossa mente opera saltos quânticos, nossos cérebros tomam parte na dança de Shiva, trazendo um *insight* criativo particular para um produto criativo. Esteja aberto a novas possibilidades e seja

tolerante com o caos da destruição para ter acesso à sua liberdade de escolher o novo. Seja paciente diante dos conflitos e aprenda a viver com eles até que estejam resolvidos mediante um *insight* criativo.

O modo quântico de olhar para a criatividade lhe confere respostas e ainda assim retém todos os mistérios do fenômeno que os cientistas da computação tentam negar alegando que a criatividade diz respeito a uma solução algorítmica de problemas. Os conceitos do salto quântico e do *self* quântico são intrinsecamente misteriosos; a compreensão conceitual pode torná-los mundanos. É preciso experimentá-los para realmente conhecê-los.

Preparação:
Gandhi fiando algodão em seu tear,
preparando-se para a *satyagraha* –
de prontidão para a verdade.

Incubação:
Picasso em um café de Paris, mesas na calçada,
sentado serenamente, sem fazer nada.

Insight:
Mozart, registrando febrilmente as notas de seu *Réquiem*.
a música a lhe inundar o espaço mental.

Manifestação:
Madame Curie, extraindo um grama de rádio
de uma montanha de urânio.

Quando o infinito toca meu instrumento finito – criação!
Sintonizo meu instrumento e ouço o convite da criatividade.
Opto ergo sum. *

---

* No original: *Preparation: / Gandhi spinning cotton on his wheel, / preparing for satyagraha – / readiness for truth. / Incubation: / Picasso at a sidewalk cafe in Paris / sitting quietly, doing nothing. / Insight: Amadeus, feverishly recording the notes of the Requiem, / its music filling his mind space. / Manifestation: / Madam Curie, extracting a grain of radium / from a mountain of uranium. / When infinity plays my finite instrument – creation! / I tune my instrument and listen for the invitation to creativity. / Opto ergo sum.* [N. de T.]

PARTE 3

MOTIVAÇÃO

capítulo 11

seria a criatividade uma questão de traços de personalidade?

Todos os realistas materiais acreditam em causas locais para cada efeito que possa haver, e, entre esses efeitos, a criatividade não é exceção. Teóricos dos traços de personalidade pressupõem que certas características estáveis sejam as responsáveis pela criatividade – por exemplo, a capacidade de visualizar e imaginar, a capacidade de assumir riscos (manifestada como autoconfiança e originalidade), a capacidade de ser persistente, a capacidade de pensamento divergente – bem como de pensamento convergente – e uma boa memória (Boles, 1990). Em alguns estudos e investigações empíricas, as pessoas criativas, consideradas como um grupo, são, de fato, tidas como imaginativas, autoconfiantes, originais, corajosas, dotadas de um modo de pensar divergente e convergente e afeitas ao trabalho árduo. Teóricos dos traços de personalidade defendem que são esses traços, entre outros, que separam as pessoas criativas das pessoas comuns.

Dois garotos foram incumbidos de fazer uma viagem curta, voltar e relatar o que viram. Quando retornaram, ao primeiro garoto foi feita a seguinte pergunta: "E então, o que foi que você viu?". O garoto deu de ombros: "Nada de mais". Parece familiar? Mas o segundo, em resposta à mesma pergunta, disse, com os olhos rutilantes: "Puxa, eu vi tantas coisas!". E passou a descrever o que tinha visto. O primeiro garoto não conseguia se abstrair da mundanidade. O segundo cresceu para se tornar o renomado escritor Victor Hugo.

Essa é uma boa história para os teóricos dos traços de personalidade, para quem Victor Hugo seria um gênio precisamente porque tinha como características (entre outras, obviamente) –

mesmo ainda menino – um olho especial sempre afeito a possibilidades e uma mente que conseguia pensar diferente.

A maior parte desses teóricos acredita que os traços de personalidade atrelados à criatividade são mensuráveis, e por isso desenvolvem testes para medir o potencial criativo das pessoas (Torrance, 1988). Esses testes de criatividade são reminiscência dos testes de QI para medir a inteligência, mas para dar crédito à tese da mensuração os testes devem ser bem mais elaborados, frequentes vezes cobrindo muitas dimensões de personalidade, como o pensamento, as emoções e os valores (enquanto os testes de QI tendem a ser unidimensionais – concentram-se quase que exclusivamente nas capacidades de pensamento racional).

Alguns teóricos dos traços de personalidade acreditam que essas características podem existir latentes em muitas pessoas – pessoas em número muito maior que o de gênios ativos. Eles acreditam que alguns traços possam ser incrementados mediante técnicas e treinamento; muitas dessas técnicas encontram-se hoje disponíveis.

O significado da pesquisa de MacKinnon

Conforme eu mencionei acima, existem muitas pesquisas que sustentam as afirmações dos teóricos dos traços de personalidade. Para eles, esses traços encontram-se causalmente relacionados com a criatividade. Contudo, existem pesquisas que negam a hipótese que tais estudiosos buscam comprovar.

Uma das pesquisas foi realizada por Donald MacKinnon, que estudou 40 entre os arquitetos mais criativos dos Estados Unidos na década de 1950 (McKinnon, 1962). Havia dois grupos de controle. Um grupo de controle foi escolhido ao acaso, a partir de um catálogo de arquitetos – a esse grupo se chamou "não relacionado". O segundo grupo de controle também era composto de arquitetos não criativos, mas com uma diferença: cada um dos membros desse grupo tinha trabalhado com um dos membros do grupo criativo pelo menos por dois anos – a esse grupo se chamou "grupo associado".

Os testes foram multidimensionais. E os criativos se revelaram significativamente diferentes do grupo não relacionado em muitas de suas dimensões de personalidade. Na dimensão de valor, os criativos tiveram pontuação muito mais elevada na apreciação estética e já bem inferior em apreciação econômica. Os criativos também pontuaram bem mais no quesito sensibilidade a sentimentos e emoções, e foram acentuadamente menos sociáveis.

Mas essa foi a parte que, de certo modo, confirmou a teoria dos traços de personalidade. O problema, a má notícia, foi que, em 39 das 40 medições de personalidade, o grupo associado teve desempenho semelhante ao do grupo criativo (uma exceção esteve na preferência do grupo associado por economia em detrimento da estética). Como podemos dizer que os traços de personalidade são exclusividade dos criativos se fica claro que também os não criativos os detêm?

Contudo, seria precipitado extrair daí alguma conclusão negativa de que não há algo como um criativo ou uma personalidade de gênio. A única conclusão razoável é a de que os traços de personalidade criativa não garantem feitos criativos. O grupo associado – talvez em razão de sua associação com os criativos – imitou a personalidade correta, mas isso não bastou para torná-los criativos – não que os traços de personalidade não lhe pudessem ser úteis como pessoas criativas que poderiam ser; o caso é que essas características não foram suficientes.

Aí está o problema. Teóricos dos traços de personalidade pressupõem que a criatividade seja um fenômeno objetivo, e em se tratando de "criatividade" em sentido estrito isso faz sentido. Em contraste, se aceitarmos que a criatividade é sempre subjetiva, podemos facilmente compreender os resultados da pesquisa de MacKinnon. Os traços de personalidade são importantes? Sim, a diferença de características entre o grupo criativo e o não criativo não relacionado é por demais coincidente para ser ignorada. Mas ter essas características não garante uma criatividade exclusiva dos componentes subjetivos essenciais da criatividade – propósito e disposição para explorar significados e descobrir e explorar novos contextos. A sensibilidade à estética é essencial para um arquiteto criativo; quando essa sensibilidade dá origem a uma questão candente de exploração, ela se traduz em uma peça criativa de arquitetura.

Pensamento divergente e pensamento convergente

Testes amplamente usados pelos pesquisadores em criatividade E. P. Torrance (1988) e J. P. Guilford (1959) enfatizam como se aprende e como se pensa, quer se tenha a tendência a pensar num problema de muitas maneiras ou de logo focá-lo de modo particular; ou seja, se se tem um estilo cognitivo divergente ou convergente. Suponha que você pergunte a uma criança de língua inglesa nomes de dias da semana que comecem com a letra "t". Ela dirá primeiramente "Tuesday" (terça-feira) e "Thursday" (quinta-feira); e então, pensando um pouco mais, ela dirá "today" (hoje) e "tomorrow" (amanhã). Vê-se que essa criança tem um pensamento divergente. Já assumindo um tom mais grave ou sisudo, Edward de Bono (1970) proporciona um excelente exemplo de pensamento divergente (que ele chama de pensamento lateral). Em uma época em que se prendia por inadimplência, um agiota se mostrou capaz de manipular um devedor para que ele considerasse a seguinte oferta (o detalhe é que o devedor e sua filha caminhavam por uma trilha de cascalhos): "Aqui estão dois seixos", disse o agiota, enquanto pegava dois seixos do caminho de cascalho e os punha em uma maleta, "um branco e um negro. Se sua filha, sem olhar, conseguir pegar o branco de dentro da maleta, a sua dívida estará perdoada. Mas se ela pegar o seixo negro, ela, sua filha, será minha". Pelo pensamento convergente, o que se esperaria seria 50% de chance de pegar o seixo branco e se ver livre da dívida – assim pensou e concordou o credor, com a esperança de que sua filha fizesse a tentativa. Mas a filha pensava divergente; conseguia pensar melhor do que simplesmente confiar no credor. Ela suspeitou que ambos os seixos pudessem ser negros. Que fazer? Ela enfiou a mão na maleta. Ao tirar a mão, jogou o seixo no chão, como se o tivesse deixado cair, e ele se perdeu em meio aos cascalhos. Ela exclamou: "Ah, eu ando tão desajeitada! Mas é claro que o senhor vai poder verificar a cor do seixo que eu tirei olhando o que restou na maleta" – na escuridão da maleta, o seixo restante só poderia parecer negro.

Diante disso, como podemos duvidar da relevância do pensamento divergente para a criatividade? Criatividade é a exploração de possibilidades para que se descubram novas. Como você pode descobrir o novo sem uma mente aberta para considerar muitas possibilidades antes de se concentrar em uma? Mas há ainda mais sutileza aqui. Em uma pesquisa, quando aos cientistas que efetivamente exercem a criatividade se perguntou se eles faziam uso intensivo de pensamento divergente, eles responderam que não, que usavam pensamento convergente, o que estreitava sensivelmente o escopo de respostas possíveis.

Nesse caso, Torrance, Guilford e companhia estariam errados? Não necessariamente. Os criativos desenvolvem um "pensar divergente", mas no inconsciente, em possibilidade. Eles permitem que ambiguidades não resolvidas proliferem via processamento inconsciente (como na história acima, na qual a dúvida da filha do devedor proliferou-se pela via inconsciente indo desaguar em superposições quânticas, em possibilidades que continham a resposta). Então, quando se dá tempo ao tempo e este amadurece, quando as ideias criativas saltam pululando, aí se tem o *insight*. É claro que os materialistas não concordam com a ideia de *insights* criativos; por isso chamam-na de pensamento convergente.

E quanto a genes e cérebros?

Uma questão importante para aspirantes a criativos é se os traços de personalidade vinculados à criatividade – supondo-se que de fato existam – são genéticos, se nascemos com eles. Esse postulado está na base da suposição que muitos teóricos compartilham. Francis Galton, eminente cientista do século 19, no ano de 1869 publicou um livro, *Hereditary Genis*, no qual pretendeu mostrar "que as capacidades naturais de um homem são herdadas, encontrando-se exatamente sob as mesmas limitações que os aspectos formais e físicos do organismo do mundo como um todo orgânico". Na verdade, se você passar os olhos pela lista de Galton da genealogia de pessoas talentosas (se elas são exatamente gênios já é outra questão) ficará impressionado. Uma de suas afirmações, por exemplo, é a de que "pelo menos 40% dos poetas (número estudado: 56) tinham parentesco com pessoas talentosas".

Galton fez a sua lista mesmo antes que soubéssemos como funciona a hereditariedade. Quando se chegou aos genes, a descoberta foi considerada uma sustentação providencial à hipótese de Galton da herança de traços de personalidade criativos. Mas pouco a pouco, à medida que aumentava o entendimento, o entusiasmo arrefecia. Não foi encontrado nenhum gene para a criatividade. Os genes não se expressam por nenhum tipo de relação de correspondência biunívoca com os traços macroscópicos de um indivíduo, e isso se aplica sobretudo aos traços de personalidade. Essas características resultam precisamente de complicadas interações entre a herança genética e o desenvolvimento do indivíduo não só nesta vida, mas também em vidas passadas; em suma, é muito difícil separar as influências genéticas e ambientais. Ademais, tem-se como fato elucidativo a extrema raridade de uma criança filha de pais criativos vir a se tornar um adulto criativo.

Pelo mesmo viés, já mais recentemente, tem havido o que se pode chamar de um "oba-oba" da criatividade como propriedade do hemisfério direito do cérebro, que é holístico em seu processamento, em oposição ao hemisfério esquerdo, que é mundano, calculista e tem por base a razão (Edwards, 1989). Teorizou-se que pessoas, condicionadas pela sociedade para desenvolver somente o lado esquerdo do cérebro, enfrentam problemas para se tornar criativas por não terem cultivado o lado direito. Mas a pesquisa não conseguiu identificar nenhuma localização física, como o lado direito do cérebro, onde as ideias criativas se solidificam.

Se você quiser assistir a uma oficina que tematize modos de agir com o lado direito do cérebro, não é uma má ideia. O que provavelmente vai acontecer é o trabalho ali realizado incrementar sua capacidade de processamento pelo cérebro direito. Mas tenha o cuidado de fazer com que o cérebro direito fale sobre criatividade de um modo que seja sobretudo metafórico.

Algumas observações concludentes sobre a teoria dos traços de personalidade

É indubitável que há algo de substancioso na ideia de que traços pessoais, incluindo traços de personalidade como autodisciplina e pensamento convergente, contribuem para a motivação criativa. Contudo, é fato que ter esses traços não basta para garantir uma vida criativa. E não tê-los em criança não impede o aflorar da criatividade no adulto, o que também é fato. Assim, é difícil estabelecer uma conexão causal entre traços de personalidade e criatividade. Duvido que quando criança Einstein se revelasse bem-sucedido nos testes elaborados pelos teóricos dos traços de personalidade.

Na verdade, é virtualmente impossível proceder a uma conexão causa-efeito definitiva entre os traços de personalidade e os atos concretos de criação (Gardner, 1993). Daí o debate – a criatividade pertenceria apenas a uma elite de gênios dotados de certos traços de personalidade? Ou todo mundo seria capaz de criatividade? O psicólogo Robert Weisberg afirma ter desmascarado o mito do gênio. Segundo ele, não há nada especial no pensar criativo; logo, o modo de pensar comum, do qual todo mundo é capaz, tem todos os ingredientes que conduzem a atos criativos; portanto, argumenta Weisberg, todo mundo é capaz de criatividade (Weisberg, 1993).

Assim como Weisberg, defendo que todos têm o potencial de ser criativos, que todo mundo pode ser motivado para soluções criativas. A criatividade não está limitada aos talentosos e bem aquinhoados. Não acredito que determinados traços de personalidade geneticamente (ou comportamentalmente) condicionados resultem em criatividade, por mais que eles possam ajudar, o que explica por que pessoas criativas adquirem esses traços, incorporando-os, talvez, ao longo de muitas encarnações.

Mas o pensar criativo é o mesmo que o pensamento comum? Para Weisberg, todo pensar é um pensar de máquina, tudo não passa de computação e, por isso, de algoritmo. Como vimos nos capítulos anteriores, a criatividade envolve saltos não algorítmicos no pensamento consciente. Mas todos nós, pelo fato de sermos conscientes, somos capazes de realizar tais saltos. Com isso, a criatividade é um dom potencialmente universal; não significa que todo modo de pensar seja equivalente, mas sim que todos nós somos potencialmente capazes tanto do pensar comum como do criativo.

Sabemos que, quando crianças, nossa criatividade é praticamente universal; sem ela, aprender-se-ia muito pouco. Se não é por falta de traços de personalidade, estaria então a falta de impulsos inconscientes impedindo a criatividade universal na grande maioria das pessoas adultas? Essa questão será retomada no próximo capítulo.

O dogma diz: "Acredite nos dados
que se ajustam ao seu modelo do mundo
e ignore todo o resto".

O mundo diz: "Ignore o dogma
e amplie o seu modelo
para acomodar o mundo". *

---

* No original: *Dogma says, "Believe the data / that fit your model of the world / and ignore the rest." / The world says, "Ignore the dogma / and extend your model / to fit the world."* [N. de T.]

capítulo 12

seria a motivação criativa um impulso do inconsciente?

Tão logo percebemos que a consciência é a realidade primária em nossa visão de mundo, e que o inconsciente (isto é, a ausência de percepção-consciente) pode ser definido e mesmo estudado pela via experimental, o papel do inconsciente em criatividade é fácil de reconhecer. Já exploramos a importância do processamento inconsciente (ver Capítulo 9).

De acordo com Freud, desenvolvemos um inconsciente pessoal, um repositório de pensamentos e sentimentos conectados aos instintos reprimidos – à sexualidade reprimida, por exemplo, Freud chamou de libido. O impulso inconsciente da libido encontra expressão na criatividade para pessoas "adaptadas" e na neurose para as mal adaptadas.

Freud teoriza que as pessoas criativas são as que fazem bom uso de seu material reprimido e socialmente indesejável. Elas têm uma capacidade incomum de subliminar o impulso sexual e processar imagens inconscientes em formas socialmente aceitáveis que possam parecer novas e criativas. Não obstante, essas imagens inconscientes têm em sua origem um conflito; por exemplo, o estilo particular que Leonardo da Vinci desenvolveu para retratar mulheres – como no caso da Mona Lisa – originou-se, de acordo com Freud, nos sentimentos reprimidos (sexuais, edípicos) que o sorriso de sua mãe lhe suscitava na infância. Mas o impulso inconsciente que dá ensejo a uma solução criativa para o conflito pode motivar também uma solução neurótica. Por isso, Freud via a criatividade como prima bem próxima da neurose:

Um artista acaba sendo, em linhas gerais, um introvertido, e não está muito longe do neurótico. Ele é oprimido pelas necessidades instintuais excessivamente poderosas. Ele deseja honra, poder, riquezas, fama e o amor de mulheres; mas faltam-lhe os meios para alcançar essas satisfações. Consequentemente, como qualquer outro homem não satisfeito, ele dá as costas à realidade e transfere todo o seu interesse, e também sua libido, para a construção desejante de sua vida de fantasia, o passo para tal podendo conduzir à neurose (citado em Woodman, 1981).

Freud também viu uma conexão entre a imaginação infantil e a criatividade adulta e insistiu em que as fantasias e ideias de criatividade adulta "originadas livremente" nada mais são do que uma continuação das brincadeiras e devaneios de infância. O poder da pessoa criativa está em aceitar esses devaneios e fazer bom uso deles, enquanto o neurótico não criativo suprime a fantasia. Para Freud, uma pessoa chega a "realizações de perfeição especial" quando seu processo inconsciente se adapta ao funcionamento normal do ego (Freud, 1961, 1963).

Nossa teoria quântica da criatividade vem em apoio à ideia básica de Freud do que hoje é chamado de inconsciente pessoal. Se estamos condicionados a evitar certas memórias emocionais – por causa de um trauma de infância, por exemplo –, é grande a probabilidade de que as possibilidades correspondentes a essas memórias jamais se colapsam a partir das possibilidades quânticas que processamos em nosso inconsciente. Essas possibilidades represadas, contudo, podem influenciar o colapso de estados subsequentes, colapsos esses que podem aparentar ser desprovidos de qualquer continuidade causal aparente, e com isso podem parecer criativos ou neuróticos, a depender do grau de adaptação.

É claro, faz todo sentido a dinâmica repressiva do material neurótico – e do emocional, que lhe está correlacionado – poder entrar em conflito com a dinâmica do inconsciente, que do contrário seria dominada pelo ego. O conflito produz novas possibilidades para que a consciência entre em colapso, e novos *insights* podem se tornar o núcleo da grande arte, da literatura e mesmo da música.

Mas a teoria de Freud, segundo a qual pessoas criativas simplesmente convertem imagens neuróticas inconscientes e inaceitáveis em produtos criativos novos e socialmente aceitáveis está, na melhor das hipóteses, incompleta. Quando Van Gogh pinta *A Noite Estrelada* como uma massa revolta de energia cósmica, as possibilidades quânticas de significado para seu processamento inconsciente são indubitavelmente uma *gestalt* não apenas das contribuições de sua neurose, mas também das contribuições de sua capacidade de transcender a própria personalidade. A primeira confere à sua pintura uma mera forma, enquanto a segunda lhe dá a emoção informe, universal e positiva que a conecta diretamente à própria intuição que o observador pode fazer do arquétipo contribuinte.

De modo semelhante, pode-se observar que a criatividade é não apenas o resultado de brincadeiras e devaneios; na verdade é possível que tal identificação provavelmente exclua a ampla maioria de atos criativos (por exemplo, a criatividade científica) de aplicabilidade pela teoria de Freud. A teoria de Freud também exclui as muitas ocasiões em que a pessoa criativa usa a criatividade para um catapultar para além do ego – um ato de criatividade interior.

Foi Jung o primeiro a reconhecer que a sublimação da libido sexual é apenas um critério (parcialmente) necessário – não suficiente – para a criatividade. Ele identificou motivação adicional para a criatividade no impulso a partir do que chamou de inconsciente coletivo – um reino do inconsciente, no qual imagens universais arquetípicas são processadas e que não é limitado por espaço, tempo ou cultura:

> O processo criativo, até onde o podemos seguir, consiste na ativação inconsciente de uma imagem arquetípica, e na elaboração e formação dessa imagem no trabalho acabado (Jung, 1971).

Assim, para Jung, a criatividade é um resultado de um impulso inconsciente, mas não só de um impulso inconsciente que opere um crescimento nas imagens de conflito do inconsciente pessoal e reprimido de linhagem freudiana; e sim também de um impulso que opere um crescimento de imagens arquetípicas a partir do inconsciente coletivo.

Veja-se o caso da descoberta da estrutura da molécula do benzeno pelo químico Frederick von Kekulé. Uma molécula de benzeno é feita de átomos de carbono e hidrogênio; a questão era como os átomos de carbono se ligam entre si e com os átomos de hidrogênio. Todas as ligações até então conhecidas se davam em arranjos abertos e lineares. Dentro desse rígido contexto, a solução escapou a todo mundo. A famosa solução de Kekulé foi uma ligação circular, ideia que lhe ocorreu durante um estado de devaneio em que viu uma cobra mordendo o próprio rabo. De acordo com Jung, a imagem de sonho de uma cobra mordendo o próprio rabo, que desencadeou o *insight* de Kekulé, foi um exemplo significativo de uma imagem arquetípica a partir do inconsciente coletivo; a imagem é chamada de ouroboros (Figura 21).

Jung sempre ressaltou o fato de ser a consciência total da percepção-consciente que confere significado e valor a imagens incons-

Figura 21. O ouroboros

cientes; a criatividade é o entrejogo de inconsciente e consciente (ver Capítulo 10). A pintura surrealista é um exemplo vivo e quase óbvio desse entrejogo, mas vale lembrar que, de acordo com Jung, todos os atos criativos têm um pouco de surrealista. Eu concordo.

Espero que o leitor consiga vislumbrar a grandeza da ideia de impulso inconsciente a nos conferir motivação para a criatividade. A totalidade, consciência, busca conhecer a si própria por meio do impulso intencional do inconsciente, de modo que seus movimentos são muitas vezes intrincados, mesmo bizarros – a tal ponto que tendemos a vê-los como meras coincidências de eventos casuais. Um escrutínio rigoroso pode revelá-los de outro modo. Carl Jung pensava dessa maneira; as coincidências, que pareciam significativas – estando uma no âmbito exterior e a outra no âmbito interior da experiência –, ele chamou "eventos de sincronicidade"; e já vimos o importante papel exercido pela sincronicidade na criatividade (Jung & Pauli, 1955). Jung especulava que essas coincidências seriam provocadas por uma causa comum; hoje sabemos que a causa comum nada mais é do que a causação descendente (Goswami, 2008a).

Um comentário ainda. Para além do inconsciente dominado pelo ego, no qual se tem apenas condicionamentos, do inconsciente pessoal de Freud, que é campo de ação em que grassa a neurose, e do inconsciente coletivo de Jung, há ainda o inconsciente quântico, que jamais foi mapeado. O propósito da reencarnação e da evolução é tornar conscientes domínios ainda não mapeados do inconsciente (ver capítulos 13 e 14).

Acaso e sincronicidade em criatividade

Um caso interessante, envolvendo acontecimentos supostamente casuais que desencadeiam a criatividade, é o da descoberta da penicilina por Alexander Fleming. De acordo com Gwen MacFarlane, biógrafo de Fleming, enquanto o cientista estava de férias, um micologista estabelecido no andar inferior ao do laboratório de Fleming isolara uma cepa bastante forte de um fungo, que acabou levado pelo vento até a placa de Petri no laboratório de Fleming. Condições climáticas atípicas para aquela época do ano (uma frente fria em setembro) ajudaram a fazer com que os esporos do fungo crescessem e impedissem o crescimento da bactéria. A temperatura se elevou e a bactéria cresceu por toda a parte, exceto na placa de Petri. Isso chamou a atenção de Fleming: o que havia naquela placa de Petri que impediu o crescimento da bactéria? Esse é um caso em que "uma inacreditável cadeia de acasos" deu origem a uma criatividade memorável. Mas teria sido realmente acaso? Eu o chamaria de um ato de sincronicidade, e acho que Jung concordaria com isso.

A prova está no pudim. Se o acaso pode operar seus milagres por coincidências acidentais, então por que não usar o acaso deliberadamente para manifestar criatividade? O músico John Cage pôs à prova o papel do acaso na criatividade musical. Os arquétipos da música têm sido alvo de intensa investigação, e músicos sabem o que funciona e o que não funciona. Mesmo a música improvisada, como o jazz ou a música indiana, seguem padrões conhecidos. Cage sentia que para descobrir música verdadeiramente nova no século 20 ele tinha de dar uma chance ao acaso. Assim, ele começou a mesclar tons em quartas justas, música sintetizada e todo tipo de sons naturais e artificiais para criar a sua música. Em um de seus concertos, não havia voz nem instrumento musical a saudar os ouvintes, apenas sons incidentais – por exemplo, o espirro de alguém, ou movimentos inquietos das pessoas.

Nas artes plásticas, Robert Rauschenberg fez um experimento semelhante. Em sua juventude, Rauschenberg ficou desiludido com a arte expressionista – a arte tentando suscitar emoções no espectador via representação de arquétipos. Em vez disso, Rauschenberg percebeu que a pintura sobre a tela podia ser tratada como um objeto sobre a tela, e daí veio a ideia: por que não usar apenas objetos? Foi assim que ele criou algumas pinturas interessantes da cidade de Nova York, colando pequenos pedaços e peças da Nova York real em uma tela.

A prova está no pudim (você tem de comê-lo). Em que pesem todos esses exemplos, o caso é que nenhum desses experimentos pode ser considerado bem-sucedido. Tampouco produziu quaisquer seguidores. Que dizer da pintura de Pollock, toda ela feita com tinta derramada? À primeira vista suas telas parecem o resultado de tinta vertida ao acaso sobre uma tela, e não é de admirar que exatamente por isso tantos trapaceiros – artistas e marchands – tentam fazer dinheiro com pinturas "à moda Pollock". Mas Richard Taylor (2010), físico da Universidade do Oregon, quando solicitou à Fundação Pollock-Krasner que investigasse casos de fraude, descobriu que as pinturas de Pollock nada têm de casuais. Pelo contrário: elas retratam padrões fractais encontrados na natureza. Ora, Pollock deve ter desenvolvido um olhar incomum para ver padrões fractais onde o olhar comum via apenas casualidades. É claro que, inconscientemente, os padrões exercem efeito apaziguador aos olhos humanos; é por isso que até hoje o que Pollock fez tem um apelo popular.

Se o uso deliberado do acaso falha em resultar um produto criativo, por que se ater à fútil ideia de que coincidências vãs acidentais nada têm a ver com criatividade? Passemos então a olhar a criatividade como efeito de sincronicidade.

Gertrude Stein disse certa vez algo assim: "O que muda de uma idade para outra não é quem somos, mas o que encontramos no caminho, as contingências casuais ou o uso de nossa linguagem mais adequada, sincronicidades". Na história da criatividade humana existe uma série de sincronicidades que exercem seu papel em muitos atos de criação.

A criatividade requer alternância entre ser (em consciência quântica) e fazer (no ego). Às vezes um ato na esfera exterior desencadeia um *insight* na esfera interior; desse modo, acontecimentos escolhidos pela consciência não local conspiram para dar a impressão de mero acaso ou de mera coincidência – quando na verdade eles são acontecimentos de sincronicidade.

O movimento da consciência quântica não local que se manifesta em um ato criativo pode envolver mais do que uma pessoa. A criatividade múltipla, ou seja, o nascimento de uma ideia criativa que se origina coincidentemente com mais de uma pessoa, é fenômeno bem conhecido que vem a ser outro exemplo de sincronicidade. A descoberta quase simultânea da equação matemática da física quântica pelos físicos

Werner Heisenberg e Erwin Schrödinger é um exemplo (para mais casos desse tipo no decorrer da história, ver Lamb & Easton, 1984). É claro que Heisenberg e Schrödinger expressaram sua descoberta de maneiras diferentes (equivalentes), mas isso não deve dar margem a confusão. Uma vez que cada um de nós detém seu próprio repertório – que é diferente, portanto – para manifestar o *insight* criativo, nossas linguagens de expressão da mesma verdade fundamental são diferentes.

Já apresentei aqui o modo como Calder chegou à sua escultura móvel (ver Capítulo 5). Uma aparente coincidência desempenhou um papel importante no trabalho de Calder. O artista abstrato Piet Mondrian certa vez visitou Calder num circo, e Calder, por sua vez, visitou Mondrian em sua galeria de arte no ano seguinte. De repente, Calder, num *insight* repentino, visualizou o valor da escultura abstrata. Teria sido puro acaso Mondrian ter visitado Calder? Acho que foi mais do que mero acaso: foi sincronicidade. Qualquer pessoa que tenha se empenhado num trabalho criativo já pode ter encontrado coincidências semelhantes – abrir a página certa de um livro, olhar para uma pintura no momento certo, ouvir alguém no tempo certo etc.

Após assistir ao seminário sobre a natureza de onda da matéria – esta uma descoberta de Louis de Broglie –, o químico Peter Debye comentou com o físico Erwin Schrödinger que se a matéria é uma onda, deve haver então uma "equação de onda" que se aplique à matéria. O próprio Debye tinha esquecido da brincadeira que fizera; mas de maneira sincrônica seu comentário inspirara Schrödinger na descoberta da equação para ondas de matéria (a equação de Schrödinger, que Heisenberg também descobriu independentemente) que está na base da física quântica.

Até mesmo um ato falho pode, na verdade, ser um evento de sincronicidade. O físico Murray Gell-Mann, ganhador do Nobel, estava dando uma conferência sobre algumas estranhas partículas elementares quando cometeu um ato falho que o conduziu ao *insight* repentino de que a ideia transmitida pelo lapso era a resposta ao problema que estava sendo abordado por ele.

Um pequeno caso pessoal. Em 2003, eu ministrava um curso de graduação relacionando física quântica e psicologia de Jung para uma classe de alunos de psicologia profunda, e o caso é que eu gradativamente perdia a credibilidade com eles – até porque eu não estava indo a parte alguma. Em uma das aulas eu falei sobre paralelismo psicofísico – a ideia de que o físico, o mental e o supramental são todos possibilidades quânticas da consciência. Como o leitor deve saber, isso é fantástico, já que é a solução do problema da dualidade mente-matéria. Mas ainda assim não parecia haver empolgação entre os alunos. Já em desespero, pensei em contar para eles minha história de descoberta.

Em 1993 eu estava fazendo meu primeiro programa de rádio quando uma senhora idosa me perguntou: "O que acontece quando morremos?". E eu não sabia! A questão me derrubou, mas eu me recuperei.

Cerca de um mês depois – continuei a contar aos alunos – um teosofista, experiente, e também já idoso, começou a dar um ciclo de palestras sobre meu livro recém-publicado, *O universo autoconsciente*. Na verdade, o que ele fez foi encher minha cabeça com ideias teosóficas como reencarnação. Em primeiro lugar, não levei a sério. Até que, em uma noite, eu estava dormindo quando ouvi alguma coisa. Era como uma voz que falava comigo. E a voz ia ficando cada vez mais alta. Logo se tornou uma admoestação, e pude ouvir claramente: O *Livro tibetano dos mortos* está correto; sua missão é prová-lo. A admoestação se salientou a ponto de me despertar.

Foi só assim que eu consegui visualizar algum interesse naqueles rostos diante de mim. Ah, então contei a eles como eu levei aquele sonho a sério e como a tarefa se provou tão difícil. Falei a meus alunos sobre o caráter abstruso do *Livro tibetano dos mortos* – um guia para as experiências das consciências sobreviventes entre morte e renascimento. Relatei-lhes minhas incursões na literatura espiritual antiga. Os *Upanishads* (escrituras hindus) e a cabala me ensinaram que a consciência sobrevivente consiste em corpos sutis de energia vital, a mente, e em um supramental. Mas se esses corpos fossem não materiais – esta é uma implicação desses textos –, não haveria como saber se eles poderiam interagir com o corpo físico denso.

Eu sabia ter já conquistado o interesse daqueles alunos, mas não sabia por quê. E prossegui. Alguns meses depois, eu conversava com uma aluna da graduação cujo namorado havia falecido. Eu estava tentando dizer a ela, como consolo, que talvez o corpo sutil do namorado – mente, corpo vital e sua essência – tivessem sobrevivido à sua morte. Talvez a morte não fosse tão derradeira como nos habituamos a pensar, hipnotizados que estamos pela ciência materialista. De repente um pensamento me ocorreu – suponhamos que a essência da mente e do corpo vital consistam em possibilidades quânticas. Não resolveria o problema do dualismo, bem como o da sobrevivência?

Quando terminei a história, havia na classe um zumbido de entusiasmo. Sincronicidade: eu tivera uma experiência de sincronicidade – dissera unânime a classe. A partir de então, não mais tive problemas de credibilidade.

O professor de meditação Jack Kornfield (1993) tem um maravilhoso exemplo de sincronicidade em criatividade interior. Em um retiro para meditação, no qual Kornfield estava ensinando, uma mulher se debatia com feridas e emoções advindas de abusos sofridos na infância nas mãos de um homem. E, naquele retiro, ela finalmente conseguiu perdoar aquele homem. Quando voltou para casa, encontrou uma carta na caixa de correio. Era daquele homem, que abusara dela, e com o qual ela não mais tivera contato havia 15 anos. Na carta, o homem pedia o seu perdão. Quando a carta fora escrita? No mesmo dia em que a mulher consumava o seu ato de perdão – um ato de criatividade interior.

Concordo com Jung: coincidências ou acontecimentos casuais em criatividade na maioria das vezes são eventos de sincronicidade. A criatividade é nutrida por nossas raízes interconectadas na consciência (Figura 22). Assim como a mulher do relato de Kornfield, que encontrara o perdão, quando estamos envolvidos em um *insight* criativo, alinhamo-nos com o movimento do todo, a consciência não local. Esse movimento não conhece fronteiras, nem origina nem termina em um complexo mente-cérebro particular.

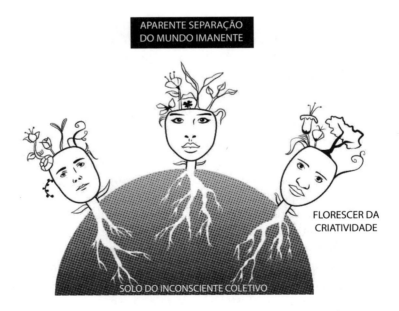

Figura 22. A aparente separação dos reinos imanentes surge da unicidade que lhes subjaz, por força do inconsciente coletivo. Nossa criatividade é alimentada por nossas raízes interconectadas via consciência quântica.

Encontramos aqui outra razão pela qual apenas algumas crianças se tornam adultos criativos: elas se mostram mais aptas à procura de significado, e nessa medida são favorecidas pela sincronicidade! Note-se, porém, que esse traço particular facilmente pode passar a fazer parte de seu repertório aprendido.

Gostarias de fazer uma viagem de fantasia?
Contempla a ti mesmo chegando a uma floresta densa e escura.
Um caminho desaparece para dentro dela.
Qual a tua propensão?
Segues esse caminho ou abres o teu próprio caminho?

Agora estás bem dentro da floresta.
A sombra profunda se arrefece e revela uma imensa rocha
bem no teu caminho, a obstruí-lo.
Qual a tua propensão?
Escalas ou saltas sobre ela? Contorna-a? Cava um túnel?
Dinamita-a, formando brita?

O que se tem ali? Uma casa subterrânea,
escura e misteriosa, a evocar lembranças infantis
de bruxas assustadoras.
Qual a tua propensão?
Assumir o risco, ir em frente, explorar?
Ou manter-se na filtrada luz de segurança?

Existe lá adiante um oceano azul?
As ondas reluzentes acenam para ti?
O balanço do mar é um apelo ritmado?
Qual a tua propoensão?
Ficar onde estás ou mergulhar de cabeça?*

---

* No original: *Care to take a fantasy tour? / See yourself approaching a forest dense and dark. / A path disappears into it. / What is your tendency? / Do you follow that path or clear your own path? / You are now well into the forest. / The deep shade thins to reveal a great boulder / sprawling across your path, obstructing it. / What is your tendency? / Do you climb or vault it? Detour around it? Tunnel through? / Dynamite it to gravel? / What's down there? An underground house, / dark and mysterious, evoking childish / memories of witches scary. / What is your tendency? / Take risk, go down, explore? / Or stay in the filtered light of safety? / Is that a blue ocean yonder? / Do the sparkling waves beckon you? / Is their surging surf a rhythmic call? / What is your tendency? / Stay where you are – or plunge naked into the water?* [N. de T.]

capítulo 13

criatividade, reencarnação e algumas qualidades mentais inatas que determinam nosso lugar no espectro da criatividade

Pode alguém ser criativo? No que se viu até agora, eu disse que sim, mas obviamente existem sutilezas aí. Para todo e qualquer esforço, para ser bem-sucedido, é de vital importância, juntamente com a força de nossa intenção, o fator motivação. A medida de nossa criatividade deve depender de quão motivados nos encontramos em relação a essa mesma criatividade, e do tanto que nos impelimos a respostas a nossas investigações que possam apaziguar a alma, e a nossa necessidade de conhecer.

É fato que existe um enorme espectro de pessoas criativas. Todo mundo pode ser criativo, sim, mas quais fatores determinam nosso lugar no espectro de criatividade? A resposta a essa pergunta importa tanto para a criatividade exterior como para a criatividade interior.

A resposta materialista baseia-se no chamado determinismo genético – quem somos depende inteiramente de nossos genes. Mas esse modo de olhar para nós mesmos revela-se um beco sem saída, e não há evidência em seu favor (ver Capítulo 11). Tampouco a resposta segundo a qual o ambiente determina quão criativos nos tornamos em nossa jornada de desenvolvimento se deixa amparar por fortes evidências (ver Capítulo 11; ver também Weisberg, 1993).

Portanto, o que determina nosso lugar no espectro de criativi-dade? Sim, o condicionamento ambiental exerce a sua função, e mesmo o condicionamento genético pode desempenhar aí um papel limitado. E aos impulsos inconscientes de vertente freudiana e jun-guiana também cabe importante contribuição. Mas haverá um fator que desempenha o papel crucial?

Creio que exista um fator crucial, e ele é determinado por nosso histórico de reencarnação – o aprendizado que acumulamos no curso de muitas vidas passadas. Além disso, a ideia de reencarnação confere-nos um *insight* adicional sobre a questão vital da motivação.

Materialistas não gostam da ideia da reencarnação; para eles existe apenas o corpo material, e a morte é nosso inapelável final – de tudo o que há ou pode haver em nós. Ocorre que nossa criatividade nos é a prova viva de que significado e valores arquetípicos e seus domicílios – mente e o supramental – são as coisas "reais", ainda que não sejam materiais; a matéria não os pode processar.

A matéria tampouco pode processar sentimentos; jamais haverá um chip de computador para os sentimentos, por mais que o diga a série de ficção científica *Jornada nas Estrelas*. Os sentimentos pertencem ao domínio do corpo vital da consciência. Juntos, os três – corpo vital, mente e o supramental – constituem nosso corpo sutil, em contraste com nosso corpo material denso. Quando o corpo material morre, o corpo sutil – na forma do que podemos chamar de nossas características vitais e mentais – sobrevive como memória não local (ver Capítulo 5) e reencarna em outro corpo físico no futuro. Portanto, as ideias de sobrevivência após a morte e de uma continuidade com a reencarnação não são um disparate religioso, como já se pensou. Entre morte e renascimento, sobrevivemos como mônada quântica, como o reservatório acumulado de características ou propensões (que os orientais cunharam com as palavras sânscritas *karma* e *sanskara*).

Existe uma evidência direta a sugerir que a memória de uma propensão aprendida é não local. Nos anos 1960, o neurofisiólogo Karl Lashley fez um experimento no qual tentava estudar a localização do aprendizado de uma propensão no cérebro. Com isso ele treinou ratos para encontrar queijo num labirinto em forma de "y", e então sistematicamente começou a cortar fora partes do cérebro do rato, verificando se a propensão se mantinha. Estranhamente, ele descobriu que mesmo com 50% de seu cérebro removido, um ratinho treinado encontra um caminho que o leve ao queijo. A única conclusão a se extrair daí é que a memória aprendida de uma propensão é não local, e para ela o termo antigo é *akashic*, palavra sânscrita que significa "fora do espaço e do tempo". Uma alternativa – a de que a memória é holográfica – chegou a ser aventada pelo neurofisiólogo Karl Pribram, mas essa teoria não se sustentou.

O que se tem hoje é um acúmulo de evidência empírica em favor tanto da sobrevivência pós-morte como da reencarnação, e, além disso, uma boa história detalhada a explicar todos os dados a respeito (Goswami, 2001). Essa teoria, juntamente com os dados empíricos sobre a reencarnação, sugere o fator crucial que pode determinar nosso lugar no espectro de criatividade.

A evidência empírica para a sobrevivência pós-morte consiste nos muitos dados acumulados de experiências de quase morte (Sabom, 1982). Não é isso que nos interessa aqui. A evidência empírica em favor da reencarnação consiste em dados sobre bebês, independentemente de terem nascido como *tabula rasa* (uma folha de papel em branco) ou já com propensões desenvolvidas, passíveis de ser desencadeadas com facilidade para que certas coisas aprendidas possam ser realizadas sem esforço. Pesquisas confirmaram o que qualquer pai ou mãe já sabe: bebês já nascem com uma quantidade significativa de capacidades latentes.

Existem também dados bem convincentes sobre alguns poucos gênios que nasceram no seio de uma família não talentosa e mesmo assim revelaram sinais de criatividade já em bem tenra idade. Fica claro que gênios desafiam qualquer explicação que leve em conta o condicionamento genético ou ambiental. O matemático indiano Ramanujan e o compositor austríaco Wolfgang Amadeus Mozart são dois dos exemplos mais notáveis. Deve-se observar que Ramanujan nasceu em uma família de não matemáticos, e ainda assim conseguia realizar somas de séries matemáticas infinitas. E muito embora a família de Mozart fosse musical, dificilmente isso poderia explicar como uma criança de 6 anos seria capaz de compor partituras musicais originais. Fatos desse tipo podem ser considerados evidências de que gênios nascem com capacidades inatas para a criatividade, e isso inclui boa dose de motivação que lhes vem passada em reencarnações anteriores (Stevenson, 1974, 1977, 1987).

A teoria da reencarnação (Goswami, 2001) sugere que de todas as propensões mentais que trazemos de encarnações passadas, as mais importantes são três qualidades mentais chamadas *gunas* – *sattva, rajas* e *tamas* – na psicologia do yoga. *Tamas* – a propensão de agir de acordo com seu condicionamento passado – é sempre presente; é o preço que pagamos por crescer e desordenar nosso cérebro com memórias. Assim, *tamas*, a tendência à inércia, é dominante quando iniciamos nossa jornada de reencarnação; apenas paulatinamente, após muitas encarnações, essa tendência dá margem a tendências criativas em que prevalecem *rajas* (a propensão à criatividade situacional) e *sattva* (a propensão para a criatividade fundamental).

Claro está que nosso lugar no espectro da criatividade depende sumamente do que trazemos conosco ao reencarnar uma grande quantidade de *sattva* e/ou de *rajas*. Quanto mais *sattva* trazemos, mais nossa tendência é investigar a criatividade fundamental. Do mesmo modo, a herança reencarnacionista de *rajas* determina quão bem-sucedidos podemos ser nos feitos e edificações que realizamos a partir de nossa criatividade situacional. Também está claro que nossa história de reencarnações depende do quanto de *sattva* ou *rajas* podemos carregar e suportar nesta vida.

O propósito de nossa jornada reencarnacioniosta é descobrir e, finalmente, incorporar (fazer representações) os arquétipos, um trabalho que nos demanda muitas vidas (Goswami, 2001). Isso nos oferece outra motivação pessoal para a criatividade – é o estímulo da inconsciência quântica, os arquétipos inexplorados –, que nos conduz criativamente para sua descoberta e introjeção. Quanto mais *sattva* trazemos, maior é nossa motivação, e mais tenaz a nossa intenção.

No filme *O Feitiço do Tempo*, o herói é conduzido pelo arquétipo do amor de uma vida a outra, até aprender a essência altruísta do amor. Todos nós estamos fazendo esse tipo de coisa, buscando um arquétipo ou outro. Assim como o herói daquele filme, permanecemos inconscientes do que fazemos quando iniciamos nossa viagem pelas encarnações, até pegar o espírito do jogo, à medida que amadurecemos.

Cada um de nós chega a essa encarnação com uma agenda de aprendizado que os orientais denominam com a palavra sânscrita *dharma*. Para satisfazer nosso *dharma*, chegamos a trazer conosco muitas das propensões adquiridas durante muitas encarnações passadas. O terapeuta de vidas passadas David Cliness tem dados que comprovam que não renascemos com todas as nossas propensões acumuladas; em vez disso, trazemos o conjunto particular que seria necessário para seguir nosso *dharma*.

O matemático francês Evariste Galois foi morto em um duelo aos 21 anos; mesmo assim, contribuiu para um novo campo da matemática – feito raro para qualquer matemático. Enquanto estava no secundário, o jovem Evariste, que fora ensinado em casa até os 11 anos, estudou os grandes mestres da matemática e começou a comprovar sozinho alguns teoremas matemáticos. A maior parte de seu trabalho foi publicada postumamente.

É óbvio que se tem um grande acontecimento na vida criativa quando a sua agenda criativa – o *dharma* – inesperadamente encontra um mestre ou companheiro. O que trouxe Galois para a matemática foi um encontro sincrônico com um manual de geometria escrito por um talentoso matemático. Ler aquele manual deve ter sido uma experiência incomum para Galois – isso para dizer o mínimo. O pesquisador em criatividade David Feldman (1986), e mais tarde Joseph Walters e Howard Gardner (1986), chamaram esse tipo de experiência de experiência cristalizadora – viram-na como uma composição "entre uma pessoa que está se desenvolvendo e um campo particular de empreendimento". Se, por um lado, é bem isso que ocorre, por outro é difícil explicar o aspecto de tais experiências capazes de mudar o curso de uma vida. Na verdade, essas experiências são um composto entre um *dharma* e um campo particular. E trata-se de um composto que literalmente é feito no Céu, porque o impulso arquetípico inconsciente evolui na realização mesma dessa combinação, nesse reconhecimento de seu próprio *dharma*.

O experimento de cristalização é uma experiência de profunda intuição na qual "eu descobri meu entusiasmo, meu *dharma*, meu modo particular de contribuir com a intencionalidade do universo". O mitólogo Joseph Campbell cunhou a famosa frase "Siga o seu entusiasmo". Ele próprio tinha encontrado seu entusiasmo ao buscar e encontrar o significado de realidade na história mitológica do planeta.

Vou contar a vocês a experiência que mudou minha vida – a revelação do *dharma*. Em 1973, após cerca de dez anos como cientista acadêmico regular, eu me sentia infeliz, sem saber por quê. O incidente que narro a seguir me fez perceber o motivo.

Eu estava em uma conferência sobre física nuclear; a física nuclear foi o campo de pesquisa que eu escolhera, que me atraía de corpo e alma – pelo menos assim eu pensava. Pois bem: em um simpósio de que participava, quando chegou a minha vez de palestrar, fiz o que eu pensava ser uma boa apresentação; mas não fiquei satisfeito porque eu me vi comparando a minha apresentação com a de outras pessoas e sentindo inveja. Aquela inveja continuou a me perseguir por todo aquele dia.

À noite, eu fui para uma festa: muita comida de graça, bebida farta, companhias interessantes, pessoas para impressionar etc. Mas eu continuava a sentir a mesma coisa – inveja. Por que as pessoas não prestavam atenção em mim? Talvez não prestassem a atenção suficiente a ponto de amenizar meu sentimento de inveja. Isso continuou até eu perceber que estava com uma azia que não queria passar. Eu já tinha tomado uma cartela inteira de comprimidos para esse mal-estar, que eu trouxera no bolso, mas ainda assim a azia não ia embora.

Desesperado, saí. A conferência se realizava em Asilomar, perto da baía de Monterey, na Califórnia. Não havia ninguém lá fora, e fazia um pouco de frio. De repente um sopro de brisa fresca vinda do mar passou pelo meu rosto. Um pensamento veio à tona (de onde veio?): "Por que estou vivendo assim? Por que estou vivendo assim?".

Por que por tanto tempo levei uma vida desintegrada, na qual o que eu fazia profissionalmente e o que fazia na minha vida pessoal tinham se tornado tão apartados um do outro? Essa questão me levou a uma frenética busca de integrar a física que eu fazia como carreira e profissão e a vida que eu vivia, e acabou levando a tudo o que minha vida se tornou desde então. Eu tinha encontrado o meu *dharma*!

A descoberta dos arquétipos exige criatividade fundamental. A criatividade situacional, então, permite-nos muitos atos secundários de elaboração, baseados em nossa descoberta. Quanto mais *sattva* tivermos em nossa vida particular, mais nos envolveremos com a descoberta direta dos arquétipos. Nesse caso, estamos usando a criatividade "na busca da alma". Se tivermos *sattva* juntamente com *rajas*, nossa busca pela alma é complementada pela construção civilizacional, o que proporciona os alicerces para que toda a humanidade evolua.

Como podemos aumentar nossa motivação sendo criativos? Por meio daquilo que o filósofo Sri Aurobindo chamou de purificação de *sattva*. Inicialmente, quando o nosso *sattva* é ainda impuro, o domínio é de *tamas*, e tudo o que chega para processamento inconsciente são o material condicionado pelo ego e as imagens reprimidas do inconsciente pessoal. Nesse estágio, a criatividade é tudo de que somos capazes – estilo freudiano. Com a purificação do *sattva*, *raja* passa a predominar, e as imagens do inconsciente coletivo abrem-se para que as possamos assimilar; o estilo de criatividade assumido passa a ser o junguiano. Só mesmo mediante uma purificação adicional, e com o desenvolvimento de algum predomínio de *sattva*, é que nossa motivação para a criatividade se faz efetivamente conduzida pelo inconsciente quântico, pura curiosidade acerca dos arquétipos, e só então podemos investigar o processamento inconsciente a envolver território até então inexplorado.

> Queres ser criativo?
> Buscas algo,
> algum campo de exploração
> à altura de teu *dharma*?
>
> Espere o inesperado.
> Eventos de sincronicidade
> trarão a ti sapatos que te serviam.
>
> Para êxtase ainda maior,
> Purifique o teu *sattva.* *

---

* No original: *You wanna be creative? / Searching for something / Some field of exploration / That matches your dharma? / Expect the unexpected. / Events of synchronicity / Will bring you the shoe that fits. / For ever more bliss, / purify your sattva.* [N. de T.]

capítulo 14

sintonia com o universo criativo e seu propósito

Na Índia antiga havia um rei conhecido de todos, chamado Vikrama. Ele tinha em sua corte dois poetas, mas favorecia um deles, Kalidasa, em detrimento do outro. Muitos membros da corte não conseguiam ver nenhuma diferença qualitativa entre a poesia de um e de outro – um poema é um poema. Assim, um belo dia eles perguntaram ao rei: "Por que Vossa Excelência favorece Kalidasa e desconsidera o outro, ainda que ambos pareçam escrever poesia igualmente bem?" O rei prometeu uma demonstração.

A corte se reuniu no jardim do rei, estavam numa primavera ainda em estado de latência. Muitas árvores encontravam-se desfolhadas, mas uma delas parecia especialmente morta. O outro poeta, o não preferido, foi convocado primeiro. O rei disse a ele, apontando para a árvore "morta", que, por gentileza, compusesse um verso sobre o que via à sua frente. O poeta obedeceu em uma questão de segundos, e seu verso pode ser traduzido como segue: "Diante de nós há um tronco morto". Quando a Kalidasa foi dada a mesma tarefa, o seu verso foi: "Uma grande árvore, vazia de seiva, mas, pela frente, uma radiância".

A corte não mais reclamou da preferência do rei. Enquanto o poeta menor viu a composição do verso como um problema, e assim o resolveu adequadamente, Kalidasa saltou contextos. Ele pôde ver um futuro reluzente por trás da árvore desfolhada, porque ele próprio era vivo e espontâneo. Enquanto o outro poeta agia a partir de seu ego – e assim ele compôs seu poema –, Kalidasa valia-se de seu *self* quântico – o poema criado em si mesmo. No *self* quântico, ator e ação tendem a se tornar um com o campo em que a ação se dá. Nessa unicidade, existe uma intencionalidade que capacita o criativo a ver, assim como a liberdade de escolher e de expressar o extramundano onde outros veem apenas o mundano.

A natureza intencional da criatividade

Basta um pequeno pensamento para que se perceba uma concomitância comum entre todos os atos criativos, sejam eles fundamentais ou situacionais, interiores ou exteriores – intencionalidade. O propósito é um objetivo futuro que direciona o comportamento presente. Atos criativos não são o resultado de incursões ao acaso; em vez disso, eles são direcionados para um objetivo. Um ato criativo acontece quando alguém faz alguma coisa (contextual ou significativamente) de valor novo, tendo em mente algum tipo de visão futura, por vaga que ela possa ser.

Dois tipos de propósito guiam os atos humanos. O primeiro, que é o tipo comum, relaciona aquilo que se pode chamar de propósito relativo – um propósito de origem social relativo a espaço, tempo e cultura. Nossa indústria, tecnologia, governo – tudo serve a algum propósito relativo. Resolvemos problemas que nossa sociedade enfrenta, inventamos coisas para satisfazer uma necessidade ou desejo particular da sociedade – tudo para servir a um propósito relativo.

Isso se aplica não só a indústria, tecnologia e governo. Uma música pode ser certa demanda na sociedade, e inventar música satisfaz a essa demanda. Mas existe outro tipo de ato propositado que é guiado não apenas por espaço e por valores culturais, mas também por um componente que os transcende e deriva de uma fonte que reflete uma visão completamente diferente. Vincent van Gogh, sem dúvida, foi um produto dessa cultura; ainda assim ele tinha uma percepção desse tipo de propósito universal quando escreveu a seu irmão Theo:

> Sim, companheiro, quando se persevera e se trabalha sem se importar com o resto, quando se tenta honesta e livremente sondar a natureza sem perder de vista o que se tem em mente, não importando o que os outros digam, é-se invadido por um sentimento de calma e firmeza, e enfrenta-se o futuro com mais serenidade. Sim, é possível cometer erros, pode-se exagerar aqui e ali, mas o que se fizer será original (Van Gogh, 1937, p. 210).

Você sabe do que Van Gogh está falando? Além de sua motivação pessoal em direção à criatividade resultante de nossa atitude inconscientemente inclusiva das contribuições de nossas encarnações passadas, esse tipo de propósito universal desempenha um papel de orientação em todos os atos criativos – fundamentais e situacionais, interiores e exteriores.

Contudo, a confusão é algo bastante comum ao se avaliar o papel do propósito na criatividade. Não se trata de teleologia – propósito como causa final. A concepção teleológica pode levar a se pensar na criatividade em termos de continuidade, como no materialismo científico: em vez de causas passadas a guiar continuamente nossos atos e, assim, determinando-os, o propósito futuro os guia. Prevalecendo a continuidade, então, muito embora a seta causal se inverta, o determinismo retorna pela porta dos fundos. E a criatividade é antiética em relação ao determinismo.

A natureza intencional dos atos criativos não é teleológica, e sim ela própria é criativa. Existe um padrão geral de intencionalidade e desígnio em atos criativos, mas o objetivo final não está fixado. Ele é oportunista e contingente conforme a situação. O diretor de teatro Peter Brook (1968, p. 114) expressa essa ideia à perfeição:

> O que é necessário é um propósito incompleto; um propósito completo dotado de clareza sem rigidez; um propósito que seja chamado "aberto", mas contra o "fechar"... Um verdadeiro criador teatral pensará em seus projetos estando sempre em movimento, em ação, em relação com o que o ator traz à cena à medida mesma que se desvela. Quando mais tarde tomar sua decisão, melhor.

Descontinuidade, propósito, liberdade

A causa, como todo mundo sabe, é a relação do passado com o que está acontecendo no presente. O propósito, por outro lado, é a relação do futuro com o que está acontecendo agora. Um problema que se tem ao se tentar entender a natureza da criatividade – e a razão é que tanto a física clássica como a pura teleologia são explanações inadequadas para tal – é que ela parece envolver tanto causa como propósito.

É o mecanismo quântico no cérebro e na mente que permite que nossa criatividade seja conduzida tanto pela causa como pelo propósito – em certo sentido para que tenhamos nosso bolo e também o comamos.

Um sistema quântico evolui no tempo de duas maneiras. A primeira é causalmente contínua e determinista, estritamente de acordo com os ditames matemáticos da física quântica – a equação de Schrödinger (esta que se pode pensar como um algoritmo). É verdade que temos ondas de possibilidade em evolução, mas essas ondas são completamente determinadas a partir do algoritmo. Não há indeterminação aqui. Mas existe também a segunda parte do desenvolvimento temporal do sistema quântico, na qual a onda de possibilidade entra em colapso descontínuo rumo a uma experiência concreta única. Essa parte da evolução da onda quântica é indeterminada e não algorítmica (não há como predizer qual possibilidade será realizada) e parece randômica quando se examinam muitos acontecimentos.

Mas para além do caráter randômico do colapso que se tem para um conjunto de acontecimentos estatisticamente grande, tem-se também a escolha consciente para o colapso de um acontecimento individual. Essa escolha, quando feita na consciência quântica que se manifesta como *self* quântico, é completamente livre. A consciência pode usar essa liberdade de escolha – e efetivamente a usa – para injetar propósito em um ato criativo.

A evolução criativa do cosmos e o propósito cósmico

Talvez lhe tenha ocorrido a alegoria da caverna de Platão, pela qual nos encontramos acorrentados assistindo a sombras numa parede de caverna que é o mundo fenomênico de manifestação (Platão, 1980). Mas o que estaria moldando as sombras? São as formas arquetípicas de um universo criativo transcendente que molda essas sombras, mas não podemos ver as tais formas em si mesmas, condicionados que estamos a olhar apenas o que está diante de nós, apenas nas sombras (Figura 23).

Os filósofos da Índia elaboraram um tanto mais profundamente a mesma noção. Eles têm um conceito chamado *nirguna Brahman*, que significa consciência indivisa, não qualificada; em nirguna Brahman nada jamais acontece. Mas há que lembrar também de *saguna* Brahman, consciência com qualificações – temas arquetípicos possíveis, significados possíveis da mente, movimentos possíveis de um universo vital que equivalem a uma espécie de matriz da forma biológica: os campos morfogenéticos. Podemos reconhecer essas qualificações à medida que o "mundo sutil", que aqui já foi introduzido, é representado

Figura 23. A caverna de Platão. A sombra projetada na parede da caverna se deve aos arquétipos por trás de nós, que, atados, presos que estamos, não conseguimos ver. Em última instância, a luz é a única realidade.

na qualificação final como consistindo no mundo material denso de manifestação. É a aquisição dessas qualificações ou limitações que Aurobindo (1996) chama de involução da consciência.

Uma parte importante do tema coletivo de consciência qualificada são as leis de manifestação. Com o advento de uma nova ciência, as leis de manifestação estão ficando claras. O universo inteiro, diz o físico Stephen Hawking (1990), é uma onda de possibilidade quântica; ele evolui em possibilidade. Mas daí surge a questão: quem/o que faz o universo entrar em colapso do domínio de possibilidades para a experiência concreta? A resposta está na autorreferência (ver Capítulo 5).

O universo evolui em possibilidade até chegar, em um dos universos possíveis, na possibilidade de seres sensíveis: aí se tem a origem da autorreferência. Só então ocorre a primeira mensuração quântica do universo, e só então aquele caminho particular se torna manifestado (Goswami, 2008a). Estamos aí por causa do universo, e ele está aqui por causa de nós! Essa circularidade essencial é parte e parcela de nossa autorreferência.

A manifestação da autorreferência – a divisão aparente da consciência em uma parte que vê e a outra que é vista – é necessária para que a consciência vivencie a si própria e a seus temas (amor, beleza, justiça etc.), significados e ao movimento dos campos morfogenéticos – os sentimentos. "Não podemos escapar do fato de que o mundo que conhecemos é construído para se ver a si mesmo (e, assim, de um modo que seja capaz de ver a si mesmo)", diz o matemático G. Spencer Brown (1977), "mas para fazê-lo, evidentemente, é preciso em primeiro lugar se seccionar em pelo menos um estado que vê, e em pelo menos outro estado que é visto".

Os temas da consciência se mantêm como arquétipos não manifestos até que a matéria com que ele se manifesta evolui em suficiente complexidade. Uma vez se originando a vida autorreferencial, esses temas começam a se manifestar à medida que a evolução se inicia. De início, manifestam-se apenas temas simples como as funções biológicas de sobrevivência e manutenção. Temas, porém, continuam a se manifestar com glória cada vez maior à medida que a vida evolui, provendo testemunhos da criatividade intencional da consciência (Goswami, 2008b).

Então, um dia, a capacidade de mapear a mente provedora de significado evolui na forma do neocórtex, e a consciência do *self* daquele dia dá um salto gigantesco – a capacidade de conceitualizar a si mesmo por meio da mente manifesta como separada do mundo, bem como de ser consciente daquela qualidade de separação que surgiu. Seres conscientes de si mesmos como nós não apenas são capazes de manifestar os temas intencionais da consciência, mas também são conscientes de sua criatividade em razão do poder da mente.

Tornamo-nos mais criativos na vida quando reconhecemos que o propósito cósmico tenta agir por meio de nossa vida e quando nos tornamos alinhados com o propósito cósmico. Conforme observou Nikos Kazantzakis, faz-se necessário abrir um leito de rio pessoal pelo qual o universo possa fluir.

Personalizar a intencionalidade do universo: sensibilidade criativa e nuança

O poeta Rabindranath Tagore (1931, p. 93) descreve uma experiência de sua infância que exemplifica perfeitamente o que tento dizer aqui:

Ainda me lembro do dia em que, na minha infância, eu me vi num embate com as lições de minha primeira cartilha, cheia de palavras, mas sufocadas com a minha dificuldade de soletrar. A hora da manhã me pareceu uma página outrora iluminada, cresceu poeirenta e desbotada, descolorida em marcas irrelevantes, manchas e lacunas, numa ambiência cansativa em sua ausência de significado carcomida por traças. De repente, veio-me a sentença em rimas de palavras combinadas, que pode ser traduzida assim – "Chove, tremulam as folhas". De uma só vez eu vim ao mundo no qual recuperei o pleno significado de mim mesmo. Minha mente tocou o reino criativo de expressão, e naquele instante eu já não era um mero estudante, na boca o entrave de lições tantas de alfabetização, e fechado na sala de aula. Bem diante de meus pensamentos, a imagem rítmica das folhas tremulantes batidas pela chuva abriu o mundo que então já não se limitava a trazer informações, mas era harmonia com o meu ser. Os fragmentos desprovidos de significado tinham perdido seu isolamento individual, e minha mente regozijava-se na unidade da visão. De maneira semelhante, naquela manhã na cidade, minha vida subitamente se mostrou uma luminosa unidade de verdade. Todas as coisas que pareciam como ondas vazias foram reveladas à minha mente como um mar ilimitado. Eu tinha certeza de que algum Ser que compreendia a mim e ao meu mundo estava buscando a sua melhor expressão em todas as minhas experiências, unindo-as numa individualidade em eterna expansão, que é uma obra de arte espiritual.

Está claro que, nessa experiência, Tagore encontrou um propósito pessoal para a sua arte em harmonia com o propósito universal de um "Ser que compreende a mim e a meu mundo".

Quando Einstein tinha 5 anos, estando acamado, seu pai lhe presenteou com uma bússola. O fato de que a agulha apontava para o norte independentemente de como ele a posicionasse causou forte impressão no garoto. De acordo com o físico Gerald Holton, a experiência do Einstein criança com a bússola lhe proporcionou um de seus motes de busca futuros – a continuidade. Eu já acho que foi muito mais que isso. O fato de que a agulha apontava para o norte independentemente de como se a virasse provocou no garoto Einstein o senso de maravilhamento diante da natureza do universo, que acabou por direcionar suas buscas científicas no curso de toda a sua vida. Sobre sua pesquisa, Einstein afirmou: "[Meu desejo era] experimentar o universo como um todo único significativo".

Nos cadernos de anotações de Darwin, o psicólogo Howard Gruber descobriu a imagem recorrente da árvore da vida – uma "imagem de amplo escopo" que parecia exercer influência profunda na pesquisa de Darwin (Gruber, 1978). Acho que a imagem da árvore da vida nos cadernos de Darwin é uma reflexão do sentimento darwiniano de unicidade com o propósito universal da evolução. Na árvore da vida, Darwin vislumbrou a grande escala de pesquisa biológica: "A grande questão que todo naturalista deve ter diante de si ao dissecar uma baleia, ou classificar um ácaro, um fungo ou um protozoário ciliado é "quais são as leis da vida?". A sintonia de Darwin com o universo intencional o conduziu à sua teoria da evolução.

"É a descoberta de minha relação com o universo... que impulsiona minha tradução", disse a poeta/artista Carolyn Mary Kleefield. Aos 7 anos, Kleefield viu partículas de poeira dançando à luz do sol, que se emitia em um raio por uma janela. Isso originou sua primeira expressão criativa e a conduziu também a uma vida toda dedicada à criatividade.

O autor John Briggs (1990) crê que a relação pessoal com o universo proposto, que as pessoas criativas descobrem, deve-se a sua extrema sensibilidade a nuances; elas veem um mundo sutil de significado em acontecimentos que pessoas comuns não percebem. Tome--se o caso do escritor Henry James. Certa vez, ele estava num jantar quando uma mulher fez um comentário de uma briga entre mãe e filho sobre uma propriedade. Peça de conversação trivial? Não para James, que ali vivenciou uma nuança – sentimento no qual o liame de toda uma história vem até ele, que então começou a escrever *Os espólios de Poynton*, como resultado de sua sensibilidade criativa.

Virginia Woolf descreve sua primeira experiência infantil de nuança com um imaginário bastante vivo:

> Se a vida tem uma base na qual repousa, se ela é uma bacia que se enche, enche e enche – então a minha bacia, sem sombra de dúvida, repousa nesta lembrança. É a de me encontrar deitada, meio adormecida, meio desperta, na cama da enfermaria de St. Ives. E ouvir as ondas quebrando, uma, duas, uma e duas, por trás da cortina amarela. De ouvir a cortina lançar a sua bolotinha pelo chão à medida que a esvoaça o vento. De deitar e ouvir esse respingo e ver essa luz, e sentir a quase impossibilidade de eu estar aqui; de sentir o mais puro êxtase que eu seja capaz de conceber.

Aquelas ondas da primeva experiência de Virginia lançaram sua mansa influência sobre dois de seus maiores romances, *Rumo ao farol* e *As ondas*.

O que acontece nessas experiências de nuança? Elas são acontecimentos de percepção-consciente primária – um encontro passageiro com o *self* quântico, um olhar de relance na não localidade quântica. Tal encontro conduz a uma visão mais ampla (produzindo imagens de escopo bastante amplo). Na verdade, evento como esse teria o êxtase de uma experiência de pico, incitando um sentido pessoal de intencionalidade em sintonia com o propósito do universo.

Quando você era criança, vivenciou a nuança muitas vezes, mas é provável que não se lembre. Ninguém lhe falou sobre a importância desse tipo de sensibilidade para o mundo, e você a manteve em segredo até esquecer dela.

Briggs acredita que o desenvolvimento inicial da sensibilidade de nuança seja crucial. Mas a pergunta contundente é: "Você seria capaz de tornar a desenvolver aquela sensibilidade criativa agora? Eu acho que você pode. Potencialmente você é o *self* quântico, mas é de maneira equívoca que se identifica apenas com o ego! A fim de ser sensível com o mundo, de novo você precisa dar vida a seu *self* quântico, como quando era criança; esse reencantamento é o objetivo da criatividade interior. Existem muitos exemplos desencadeadores tardios da criatividade. Personalizar o propósito do universo é a chave, e é algo que pode ser feito a qualquer idade.

Personalizando o propósito universal, o espírito criativo dos arquétipos da consciência quântica se manifesta na tentativa do *self* quântico de lhe guiar. Você encontra então ressonância nestas linhas de William Wordsworth, que sentia ter recebido o dom "de olhar dentro da vida das coisas".

> A mente do homem é configurada e erigida
> Tal como uma melodia. Creio
> Haver espíritos que, quando formam
> Um favorito ser, desde a aurora
> Da infância abrem as nuvens
> Como ao toque do relâmpago, buscando-o
> Com visitação suave – poderes silenciosos,
> Recolhidos, e raras vezes reconhecidos, gentis, no entanto,
> E para cada meandro não ignorado –
> Comigo, ainda que raramente, em meus dias de menino
> eles comungavam.*
> (Wordsworth, Abrahms & Gill, 1979)

---

* No original: *The mind of man is fashioned and built up / Even as a strain of music. I believe / That their are spirits which, when they would form / A favored being, from his very dawn / Of infancy do open out the clouds / As at the touch of lightning, seeking him / With gentle visitation – quiet powers, / Retired, and seldom recognized, yet kind, And to the very meanest not unknown – / With me, though rarely, in my boyish days / They communed.* [N. de T.]

Para transcender o conflito e a ambivalência

O conflito está na natureza da modalidade do ego. Queremos perpetuar o ego, buscar o "numero uno" que pensamos ser. Mas também queremos essas coisas que fazem ser o *numero uno* tão prazeroso – amor, criatividade, beleza. Elas, porém, não se encontram no domínio do ego; sua exploração demanda a modalidade quântica. Queremos amar, mas também queremos manter nossa condição de indivíduos separados e nosso controle. Queremos ser criativos, mas não queremos abrir mão de nosso modo de operação marcado por raciocínio contínuo e passo a passo, construído a partir de condicionamentos do passado. Queremos o fruto do ato criativo, mas não queremos a agonia de uma questão candente nem a incerteza da espera. Queremos apreciar a beleza, mas não queremos renunciar à mente ajuizadora que a quantifica. Essa dinâmica do ego, conduzida por nosso sentido de separação e ambição, entra em conflito com nossa dinâmica quântica estabelecendo a experiência da ambivalência. Encontramo-nos despedaçados entre dois amantes, e assim, divididos, não conseguimos agir livremente.

Mas existe energia em conflito; existe intensidade no compromisso com a ambivalência. Não podemos agir na modalidade quântica simplesmente por desejá-la, mas a energia e intensidade do conflito podem nos catapultar ao ser quântico. Isso é o que as pessoas criativas tentam realizar a partir de seus conflitos; onde outras pessoas veem conflito, elas veem possibilidade. Onde outras se encontram enclausuradas em sua separação, as pessoas criativas conservam a fé, porque descobriram a nuança; vivenciaram a unidade de seu *self* quântico nos atos do passado criativo. A fé do criativo é comumente recompensada pelo ato criativo que provê integração, síntese que se dá a um só tempo no objeto de criança e na mente do criador. O resultado é a transformação. Essa capacidade de transformação é o que John Briggs (1990) chama de "omnivalência", e o poeta John Keats de "capacidade negativa".

É surpreendente que o ato criativo possa transformar, ainda que cruelmente. O diretor de cinema russo Sergei Eisenstein foi obrigado a retratar a crueldade em seus filmes. Em sua infância ele sofrera abusos, e a crueldade se tornou um tema nuançado para ele. Ele assistiu a um filme francês que emprestou mais clareza à sua visão. No filme, um prisioneiro, sargento, trabalhando numa fazenda, foi marcado no ombro como punição por fazer amor com a mulher do fazendeiro. Uma estranha transformação aconteceu quando Eisenstein assistiu àquela crueldade – ele já não tinha certeza sobre quem estaria sendo cruel com quem:

> Durante a infância, aquilo [o filme] me causou pesadelos... Algumas vezes eu era o sargento, outras vezes o ferro em brasa. Eu agarrava o seu ombro. Às vezes me parecia ser aquele ombro. Outras vezes eu era ainda outra coisa. Eu já não sabia quem estava queimando quem (citado em Briggs, 1990, p. 117).

Aí é que está: na modalidade quântica, mesmo o mal não está separado de nós. Quando o percebemos criativamente, o mal pode ser transformado. A transformação integral que se deu na própria psique de Eisenstein acabou por capacitá-lo a usar o horror da crueldade para produzir grande beleza em seus filmes. Um dos mais célebres é *O Encouraçado Potemkin*. Assista-o, e você constatará o que estou dizendo.

Então, por que apenas uma reduzida parcela de crianças – todas com potencial criativo – crescem adultos que desenvolvem sua criatividade? Briggs afirma que só mesmo os capazes de permitir sua ambivalência e omnivalência para uma catalização cruzada são os que têm sorte. Mas aqui, de novo, isso não representa, necessariamente, um traço de personalidade que só as crianças podem adquirir.

Como a maioria das crianças, você provavelmente já encarou crises como situações de perigo e acabou perdendo oportunidades. (O epigrama chinês para crises representa a um só tempo o perigo e a oportunidade. Certo, mas de que modo tantas crianças chinesas adquirem a omnivalência como traço de personalidade?) Você seria capaz de mudar seu caminho, sua atitude, seu modo de proceder hoje, agora? Sim, você pode. Mais adiante, abordarei a questão da possibilidade de usar relações íntimas para transformar o veneno do conflito no néctar do amor (ver Capítulo 18). E esse é apenas um exemplo.

O resultado dessa jornada de transformação é enorme. À medida que equilibramos nossos circuitos cerebrais negativos instintuais com os circuitos cerebrais emocionais de transformação servimos, pois, ao movimento evolucionário da consciência, que deve ser o de abrir toda a humanidade para as energias do amor.

Shakespeare conhecia esse aspecto de transformação da criatividade quando escreveu *A tempestade*. A criatividade pode metamorfosear a matéria horrível de um cadáver em "algo rico e estranho", escreveu ele. Mas nosso ego racional tem de produzir a alquimia de nossa modalidade quântica. Terminarei este capítulo com a canção de Ariel em *A tempestade*:

Teu pai está a cinco braças.
Dos ossos nasceu coral,
dos olhos, pérolas baças.
Tudo nele é perenal;
mas em algo peregrino
transforma-o o mar de contínuo.
O sino das ninfas soa:
Dim, dim, dão!
Escutai como reboa: Dim, dim, dão! *

---

* Extraído da versão e-book, edição brasileira, coleção Ridendo Castigat Mores (2002).
[N. de T.]

PARTE 4

ALGUMAS ESFERAS IMPORTANTES DA CRIATIVIDADE: PESSOAS, PROCESSOS E O FUTURO

capítulo 15

criatividade na ciência e mudanças de paradigma

Iniciaremos nossa investigação das esferas individuais da criatividade, voltada a pessoas criativas e suas experiências nessas áreas segundo a perspectiva da ciência. Por que da ciência? Em primeiro lugar, é a ciência que nos confere a visão de mundo limitada do materialismo científico, e é também a ciência que a está corrigindo. Se existe um pré-requisito de entrada na criatividade, esse pré-requisito é a mente aberta. O grande físico Richard Feynman, porém, admitiu abertamente: "A imaginação científica é imaginação na esfera de uma camisa de força [do materialismo científico]". Não admira que hoje todos lamentem a perda da criatividade e da inovação na ciência e na tecnologia. Felizmente, está em curso em nossos dias uma mudança de paradigma, e essa mudança dá mostras na ciência. Ao estudá-la, pode-se ter em primeira mão a ideia da dinâmica em que se configura a atual mudança não só na ciência, mas em todos os campos do empreendimento humano.

Em segundo lugar, há toda uma série de dados sobre a criatividade científica. Os dados revelam que a ciência se vale dos três modos de investigação: criatividade fundamental, criatividade situacional e solução mecânica de problemas. O papel de cada um deles é que é diferente.

O processo criativo na ciência

O processo criativo é uma interação entre a consciência de nosso ego, da qual estamos conscientes, e da consciência quântica, da qual não temos percepção-consciente. É também um encontro entre nosso ego e o *self* quântico. Os dados mostram que diante da função do processamento inconsciente e da ação de um *insight* repentino, nossa atitude não deve ser de desconfiança. A amparar tanto um como o outro existem muitos testemunhos confiáveis.

Os sonhos não são a seara do pensamento racional contínuo. Além disso, o êxito da psicologia profunda na análise de sonhos mostra-nos que o inconsciente desempenha um papel importante em nossa vida onírica. Existem fortes evidências de irrupções criativas a ocorrer enquanto sonhamos, e elas proporcionam evidência definitiva do processamento inconsciente em criatividade científica. O átomo de Bohr foi concebido em sonho. É de autoria do químico Dmitry Mendeleef, que descobriu a famosa tabela periódica dos elementos químicos (meio de classificar os elementos químicos), o seguinte relato: "Em sonho vi uma tabela na qual todos os elementos ocupavam um espaço, um espaço necessário e adequado para cada um deles". O matemático Jacques Hadamard relatou ter descoberto soluções para problemas persistentes "no exato instante em que subitamente acordei [de algum sonho]".

A espera passiva também funciona, como no exemplo do químico, laureado pelo Nobel, Melvin Calvin:

> Um dia estava eu esperando no meu carro enquanto minha esposa fazia algumas compras. Durante alguns meses eu tinha já alguma informação e dados do laboratório que se mostravam incompatíveis com tudo o que, até então, eu sabia sobre o processo de fotossíntese. E ali estava eu, sentado ao volante, estacionado provavelmente em zona azul, quando de repente me veio a compreensão do composto perdido. Foi assim mesmo que reconheci aquela ideia: de repente; e, também de repente, numa questão de segundos, o caráter cíclico da trajetória do carbono apareceu para mim, não nos detalhes, como mais tarde ela veio a ser elucidada, mas eu tive o seu reconhecimento original... (citado em Vaughan, 1979).

Einstein certa vez perguntou a um psicólogo de Princeton: "Por que tenho minhas melhores ideias pela manhã, enquanto faço a barba?". O psicólogo respondeu que a consciência precisa afrouxar os controles internos para que novas ideias possam surgir (May, 1976). Aí é que está. Na consciência de vigília comum, os controles interiores do ego, exercidos por via de experiências da percepção-consciente secundária, alijam todas as experiências primárias pré-conscientes por meio das quais o *self* quântico "se comunica" conosco (em nosso ego).

Quando estamos relaxados – o barbear-se é um bom exemplo, assim como os sonhos e devaneios, ou quando esperamos alguém ou alguma coisa –, a experiência primária pré-consciente irrompe, provocando o encontro criativo e o *insight* que daí resulta.

A criatividade durante os sonhos, devaneios ou em momentos de despreocupação e relaxamento é a melhor prova de que efetivamente existe processamento inconsciente e descontinuidade em uma corrente de consciência – que de outro modo seria contínua, durante o processo de criatividade. Contudo, há relatos não menos impressionantes de pensamentos criativos descontínuos que ocorrem durante a fase de trabalho da dinâmica dual de relaxamento, quando se está envolvido com uma atividade. Por exemplo, Niels Bohr contou ter descoberto a importante ideia do "núcleo composto" – um persistente estado de excitação formado por um núcleo atômico quando bombardeado por nêutrons de baixo nível de energia – enquanto ouvia e atazanava um palestrante em um seminário sobre tema relacionado. James Watson e Francis Crick descobriram o significado de fotografias de difração da molécula de DNA em termos da estrutura em dupla hélice da molécula durante uma sessão de intenso trabalho.

Os pesquisadores Willis Harman e Howard Rheingold (1984, p. 27), em seu livro *Higher creativity*, comentam sobre a frequência com que os criativos empregam uma frase bastante sugestiva para descrever a descontinuidade de seus atos criativos:

> As expressões "como um raio" ou "num lampejo" sempre tornam a ocorrer nas descrições em primeira mão [do ato criativo]. Não há dúvida de que essa é uma observação repetidamente confirmada por fontes independentes e confiáveis; é uma chave para o estado em que ocorrem *insights* profundos.

O matemático Karl Fredrick Gauss dá um exemplo dessa descrição do ponto de vista de um cientista:

> Até que finalmente, há dois dias, obtive êxito, não por causa de meus penosos esforços, mas pela graça de Deus. Como num súbito facho de luz, aconteceu de o enigma ser resolvido. Eu mesmo não consigo dizer de que modo estavam conectados o fio condutor tal como eu o conhecia com o que possibilitou o meu êxito (citado em Hadamard, 1939, p. 15).

Note-se a insistência no papel da "graça de Deus". Isso indubitavelmente reflete o apurado senso de causação descendente percebido pelo criativo, que sabia que ele não estava chegando a uma descoberta em razão de algo que ele fizesse em sua consciência de ego, em algo como um pensar consciente e passo a passo.

Por fim, eu gostaria de enfatizar que de modo algum é necessário pressupor que um ato criativo seja o resultado de um momento único de *insight*. Um *insight* repentino descontínuo muitas vezes é parte de uma série de importantes *insights* repentinos.

Paradigmas e mudanças de paradigmas

Niels Bohr disse certa vez que a teoria de algum cientista era teoria maluca – mas não maluca o suficiente para estar certa! Uma solução criativa tem de ser "suficientemente maluca" para implicar um novo significado ou para inaugurar um novo contexto. O trabalho de Bohr sobre o átomo certamente satisfez o seu próprio critério. Isso considerado, o salto quântico foi uma ideia louca; ele violou a noção comumente aceita da continuidade do movimento na física clássica. No entanto, mudar o contexto do movimento atômico da continuidade para a descontinuidade é revolucionar nossa visão de mundo. Quando o salto quântico de Bohr se desenvolveu assumindo a forma de uma física quântica plena, a descontinuidade se manteve e tornou óbvios os pressupostos básicos da física antiga; tornou-se o núcleo do que o filósofo Thomas Kuhn (1970) chamou de mudança de paradigma da física antiga para a nova física e para uma nova ciência idealista. Para mudar paradigmas faz-se necessária uma criatividade importante, que em seu bojo traz a mudança dos próprios contextos que condicionam modos de pensar em determinada esfera de atuação.

Portanto, é preciso uma criatividade acentuada para ampliar um paradigma em direção a novas esferas de experiência. A teoria da relatividade de Einstein é um exemplo. Ela não modificou os postulados que são a base da física newtoniana, como a continuidade ou o determinismo e a causalidade, mas ampliou a física antiga para o âmbito dos objetos de alta velocidade – objetos cuja velocidade é próxima da velocidade da luz. O interessante é que essa extensão engendrou uma nova perspectiva sobre nosso modo de ver o tempo. Antes da relatividade o tempo era visto como absoluto – tudo acontecia no tempo, que se mantinha como independente de todo o resto. Mas a relatividade reduziu o tempo, redimensionando-o; em última instância, o tempo é relativo, ele depende do movimento. Ao final, portanto, chegou-se à relatividade de toda matéria manifesta.

Aí se tem algo de fundamental relevância sobre mudanças de paradigma e extensões de paradigma na ciência – novos temas são descobertos e explorados em maior profundidade no entrejogo com o mundo. A velha física newtoniana, que veio substituir a física medieval aristotélica, legou-nos os temas do determinismo causal, da objetividade, e tais temas de pronto se revelaram na conduta da matéria macroscópica tão logo aprendemos a olhá-la e analisá-la. A nova física quântica trouxe os saltos quânticos e a não localidade para a física juntamente com a ideia de causação descendente pela consciência (que, como vimos, abriu as portas para a atual mudança de paradigma na ciência), deixando para os temas antigos uma validade apenas contingente. De modo similar, a teoria da relatividade substituiu o tema dos absolutos pelo novo tema da relatividade em cada um dos contextos manifestos, e isso inclui espaço e tempo.

A grande maioria dos trabalhos científicos, contudo, consiste em trabalhos realizados sob a égide de um paradigma. Existe criatividade na busca de um paradigma? Sim, mas trata-se, na melhor das hipóteses, de uma criatividade situacional; a busca de paradigmas dá-se o mais das vezes como forma de solução mecanicista para problemas que se apresentam.

Estudo de caso: a história de Einstein e a relatividade

Einstein não deixou manuscritos detalhados de seus processos. Mas houve um tempo em que o interesse pelo seu processo criativo conheceu um verdadeiro *boom*, e as pessoas passaram a questioná-lo – ainda era vivo. As lembranças que ele pôde relatar se mostraram um tanto vagas, e ele não conseguia reproduzir assuntos controversos que dissessem respeito à questão sobre até que ponto ele fora original e revolucionário. Não obstante, sabe-se o suficiente sobre como se desdobrou seu pensamento para que possamos advogar em favor da teoria quântica do processo criativo.

Primeiro de tudo: teria Einstein descoberto a teoria da relatividade tão somente pelo pensamento racional e algorítmico? De fato, há pesquisadores que pensam dessa forma. E por que não? Se efetivamente existe um bom exemplo do qual podemos nos valer para defender o poder do pensamento contínuo e consciente, é o caso de Einstein. O seu aluno e colaborador Banesh Hoffmann relembrou:

Einstein levantaria calmamente e diria, em seu inglês com sotaque: "Quero pensar um pouco". Depois se poria a andar um pouco, para lá e para cá, em círculos, o tempo todo meneando a longa cabeleira encanecida, e com o indicador fazendo um cacho nela. Nesses momentos de grande intensidade, eu e Infeld [outro físico colaborador de Einstein] mantínhamos um completo silêncio, sem ousar o menor movimento nem emitir som algum, para não interromper seu fluxo de pensamento. [Longos minutos depois, de súbito] Einstein já se mostrava visivelmente relaxado, um sorriso a lhe iluminar o rosto... Ele nos vinha com a solução do problema, e quase sempre a solução funcionava (citado em Holton, 1979).

É fácil teorizar e especular que Einstein teria acesso a algoritmos ocultos, inacessíveis ao restante de nós, com os quais ele fazia suas descobertas tão singulares, e aí se inclui a teoria da relatividade.

Ocorre que essa tese, favorável à exclusividade do procedimento algorítmico, não se sustentará se levarmos em conta o conjunto das ponderações de Einstein. Com frequência ele insistiu que não chegava a suas descobertas só pela via do pensamento racional, e chegou a falar num senso de maravilhamento e intuição, e imaginação. Como elegantemente resumiu Gerald Holton (1979), o lema de Einstein era "viver e pensar em todas as três camadas de nosso rico mundo – o nível da experiência cotidiana; o nível do raciocínio científico e o nível do maravilhamento sentido em sua profundidade". O que Einstein vivenciou como "maravilhamento sentido em sua profundidade" é a modalidade quântica do *self* com o qual ele tinha encontros nada infrequentes. Sobre esses encontros, não raro ele expressava seus sentimentos mais profundos, e fazia-o de um modo espiritual: "Quero saber como Deus criou este mundo. Não estou interessado nesse ou naquele fenômeno, no espectro desse ou daquele elemento, mas quero conhecer quais foram os pensamentos Dele – o resto é detalhe". Em outras ocasiões ele diria: "Deus é esperto, porém não é malicioso". Na exuberância de sua criatividade, ele declararia: "A coisa mais incompreensível sobre o universo é que nós podemos torná-lo compreensível".

E agora, uma palavra sobre o processo criativo que explicitamente conduziu à teoria da relatividade (da relatividade espacial), que é uma das reestruturações da ciência mais celebradas. O estágio de preparação de Einstein consistia em cuidada e meticulosa fundamentação na física newtoniana, na teoria do eletromagnetismo de Maxwell, e também na filosofia de Ernest Mach. Em especial valendo-se da filosofia de Mach, Einstein chegou à convicção de que não pode haver algo como um movimento absoluto – a ideia de que qualquer movimento pode ser independente de outros movimentos. Nessa clave, também teve a intuição de que havia falhas profundas na concepção filosófica de espaço e tempo.

Períodos alternados de processamento consciente e inconsciente iniciaram-se já em 1895, quando ele tinha apenas 16 anos e intuía que a natureza da luz era muito especial; persistiu nessa intuição até 1905, quando escreveu o artigo sobre a relatividade. Assim como Darwin, também Einstein tinha uma interligação de empreendimentos, uma vez que durante esse mesmo período ele pesquisou a ideia de quantum de luz (o fóton) e realizou o trabalho fundamental de decifração do movimento estático das moléculas.

O primeiro mini-*insight* de Einstein em direção à teoria da relatividade resultou de experimentos de pensamento que ele realizava na adolescência: se ele viajasse à velocidade da luz, como as ondas de luz lhe apareceriam? A resposta de que as ondas de luz seriam encontradas congeladas a partir de um quadro de referência que se movia à velocidade da luz não fazia sentido para o jovem Einstein. Mini-*insight*: a luz é especial, e a teoria de Maxwell, que sugeriu que as ondas de luz se moveriam a uma velocidade de 300 mil quilômetros por segundo, mas sem especificar um quadro de referência, significa que a velocidade da luz é uma constante, à revelia de qualquer quadro de referência.

Em algum momento durante esse período em que se alternavam trabalho e incubação, Einstein pode ter tido algum contato com o experimento de Michelson-Morley, que demonstrou que o movimento da Terra através do suposto éter onipresente não provocava vento algum. Isso confirmou sua concepção de que não haveria éter onipresente relativamente ao qual o movimento poderia ser detectado – nem éter nem movimento absoluto.

Se não existe movimento absoluto, sendo o movimento relativo, o postulado segundo o qual as leis físicas são as mesmas em todos os quadros de referência em movimento relativo é algo que efetivamente fez sentido para Einstein. Mas a combinação dessa noção com seu outro *insight*, o de que a velocidade da luz não muda em razão do movimento de um quadro de referência, só fez conduzir a paradoxos e contradições. Como Bertrand Russell veio a dizer mais tarde: todo mundo sabe que a sua velocidade aumenta quando você anda de escada-rolante.

Algumas linhas das notas autobiográficas de Einstein (1979) são bastante elucidativas quanto ao próximo e significativo passo:

Pouco a pouco fui descartando a possibilidade de descobrir as leis verdadeiras mediante esforços construtivos baseados em fatos conhecidos. Quanto mais, e por mais tempo, eu desesperadamente tentava, mais eu me convencia de que só mesmo a descoberta de um princípio formal universal poderia nos conduzir a resultados garantidos.

Einstein tinha em mente um princípio formal – como as leis da termodinâmica, por exemplo: "Não há máquina de movimento perpétuo". Sua irrupção criativa sobreveio durante "duas agradáveis semanas", período em que acabou por descobrir que o tempo não é absoluto, como postulava Newton, e "irreconhecivelmente ancorado no inconsciente". Ocorre que desalojar o processamento inconsciente de tal âncora suscitava conflitos.

O reconhecimento de que o tempo é relativo foi a grande viragem de Einstein, o *insight* quântico, descontínuo, em torno do qual a *gestalt* – a *gestalt* como um todo – de suas descobertas fragmentadas fizeram sentido sem incidir em qualquer paradoxo. Com isso lhe foi possível alinhar seus pensamentos aos de seus contemporâneos (como o do físico H. Lorentz e o do matemático Henry Poincaré) – não que Einstein deliberadamente procurasse fazê-lo. Seus dois postulados, mencionados acima, poderiam ser usados de maneira lógica para fazer predições (e a célebre fórmula $E = mc^2$ foi uma dessas predições). Por meio desse processo ampliado Einstein reestruturou não só a sua própria psique, mas também a própria física.

Einstein atingiu a excelência em seu ímpeto em direção à criatividade fundamental. É com grande beleza que o poema a seguir, de Louis Zufosky (citado em Friedman & Donley, 1985), desnuda a questão que viemos tratando aqui:

Disse Albert – onde? – num desfraldar infinito:
O amargo e o doce vêm de fora,
o difícil, de seus esforços.
Quase sempre faço o que minha natureza interior
me impele a fazer
Vexaminoso é granjear tanto respeito e amor por isso.
Vivo na tal unicidade, que dolorosa é, na juventude,
mas deliciosa nos anos de maturidade. *

---

* No original: *Said Albert-where?-in infinite diapers: / The bitter and sweet come from the outside, / The hard from his own efforts. / For the most part I do the thing which my own nature / Drives me to do. / It is shameful to earn so much respect and love for it. / I live in that singleness painful in youth, / but delicious in the years of maturity.* [N. de T.]

A referência ao desfraldar infinito é especialmente eloquente, simbolizando que Einstein manteve um senso de maravilhamento infantil por toda a vida. O restante do poema se refere à verdadeira modéstia de Einstein: por que se deveria celebrá-lo por coisas que naturalmente lhe vêm (ou seja: a criatividade)? Se o trabalho apenas fosse "obter o difícil pelo seu próprio esforço" (isto é, resolver problemas com os poderes do ego racional), aí talvez seria de Einstein todo o mérito.

Um de seus relatos atesta a sua modéstia. Certa vez ele foi assistir a um filme no teatro local (em Princeton) com um pesquisador de sua equipe. Num intervalo da transmissão, os dois quiseram ir para fora, mas Einstein se mostrou preocupado porque sem as entradas (eles as tinham perdido) o porteiro não os reconheceria e não os deixaria entrar. Assim, ele insistiu para que o porteiro os encarasse bastante. Ao que este respondeu "mas é claro", divertindo-se imensamente. "Sim, professor Einstein", disse sorrindo, "pode deixar, eu vou reconhecê-lo."

Diálogo com um jovem cientista

JOVEM CIENTISTA – O.k., você me convenceu. Os atos dos grandes cientistas, as mudanças de paradigma e as ampliações de paradigmas envolvem criatividade em todos os seus importantes aspectos – o desenvolvimento de uma questão candente, os saltos quânticos e a reestruturação. Não é verdade que graças a tais mudanças e ampliações de paradigma na ciência que a rara linhagem de cientistas que as promovem são chamados gênios? Os cientistas comuns, não tão talentosos, limitar-se-iam a... "seguir o fluxo"?

AUTOR – Discordo. Paul Dirac, físico ganhador do Nobel, afirmou que durante a revolução quântica que sacudiu a física nos anos 1920 mesmo os físicos "de segundo escalão" faziam um trabalho de primeira linha. O que ele tinha em mente, creio eu, é que durante uma mudança de paradigma muitos mais cientistas (e não se preocupe com a classificação "de segundo escalão", pois Dirac era mesmo um elitista) se envolvem num agir e pensar criativo pela pura e simples disponibilidade de grande quantidade de problemas cruciais que, para manifestar o *insight* criativo, requerem muita criatividade e pouca sofisticação. Em outras palavras, o que falta aos cientistas "comuns" ("segundo escalão", no dizer de Dirac) não é criatividade.

Quando um novo paradigma vem à cena, justamente por ele ser novo não há um imenso repertório de contextos e significados conhecidos para que deles se extraia alguma coisa. Por isso, mesmo cientistas "comuns" têm de se envolver criativamente para resolver os problemas suscitados sob a vigência do novo paradigma. É isso ou morrer na praia com o paradigma antigo. E, é claro, tem-se ali um momento de ascensão de cientistas; um momento em que eles realizam um trabalho criativo e que revela que eles não são exatamente comuns. Na verdade, eles só são comuns quando não são suficientemente desafiados.

JOVEM CIENTISTA – As mudanças de paradigma não seriam eventos raros e pontuais na história dos campos individuais da ciência? Mesmo as extensões ou ampliações de paradigmas são relativamente raras. Então, que fazer se não há nem prenúncio de mudança de paradigma em algumas ciências? Pular fora, manter-se à parte?

AUTOR – Em tempos de paradigmas estáveis, mesmo cientistas sofisticados – de "primeira linha" – têm de forçosamente se debruçar sobre problemas de segunda classe, que requerem uma resolução meramente mecanicista ou, na melhor das hipóteses, uma criatividade situacional. Vamos nós desestimular os criativos de atuar nessa ou naquela ciência em tempos de estabilidade de paradigmas? Será que é por aí?

JOVEM CIENTISTA – Sim, acho que é bem o que estou perguntando. Depois de você tanto nos incentivar a realizações criativas, não seria vexaminosos ficar agora atolado por uma mera contingência? Se não há novo paradigma no horizonte, não há um solo fértil para a criatividade. Na ciência, não podemos fabricar mudanças de paradigma a nosso bel-prazer, não é mesmo? Talvez as pessoas criativas devessem se concentrar cada vez mais nas artes, ou quem sabe enveredar numa ação de caráter eminentemente prático, como o ramo empresarial, deixando a ciência para os solucionadores mecânicos de problemas.

AUTOR – Não precisamos ser assim tão pessimistas. É claro que quando o paradigma envelhece, um modo de persistir é especializando-se. Mas isso não o impede de continuar a exercer sua criatividade, de manter fluindo a seiva da criatividade por força de um processamento quântico, em vez de buscar eficiência exclusivamente com o uso da razão. Ademais, existe sempre a possibilidade de haver um paradigma ou uma extensão de paradigma mais amplo logo à sua frente. Um exemplo é a mudança de paradigma nascente que agora se tem, da ciência materialista para a ciência no âmbito da consciência. É bem quando os graduandos em física estão se voltando para a engenharia porque sua elevada física energética já não tem nada de novo para lhes oferecer, e bem quando graduandos em biologia, da mesma forma, bandeiam para a bioenergia, vem um novo paradigma, dando esperanças de que estamos prontos para lidar com os difíceis problemas da consciência em si.

JOVEM CIENTISTA – Não vejo tantas pessoas assim migrando para estudos da consciência... A ciência está muito especializada, e o campo da consciência é interdisciplinar demais para a maior parte dos cientistas, que são especializados.

AUTOR – Os que dependem de sua intuição – e os mais criativos dependem de sua intuição – encontrarão um meio de ir aonde a ação criativa está, mesmo que isso signifique extrapolar seus campos de atuação.

JOVEM CIENTISTA – Ah... É aí que entra, para nós, jovens, a questão do apoio financeiro.

AUTOR – Sim, verdade. O onipresente poder econômico do dinheiro sobre as mentes. É fato que os cientistas que detêm um financiamento considerável tendem a enfatizar o *status quo*. O escritor Upton Sinclair disse algo como "é difícil fazer uma pessoa entender alguma coisa quando o seu salário depende de ela não entender".

Mas veja a situação dos adeptos de paradigmas antigos quando jovens se recusam a acompanhá-los no trabalho que realizam feito "o caminho da roça". Nos anos 1960, muitos jovens abandonaram a roda-viva econômica. Alguns deles se tornaram hippies sem jamais voltar ao furor da máquina produtiva. Mas para muitos deu-se uma revolução especial no campo acadêmico – uma liberalização de posicionamentos. Em última instância, o que fariam os agentes políticos e as corporações sem pessoas capazes? Se os capazes e inteligentes insistirem nas oportunidades criativas, a sociedade terá de responder a isso. Por outro lado, quando você é levado a aceitar o caminho aparentemente mais fácil, é pego na armadilha não criativa.

JOVEM CIENTISTA – Para você é fácil falar. Vem de um país onde as necessidades materiais não são muito enfatizadas. Aqui as pessoas já crescem em meio a um condicionamento social de cunho materialista, para que sejam materialistas. Somos humanos, isto é, frágeis e gregários, e exatamente por isso aceitamos um bom emprego mesmo que seja um trabalho repetitivo, insano.

AUTOR – Mas jamais comprometa a sua liberdade criativa. É bem aí que você tem de lidar com uma fronteira delicada. Resista, medite, esteja aberto para a liberdade criativa de sempre explorar significados. A oportunidade está aí, para jovens cientistas. Não do modo como você espera – com um caminho bem definido e um esforço bem recompensado... –, mas certamente você pode levar a vida de um modo ou de outro envolvendo-se em um novo paradigma científico.

JOVEM CIENTISTA – Certo. Digamos, para efeito de argumentação, que eu finalmente fosse contratado por um importante laboratório de pesquisa que realiza estudos no âmbito da consciência. O problema de se lidar com o *establishment* continuaria. É que sempre haverá pessoas lhe dizendo o que fazer – e o que não fazer. Isso vale para a ciência materialista, e valerá também para pesquisas no âmbito da consciência.

AUTOR – Você realmente quer acatar as leis e regras todas que estão aí? Veja o conselho do Nobel em Física Isidor Rabi (1975):

> Aos nossos alunos nós não ensinamos o bastante sobre o conteúdo intelectual de experimentos – seu caráter de novidade e sua capacidade de abrir novos campos... Minha convicção pessoal é a de que essas coisas você aprende pela sua própria experiência. Você faz um experimento porque a sua própria filosofia o faz querer saber o resultado. É bem difícil, e a vida é curta demais para perder tempo fazendo algo porque outra pessoa disse que é importante. Você mesmo tem de sentir o caminho que é seu.

Se você não sentir que certa questão deva ser investigada, que ela é importante, não o faça. Dê um tempo. Já tentou se comprometer com sua própria liberdade? Existem movimentos de consciência sutis, sincronicidades, e eles nos ajudam. Não estamos sozinhos em nosso esforço pela atividade criativa.

JOVEM CIENTISTA – Certo... De novo, a título de argumentação, digamos que o diretor do laboratório permita que eu leve adiante o meu próprio e novo experimento (ou teoria). Acontece que o trabalho criativo demanda um tempo enorme (pense nos projetos de Einstein...). Minhas publicações vão ficando rarefeitas... No atual modelo econômico de atividade científica, que literalmente mede o sucesso em termos de produção quantitativa, eu deixo de satisfazer o critério de excelência. Como eu não tenho estabilidade no emprego, acabo despedido. O que pode haver de bom aí?

AUTOR – Muito interessante essa sua observação. O novo paradigma está em via de ocasionar mudanças na própria economia, e uma consequência disso estará em avaliar o êxito de outra maneira, eu creio. Isso me faz lembrar por que Buda falava em "meios habilidosos" eras atrás; o que ele dizia ainda é um bom conselho. Você tem de fazer o trabalho convencional como forma de anteparo, ser útil aos outros, esse tipo de coisas. Até conquistar a estabilidade.

JOVEM CIENTISTA – Mesmo as pessoas que detêm estabilidade não recebem fundos se não produzem, se seu trabalho não recebe a aprovação de seus pares. E se meu trabalho criativo demorar em ser aprovado? E se o novo modelo econômico levar muito tempo para se firmar?

AUTOR – Bem, é um risco que você corre. Se assumir esse risco, descobrirá que vale a pena. Estará melhor com seus propósitos, com a sua consciência. A criatividade é a sua própria recompensa. Pode parecer banal, por ser algo tantas vezes repetido – mas é verdade. O "bom" da vida, o que a torna excitante, não é vivê-la a serviço de nossos genes ou dos circuitos cerebrais. O bom da vida está no uso criativo do processamento quântico inconsciente – no fazer-ser-fazer-ser-fazer.

E enquanto isso, enquanto sociedade que também somos, temos de mudar. Temos de permitir aos jovens cientistas dedicar seu tempo na busca e elaboração de questões candentes. O atual modelo econômico de produtividade incentiva apenas a resolução mecanicista de problemas a expensas da criatividade. Também isso tem de mudar em favor de um maior equilíbrio entre a criatividade fundamental e a situacional, entre a criatividade e a resolução mecânica de problemas. Essa é uma necessidade da ciência e da sociedade.

JOVEM CIENTISTA – Gostaria que os políticos e as corporações pudessem ouvi-lo...

AUTOR – E ouvirão. Já estão começando. Eles não vivem fora da consciência. À medida que mais e mais adentramos a nova era de uma ciência na consciência, haverá oportunidades sem precedentes para a criatividade, tanto a fundamental como a situacional. Isso é algo que vai sacudir o tapete vermelho do sistema corrente.

JOVEM CIENTISTA – Ah, a ciência na consciência. Você está antecipando que quando incluírmos o subjetivo na ciência, quando mudarmos a metafísica da nossa ciência, e portanto o modo como fazemos ciência, a epistemologia da ciência também vai mudar?

AUTOR – Bom você ter perguntado isso... Cientistas jovens como você precisam estar bem conscientes de uma mudança maior no modo como a ciência é feita, de uma mudança na epistemologia da ciência. Até agora a ciência tem sido amplamente objetiva, exceção feita à criatividade dos cientistas, que sempre têm se mantido subjetivos, como já demonstrei amplamente. Mas mesmo assim, em razão da natureza objetiva da ciência no âmbito do paradigma newtoniano, os cientistas poderiam se alijar da equação, poderiam se pôr anódinos e objetivos. A demanda da ciência dentro da consciência – a ciência idealista – está indo por um caminho bem diferente. O cientista idealista tem de estar preparado para deixar a consciência transformá-lo durante a investigação. Afinal, os cientistas investigam a verdade, um arquétipo muito poderoso para a jornada de transformação.

JOVEM CIENTISTA – O que você quer dizer com transformar? Não está sugerindo que todos nós nos tornamos praticantes espirituais da criatividade interior?

AUTOR – Isso é algo inevitável para os cientistas realmente eminentes da ciência na consciência. Veja o que os autores Willis Harman e Christian de Quincey (1994) têm a dizer:

> O caso é que a transformação na experiência a que o cientista está sujeito ao explorar a consciência é essencial para o tipo de *insight* direto e profundo demandado para que se obtenha conhecimento da psique. Sem isso, o cientista estaria cego ao fenômeno e aos processos que se encontram sob investigação. Essa "visão interna" é o ponto de partida – o *sine qua non* – de qualquer ciência da consciência verdadeira; é a fonte de dados que, mais tarde, o cientista erigirá em modelo passível de ser transmitido.

Você entende?

JOVEM CIENTISTA – Eu nunca tinha pensado nisso, mas acho que sim. É empolgante.

AUTOR – Deixe-me enfatizar uma vez mais. Nem todo jovem cientista acabará trabalhando em problemas da ciência idealista, da consciência. A visão de mundo vai mudar, mas o mundo material continuará importante para nós, sempre. E tampouco todo cientista, falando em termos realistas, tomará parte em empreendimentos criativos. Mas mesmo se você estiver envolvido em tarefas que requeiram apenas o modo mecânico de resolver problemas, haverá um caminho pelo qual até mesmo a solução mecânica de problemas possa se transformar em criatividade. E isso se dá à medida que se usa a solução de problemas para servir ao mundo – à humanidade e ao meio ambiente. A ação a serviço de outros sempre envolve afetos; sempre tangencia o *self* quântico – sua criatividade interior em sua forma mais pura –, e chegará a transformar você no processo. Não pode haver melhor incentivo à ação.

A ideia do espaço de Einstein
está além do espaço de Einstein.
As leis de Newton não estão escritas
nos corpos por elas governados.
Ideias e leis, ó criativo,
são teus companheiros transcendentes *in potentia*
esperando por ti; são atraídos para ti.

Por mais pragmáticos que possam ser os cientistas,
quando descobrem as leis da natureza,
respondendo à atração celeste,
eles sobem aos Céus.
Sim, resolver problemas é eficiência,
mas não desejarias acionar a catapulta quântica
por uma única vez? O seu próprio encontro
com esse novo contexto, com esse novo significado da ciência,
arremessar-te-á aos Céus. *

---

* No original: *The idea of Einstein's space / is beyond Einstein's space. / The laws of Newton are not written / on the bodies they govern. / Ideas and laws, oh creative, / are your transcendent companions in potential / Waiting for you; they are attracted to you. / Earthbound, scientists may be, / but when they discover the laws of nature, / responding to heavenly attraction, / they soar in heaven. Problem solving is efficient, to be sure, / but don't you wish to mount the quantum catapult / just once? Your own encounter / with this new context, this new meaning of science, / will launch you too into heaven.* [N. de T.]

capítulo 16

criatividade nas artes

Como se conhece alguma coisa? Em primeiro lugar, pela observação. Se observarmos atentamente alguém no ato da criação podemos aprender muito sobre a criatividade. Aliás, é assim que são reunidos muitos dados de pesquisa em criatividade. Em segundo lugar, podemos ler sobre dados e informações de outras pessoas (quase sempre vêm mesclados com suas teorias e ideias). Isso é conhecimento com base na autoridade de outrem. Em terceiro lugar, podemos usar a razão e o conceito para imaginar coisas. E, por último, podemos conhecer "de dentro", pela experiência direta; podemos conhecer a criatividade sendo criativos.

Pessoalmente, tenho bem poucas experiências criativas diretas nas artes, razão pela qual dependo de histórias e relatos, de observação, de autoridade, de raciocínio – ainda que o raciocínio seja o da teoria quântica – e intuição. O que dizem os artistas – músicos, escritores, pintores, arquitetos – sobre a criatividade? Muita coisa. Quando analisamos essas abordagens com observação, autoridade, intuição e raciocínio, a imagem que surge é bastante similar à do estudo da criatividade científica, mas há também diferenças.

Insight repentino e processamento inconsciente

Você já deve ter lido ou ouvido muitos exemplos de artistas falando de como seu trabalho adquire forma por meio de *insights* repentinos – saltos quânticos de pensamento. E aqui seguem mais alguns. Com frequência, o criativo reconhece a descontinuidade como auxílio divino (causação descendente), de modo semelhante, portanto, ao relatado por alguns cientistas – como vimos no último capítulo. O compositor Johannes Brahms descreveu sua experiência ao compor sua peça mais famosa; ele usou as seguintes palavras:

> As ideias fluíam rápidas em minha direção, diretamente de Deus, e eu não apenas via temas distintos no olho de meu espírito, mas elas se revestiam já com as formas que deveriam assumir na harmonia e na orquestração. E, pouco a pouco, o produto acabado a mim se revelava, encontrando-me naqueles momentos de rara inspiração (citado em Harman & Rheingold, 1984, p. 35).

E aqui, uma eloquente referência ao caráter instantâneo da criatividade pelo grande compositor Tchaikovski:

> Em termos gerais, o germe de uma futura composição vem de maneira repentina e inesperada... Crava raízes com extraordinária força e rapidez, cresce terra adentro, emite galhos e folhas, para finalmente florescer. Só consigo definir o processo criativo por essa metáfora (citado em Harman & Rheingold, 1984, p. 38-39).

Obviamente, Tchaikovski sabia que um ato criativo brota de um reino inconsciente transcendente: o subsolo é sua metáfora para um mundo inconsciente transcendente.

Em outras ocasiões artistas falaram sobre a experiência do fluxo – o encontro do ego com o *self* quântico. "É como mergulhar no lago e começar a nadar", disse o romancista D. H. Lawrence. "Uma vez que o instinto e a intuição convergem na ponta do lápis, a imagem acontece, se imagem houver."

A escritora Gertrude Stein, em conversa com o autor John Preston (1960), disse a mesma coisa: "Pense na escrita como uma descoberta, o que equivale a dizer que a criação tem de tomar lugar entre a caneta e o papel, e não antes, num pensamento, nem depois, em reformulação".

O poeta romântico inglês P. B. Shelley (citado em Harman & Rheingold, 1984, p. 35) expressou de maneira sucinta a descontinuidade da escrita poética: "A poesia não é como o raciocínio, um poder a ser exercido de acordo com a determinação da vontade. Um homem não pode dizer 'eu quero escrever poesia'. Nem mesmo o maior dos poetas poderia dizê-lo". (É claro que ele não estava falando de poesia escrita por computador.)

Existem amplas evidências de descontinuidade, de causação descendente e de processamento inconsciente no uso de estados alterados de consciência na descoberta. O romancista Rudyard Kipling muitas vezes "esboçava" em devaneio para encontrar suas ideias criativas. De maneira semelhante, do poeta romântico William Wordsworth frequentemente se diz que recorria a estados de uma consciência como que em transe, quando "o mundo à sua volta parecia irreal". O grande compositor Beethoven relatou ter chegado a um cânone enquanto sonhava.

> Sonhei que tinha partido em viagem longínqua, para a Síria ou além dela, seguindo à Judeia e voltando, então percorrendo toda a Arábia, quando por fim cheguei a Jerusalém... E durante essa viagem no sonho, o seguinte cânone me veio ao pensamento. [...] Entretanto, mal acordei, o cânone se esvaiu, e dele não consegui reter coisa alguma. Eis que no dia seguinte, [...] eu retomei a viagem do meu sonho, só que dessa vez bem desperto e... adivinhe só?! Foi bem pela lei de associação das ideias que o mesmo cânone me ocorreu; quando acordei, eu o segurei firme como se fosse Menelau agarrando Proteu, a única diferença é que ao recriá-lo tive de convertê-lo para três vozes (citado em Harman & Rheingold, p. 45).

O poeta Henry Wadsworth Longfellow descreveu da seguinte maneira a sua experiência de escrever uma balada:

> Ontem estive sentado até meia-noite diante da lareira, fumando, quando de súbito me ocorreu de escrever a "Ballad of Schooner Hesperus", impulso a que devidamente obedeci. Então fui para a cama, mas não consegui pregar o olho. Pensamentos novos me acorreram, e eu me pus a acrescentá-los à balada. Tive prazer com ela, e não me custou esforço algum. Ela não me ocorreu em linhas, mas por estrofes (citado em Harman & Rheingold, 1984, p. 46).

Note as palavras "não... em linhas, mas por estrofes". Não pouco a pouco, mas pelo todo, de maneira descontínua. A plenitude é característica da natureza quântica dos *insights* criativos (ver também a citação de Brahms, anteriormente). Mesmo quando uma ideia é apenas parte do todo de uma solução, ela atua como um "germe" para a plenitude que se seguirá.

Também existem registros de não localidade. A escritora Isabel Allende teve memorável experiência enquanto escrevia seu segundo romance, *De amor e sombras*, sobre um crime político no Chile, em 1973. Os militares tinham assassinado 15 pessoas e escondido os corpos numa mina abandonada, onde estes foram descobertos cinco anos depois, pela Igreja Católica. Sem conseguir nenhuma chave para investigar como teria se dado a descoberta, Allende compôs os detalhes da descrição com o que ela concebia ser puramente imaginados: um padre teria ouvido os detalhes do morticínio em uma confissão, foi até a mina e tirou fotos, escondendo-as sob seu pulôver azul – foi o que ela escreveu. Anos mais tarde, um padre jesuíta veio até ela e corroborou a história "imaginada" em seus mínimos detalhes – como o fato de um padre ter escondido as fotos sob um suéter azul. "Acho que deve haver uma qualidade profética ou clarividente na escrita", professa Allende, com base em sua experiência.

Pelo mesmo viés, a escritora Alice Walker, enquanto escrevia *Temple of my familiar*, sentiu-se "conectada com o conhecimento ancestral de que todos dispomos, e não era questão de tentar aprender alguma coisa, mas de lembrar". Aqui se tem uma não localidade quântica quanto à temporalidade (Bolen, Walker & Allende, 1983).

A chave para as experiências não locais em criatividade é o processamento inconsciente que o precede. É por isso que com tanta frequência aparecem em sonhos (como aconteceu com Beethoven) ou pelo menos quando se está em silêncio (como para Allende e Walker). William Butler Yeats (1960) expressou-o de maneira lapidar ao escrever sobre sua *persona* criativa:

> Como uma mosca de longas pernas sobre o córrego
> Tua mente se move sobre o silêncio. *

Paradigmas e mudanças de paradigma nas artes

Kuhn articulou o conceito de mudança de paradigma em ciência, mas eu o aplico a todos os atos criativos, como a música e a própria ciência, a representar a mudança de um paradigma atual, de qualquer

---

* No original: *Like a long-legged fly upon the stream / His mind moves upon silence.* [N. de T.]

área que seja, em um paradigma mais amplo. A revolução quântica de Bohr, de Schrödinger, de Heisenberg e companhia mudou nosso modo de ver a física clássica; o mesmo se passou nas artes, aqui segundo os autores Larry LeShan e Henry Margenau (1982, p. 38):

> Depois de Van Gogh, Rembrandt jamais seria o mesmo como foi após Delacroix. (Tampouco Newton foi o mesmo depois de Einstein.) Todo gênio que rompe com o passado opera um desvio como que em todo o escopo das formas anteriores.

O aspecto fundamental de um paradigma é a descontinuidade, a lacuna em uma visão de mundo que existe entre o antigo paradigma e o novo. Se é verdade que alguns aspectos do velho paradigma se mantêm úteis, jamais os veremos do mesmo modo. O novo contexto molda a nossa compreensão da verdade. Uma mudança descontínua se dá na maneira como olhamos para o mundo.

Contudo, existe uma diferença fundamental no modo como o conceito de mudança de paradigma se aplica às artes. A ciência é progressiva no sentido de que novas leis substituem as antigas. A validade das leis antigas – embora essas leis prossigam funcionais no escopo antigo (esse é o princípio da correspondência) – é meramente aproximada. Em compensação, nas artes, podendo ser a pintura, a música ou a literatura, a validade do antigo jamais é posta em questão. Os paradigmas antigo e novo coexistem pacificamente, cada qual tendo o seu próprio direito.

Podemos aqui sacar Picasso como exemplo. Ele deu início ao novo paradigma do cubismo observando um objeto de diferentes perspectivas – na mesma obra de arte. Esse novo paradigma reflete o caráter multidimensional da cultura do século 20 e muda para sempre o modo como apreciamos toda e qualquer arte, presente e passada, sem jamais diminuir nossa apreciação da antiga.

Na dança, até o século 20 no Ocidente, havia apenas dança folclórica e balé clássico no formato dança que poderia ser algo próximo de um paradigma. Quando Martha Graham, no final do século 20, passou a desenvolver um novo paradigma, a dança moderna, ela rompeu com a tradição, trouxe à luz um novo contexto. Em suas próprias palavras:

> Se nos esforçarmos para imitar deuses – faremos danças divinas. Se nos esforçamos para fazer parte da natureza representando forças naturais em forma de dança – ventos-flores-árvores... [A dança moderna] não foi feita com o propósito perverso de dramatizar a feiura ou conspurcar a

tradição sagrada... O que houve foi uma revolta contra formas ornamentais de dança impressionista (citado em Gardner, 1993).

Mas a dança moderna não afeta a nossa apreciação nem do balé nem das danças folclóricas.

A ciência é progressiva também no sentido de Newton, "se vi de longe foi por estar de pé sobre os ombros de um gigante". Falando estritamente do caso das artes, não é preciso se pôr nos ombros de gigantes. Certo, o antigo pode ensinar técnicas, mas o modo como a técnica é aplicada para captar o significado de um tema arquetípico é tema que depende inteiramente da sensibilidade do artista à temática do ambiente sociocultural de seu tempo. Como disse Gertrude Stein, "o que é visto depende de como todo mundo está fazendo tudo".

Originalidade nas artes

No episódio da tira cômica de Calvin e Haroldo, Calvin diz para Haroldo: "O problema com as belas-artes é que se supõe que elas expressem verdades originais. Mas quem quer originalidade e verdade?", reclama ele. "Afinal, as pessoas querem mais do que elas já sabem que gostam". Será que Calvin tinha razão?

Muitos cientistas veem a ciência como um empreendimento profissional e fazem carreira em ciência usando o método científico para resolver problemas. Esses são os cientistas que se encontram aos milhares nos periódicos científicos. Mas não vamos aqui aprofundar o preconceito de que as pessoas nas artes invariavelmente estão envolvidas com atividades criativas enquanto cientistas se deleitam com o método científico. Pode-se usar o método científico para escrever um poema ou pintar uma tela? Quando se está interessado em arte apenas como solução de problemas num nível profissional, ao modo de um computador, então a resposta é "sim" (e deixemos que alguém venha descobrir algum novo significado, se houver algo novo). De modo mais explícito, eis aqui os passos para escrever um poema "cientificamente":

1. Encontre um tema que valha o esforço (o problema).
2. Eleja algumas ideias como fio condutor; elas não precisam ser originais. Despudoradamente, tire bom proveito de suas poesias favoritas – para iniciantes. Pelo sim e pelo não, seja sutil.
3. Mãos à obra! Produza um poema seguindo cada uma de suas ideias.
4. Decida qual funciona melhor.

5. Integre o melhor das outras versões naquela que é a sua melhor escolha. É claro que você não precisa fazer experimentos, tentativa e erro, para verificar um poema, mas deve testá-lo na arena pública. Se as pessoas gostarem (se vender), você será bem-sucedido.

Milhares de poemas (em especial letras de música – basta ouvir algo da música pop que toca por aí) parecem escritos exatamente assim, entra ano e sai ano. E o mesmo método deve funcionar em outras artes, mudando pouca coisa. Mas concentre-se numa coisa: muito embora sempre tornemos a encontrar o que já conhecemos, porque o desafio do novo nos é demasiado, e muito embora apreciemos o conforto do que nos é familiar, poucos de nós chamariam de arte os *bluckbusters* de cinema e suas continuações, as novelas de TV e os romances açucarados.

O poeta Robert Graves se referiu a "estar no fio da navalha" quando se escreve um poema; outros falam de palpitações no coração e sentimentos de intoxicação. Se para escrever um poema você optar pelo método científico, jamais experimentará essas sensações em seu corpo.

O escritor Jack Kerouac via a escrita como algo sagrado, a exemplo de Allen Ginsberg e outros *beatniks*, e eles acabaram por criar uma nova corrente na poesia americana. "Estamos escrevendo para divertimento nosso e de nossos amigos, e não por dinheiro ou pela publicação", disse Ginsberg em entrevista. Na verdade, a poesia escrita por meio do método científico pode ser mais fácil de vender, mas como ato de escrever ela não comporta a alegria da criatividade.

Existem algumas diferenças reais entre as ciências e as artes. A ciência tem um componente amplamente objetivo. Além disso, em razão de seu caráter progressivo – a ciência se erige sobre trabalhos anteriores – e também em virtude de sua natureza de ciência experimental, a resolução de problemas com base na razão muitas vezes desempenha um papel importante. Para a maior parte da ciência que então se faz, pelo menos em princípio, uma abordagem objetiva parece dar conta do recado. A arte, contudo, é fundamentalmente subjetiva, criada para possibilitar uma conexão com experiências subjetivas de pessoas reais. Por isso, um artista não pode se valer da desculpa de se mover nos estreitos limites das experiências subjetivas de pessoas reais. Esses limites comprometem a integridade criativa e, o mais importante, o artista perde em alegria criativa, que é o que o atrai em primeiro lugar. Assim, o que é criativo em arte? Calvin estaria certo ao dizer que as belas-artes expressam a verdade original? O que é verdade, e o que é original? O questionamento é mais sutil do que pode parecer.

Diferentemente das ciências, a descoberta de novos temas, de novas verdades não é o objetivo das artes – ou seja: a originalidade dos artistas não reside na originalidade da verdade ou dos temas que eles expressam. Em todas as épocas, a arte desvela os mesmos temas transcendentes – amor, beleza, justiça etc. Esses temas são de conteúdo tão profundo que nenhum artista jamais pôde expressá-los completamente.

Contudo, há todo um contexto sociocultural correspondendo a cada tempo e a cada lugar. E, para o artista, o desafio ao explorar o que seria uma "nova verdade" é construir uma ponte entre os temas eternos e o contexto específico de lugar e tempo particulares. O autor John Briggs (1990) escreveu: "Assim, muito embora a 'verdade'... para Homero, Cervantes, Balzac ou Faulkner possa ser em algum nível a mesma, é evidente que ela tem de ser constantemente refeita por meio de diferentes contextos históricos – e com isso, da mesma forma haverá diferentes verdades". A criatividade nas artes é manifestada sempre que é construída uma ponte entre a verdade atemporal e um dado contexto histórico. Mesmo a arte pós-moderna, cujo motivo confesso é "desconstruir" todo o logos da arte, termina por nos colocar na direção da natureza transcendental de toda verdade. Essa arte é uma ponte apropriada entre o pessimismo pós-moderno e o fim da euforia social da era industrial, que nos legou a imagem da solução criativa de problemas pelo indivíduo confiante e proativo.

A criatividade fundamental transparadigmática nas artes – a descoberta de novos paradigmas ou de uma nova extensão radical de paradigmas antigos – dá um passo além. São artistas ou grupos de artistas que estão à frente de seu tempo; eles antecipam uma mudança sociocultural que ainda não foi rompida em razão da inércia do velho paradigma. Essa é a arena dos grandes: Homero, Kalidasa, Shakespeare, Michelangelo, Bach, Dostoievski, Picasso, Van Gogh e seus amigos impressionistas, Rabindranath Tagore, Martha Graham, os Beatles, para ficar em alguns poucos. A condição de estar à frente de seu tempo é o motivo pelo qual encontramos muitos casos de criatividade ignorados pelos contemporâneos de um artista (e Van Gogh aparece aqui como exemplo trágico). Uma vez que o paradigma propriamente dito ainda não se encontra claramente manifestado, as pessoas não conseguem reconhecer o novo contexto sociocultural para julgar uma obra que já se encontra nele. Mas o artista que ouviu o canto da sereia da criatividade tem de assumir o risco que seus contemporâneos não podem compreender.

Todavia, a grande maioria dos artistas realiza suas atividades dentro dos limites de um paradigma bem definido (como disse Calvin, as pessoas querem mais do que elas conhecem). Ora, realizar uma arte popular não é necessariamente empreendimento pouco criativo para o artista. À medida que os artistas não se valem de passos raciocinados e programados, passíveis de ser antecipados (poesia pasteurizada, fórmulas de sucesso no cinema, ou a arte como solução mecanicista de problemas), eles se valem de um estilo de criatividade quântica; sim, assumem riscos, uma vez que não há garantia de serem bem--sucedidos no feitio de uma ponte entre seu público e a verdade atemporal em uma tentativa particular.

Essa atitude de assumir riscos é uma das coisas capazes de separar o joio do trigo, ou seja: a solução mecanicista de problemas e a criatividade. Em uma reveladora conversa entre John Preston (1960) e a romancista Gertrude Stein, veio à tona a questão da originalidade dos escritores americanos. Preston perguntou por que a maioria dos escritores "começam grandes, em grande estilo" para com o passar do tempo, lá pelos 30 ou 40 anos, "se repetirem, seguindo uma fórmula". A resposta de Gertrude foi a de que, com a idade, os autores americanos tendiam a se tornar profissionais e compartimentalizados. Em outras palavras, tornavam-se praticantes da escrita como uma solução racionalizada de problemas, que segue uma fórmula. "Se Robert Frost é o poeta que é", disse Stein, "isso se deve ao fato de ser fazendeiro", ela asseriu. E eu concordo plenamente.

O profissionalismo nas artes, por mais que seja essencial, também tende a alimentar a mediocridade. Os profissionais têm de produzir certo número de "sucessos" para manter seu *status* profissional. E acrescente-se a isso que profissionais encontram-se produzindo mais profissionais por meio de cursos de escrita criativa, de conferências de poesia e coisas do gênero. Não é algo de todo ruim, mas a criatividade pode se ressentir disso, como observa o crítico John Aldridge (1992, p. 25) a respeito da "fraternidade" da cena literária americana:

> O que está em questão aqui é uma fraternidade profissional tão obcecada em revelar escritores que acaba por perder de vista o propósito a que supostamente servem e a habilidade com que se espera que sirvam. Seria como se na medicina se pretendesse produzir médicos cuja habilidade de tratar pacientes fosse considerada irrelevante se comparada à necessidade de continuar promovendo a profissão do médico e ao treinamento de médicos como fonte vital de renda e prestígio.

E o mais importante: muitos escritores americanos profissionais perderam de vista a lei fundamental da criatividade em arte: a visão cósmica. Tomemos como exemplos duas obras de romancistas cujo gênero já não está mais em voga: o *USA*, de John Dos Passos e *An american dream*, de Norman Mailer. No primeiro, o autor descreve a destruição de valores transcendentes na moderna cultura americana; no segundo, a batalha arquetípica entre o bem e o mal é travada na cidade de Nova York, mas de um modo bastante verossímil. Aí se têm histórias de visão cósmica, de verdades fundamentais. Dificilmente haverá algo equivalente na atual cena literária americana, com raras exceções, como o trabalho que vem sendo realizado por escritoras negras como Tony Morrison e Alice Walker. O novo paradigma na escrita está acontecendo na América do Sul, pelas mãos de escritores ricos em recursos, como Gabriel García Márquez (autor de *Cem anos de solidão*, Nobel de literatura) e Isabel Allende.

Infelizmente, os defeitos do profissionalismo estão tragando não só a cena literária, mas também todos os esforços em criatividade humana, incluindo as ciências. O que precisamos é de equilíbrio. Pode um profissional das artes renunciar à garantia extra que o treinamento de outros artistas profissionais lhes proporciona? Pode um profissional separar um tempo para projetos criativos que não sejam tão eficientemente producentes como os que requerem apenas a solução mecanicista de problemas? Afinal, se fazer dinheiro é o objetivo primordial, por que estar envolvido com as artes em vez de com o mercado de ações? Se a alegria criativa é a que atrai alguém para as artes, como se pode não perceber que essa alegria se esgota nos projetos que demandam apenas razão? Como pode alguém dar às costas ao *self* quântico quando uma vez, algum dia, ele ouviu o chamado "da flauta do tempo interior"?

A artista poeta Carolyn Kleefiel foi bastante feliz ao tecer a seguinte observação, numa entrevista: "A maioria dos artistas é como engenheiros reproduzindo o que lhes é familiar. Esse tipo de arte, do exterior para o interior, não é a mesma arte que a que está sendo criada como parte de uma consciência emergente".

E o romancista D. H. Lawrence (1971, p. 430) se referiu ao trabalho do criativo com estas expressivas palavras:

> O homem fixa alguma montagem maravilhosa que é tão somente dele, entre ele próprio e o caos selvagem, e ele gradualmente se empalidece e se enrijece sob seu guarda-sol. Então vem um poeta, inimigo da convenção, e faz uma fenda no guarda-sol; mas quê! A visão de relance do caos é uma visão, uma janela para o sol.

A importância do processo

Na Índia pré-histórica vivia um homem cruel chamado Ratnakar, que liderava um bando de ladrões. Esse bando, entre outros atos de crueldade, oferecia sacrifícios humanos à deusa de sua adoração. O mito era o de que um dia uma jovem fora trazida para ser sacrificada, e ao olhar para o rosto atraente e cheio de dor da garota, Ratnakar foi tomado pela compaixão. Ratnakar ficou profundamente comovido por sua intromissão no curso da vida da garota, e sua dor originou um verso que lhe saiu da boca espontaneamente e numa língua que não conhecia (o sânscrito). De acordo com o mito, essa foi a primeiríssima poesia de toda a humanidade. Ratnakar veio a se tornar o grande poeta Valmiki, a quem se concede a autoria do grande poema épico *Ramayana*, na mesma inspirada e perfeita forma apresentada pelo seu primeiro verso.

Em outra versão do mesmo mito, Ratnakar era um caçador que certa vez matou dois pássaros que faziam amor. Ficou tão comovido ao perceber o que tinha feito, que versos de poesia saíram de sua boca. Mais tarde veio a ser conhecido como Valmiki.

Independentemente de se imputar as origens de Valmiki a este ou àquele mito, temos de notar que se trata de um relato arquetípico do modo como a poesia sobrevém aos poetas: de repente, a escrita é em si como que ditada por um poder maior. Note-se que isso não muito difere do comentário de Puccini de que a música de *Madame Butterfly* "me foi ditada por Deus; fui mero instrumento de trazê-la ao papel".

Mas não se deve ficar com a impressão de que tudo é inspiração súbita nas artes – entre inspirações há muita transpiração. (Como Brahms observou, eram raros seus momentos de inspiração.) Assim como as ciências, também as artes são o resultado de processos criativos que envolvem mais do que um *insight* original inspirado. O romancista francês Balzac, diziam seus contemporâneos, escrevia com enormes espaços entre as linhas, que seriam preenchidos mais tarde. Todos os artistas têm de encher muito espaço vazio entre as irrupções originais. E essa parte do processo de criatividade nas artes é indubitavelmente mecânica. Picasso não criou sua obra-prima *Guernica* em uma única e brilhante sessão. Ele fez um esboço inspirado quando a ideia lhe ocorreu pela primeira vez; depois mergulhou num processamento gradual e inconsciente, com *insights* ocasionais. Mesmo após o grande *insight* que foi o de usar a estátua de um guerreiro quebrada no centro da pintura (ver mais adiante), levou vários dias para terminar a pintura. Já Wordsworth costumava escrever grupos de três páginas que mais tarde seriam expandidas e interligadas – uma espécie de escrita de trás para a frente.

Grandes criativos também fazem uso de preparação e prática. Picasso frequentemente descompunha rostos de pessoas e os reunia de volta. Compositores de música passavam horas praticando. E poetas, não raro, gostavam de traduzir poemas de outros.

Bertrand Russell (1965, p. 165) dá um excelente exemplo do uso habitual de alternância entre trabalho e relaxamento, de esforço e processamento inconsciente em sua escrita. Segundo ele:

> Quando eu era jovem, cada novo e fresco pedaço de trabalho sério me parecia estar, durante algum tempo – talvez por um longo período –, para além de minhas forças. Eu me inquietava em um estado nervoso, de medo de que a parte seguinte jamais viesse. Fazia uma tentativa insatisfatória depois da outra, e ao final tinha de descartar todas elas. Acabava por descobrir que todas aquelas vãs tentativas tinham sido uma perda de tempo. E eis que me ocorria que, após contemplar um livro voltado a determinado tema, e tendo lhe dado uma séria atenção preliminar, eu precisava de um período de incubação subconsciente que não podia ser apressado, e era como se algo me impedisse o pensar deliberado. Às vezes, depois de algum tempo, eu descobria que tinha cometido um erro e que não me seria possível escrever o livro que tinha em mente. Mas era frequente eu ter mais sorte. Havendo plantado o problema em meu subconsciente, após um tempo de intensa concentração, ele germinaria no subsolo até quando, de repente, viesse a solução com uma clareza que chegava a ofuscar; só então eu podia me pôr a escrever o que me tinha aparecido, como que numa revelação.

Assim, mesmo nas artes, a súbita iluminação e o *insight* original – o encontro com o *self* quântico – são parte de um processo mais complexo. Muito embora Picasso costumasse dizer "je ne cherche paz, je trouve" ("eu não procuro, eu encontro"), talvez isso significasse apenas uma falta de pensamento racional deliberado de sua parte. Note-se que a atividade consciente inteligente por detrás da pintura não é puro e simples pensar: ela é intuição seguida de pensamento e sentimento. Susan Langer não teria dito que a arte é uma forma de sentir? (Isso não significa dizer que a pintura não faça uso de conceitos inteligentes; quer dizer apenas que tais conceitos não se prestam a um tratamento puramente racional.)

Por fim, artistas não necessariamente chegam à sua obra de maneira sistemática, mediante um processo voltado direta e prontamente ao produto que se revelará acabado. Muitas vezes eles nem mesmo sabem quando podem dar seu produto por encerrado. Consideremos a descrição que Thomas Wolfe (1960) fez do acabamento de seu primeiro romance, *Of time and the river*. Ele iniciou seu projeto tentando escrever um livro chamado *The october fair*. Quanto mais escrevia, mais ele sentia que não havia como terminar o projeto e que não estava dominando bem o próprio trabalho de escrita. Após alguns anos, seu editor lhe disse que o projeto estava devidamente cumprido e que ele tinha de reunir todos os fragmentos que escrevera. Wolfe assim o fez e começou a ver, pela primeira vez, que o editor estava sendo sábio – sim, na verdade já havia um livro ali. Mas era grande demais, mais de um milhão de palavras. Cortar muitas delas, editar o extenso manuscrito foi outra enorme tarefa para o autor, mesmo percebendo que tinha material não para um livro, mas para dois. Ao final, quando Wolfe pediu ao editor mais seis meses, e o sábio editor lhe disse que o livro estava acabado do jeito que estivesse, Wolfe se deu conta de que não tinha de ser perfeccionista.

Tanto na ciência como nas artes, o efetivo processo do ato de criação é bastante complicado. Os estágios e encontros em relatos de casos concretos não são necessariamente nítidos, lineares e progressivos. Em última análise, é preciso esculpir um processo único para si mesmo – um processo que funcione. Isso é verdade para toda pessoa criativa; existe uma individualidade essencial no ato de criação.

Relato de caso: *Guernica* de Picasso

Guernica já foi abordada aqui, mas agora o faremos com algum vagar, tirando vantagem do fato de Picasso ter deixado diários que estimularam comentários de muitos pesquisadores (Gardner, 1993). Picasso foi contratado pelo governo espanhol para fazer um mural do estande da Espanha na Feira Mundial de Paris de 1937. Originalmente, Picasso planejou pintar uma cena no estúdio de um artista. Mas, após o bombardeio nazista à cidade de Guernica, ele mudou o tema para um retrato da cidade bombardeada.

E que pintura impressionante ele nos deixou! (Figura 24). Podemos reconhecer um cavalo e um touro, despedaçados e agonizantes. Podemos ver mulheres: uma mãe chorando o filho morto em seus braços; uma mulher, com uma lâmpada na mão, olhando pela janela de um edifício em chamas; uma mulher caindo de um edifício incendiado, com as roupas também em chamas; uma mulher fugindo da

Figura 24. *Guernica*, de Picasso (adaptada).

cena. O incrível é que não há homem no mural, exceção feita à estátua sem vida, mecânica de um guerreiro morto em combate.

A brutalidade do bombardeio certamente perpassou toda a realização da obra, mas estaria Picasso tentando expressar mais do que isso? Talvez ele visse na dor das pessoas sob o bombardeio de Guernica a dor de toda a humanidade, exposta por aquelas mulheres e crianças. Seria coincidência a solitária figura masculina da pintura estar retratada como a estátua dilacerada de um guerreiro? Picasso estava inspirado ao escolher essa imagem nos dias finais da pintura. O guerreiro representa a condição do herói dentro de nós nesta era materialista; aos pedaços, mecânico, mente e corpo cindidos, matéria empedrada, enregelada e apartada do espírito. Sim, *Guernica* é um retrato de nossa psique fragmentada.

Historiadores da arte debatem sobre qual seria a localização da cena da pintura, sobre se seria exterior e interior. Há uma ambiguidade aí. A mulher pulando de uma janela parece sugerir exterioridade, mas existem linhas no canto superior da tela que sugerem interioridade. Seria essa ambiguidade intencional? A pintura representaria a um só tempo o exterior e o interior? Como pintura exterior, ilustraria os horrores do bombardeio em *Guernica*. Com pintura interior, expressaria a igualmente horrível fragmentação de nossa psique. Na verdade, como na arte, *Guernica* transcende a dualidade exterior-interior.

A descontinuidade em *Guernica* é em grande parte como o aspecto mutável do contexto físico da imagem a partir de uma cena de estúdio para a cena do bombardeio em *Guernica*, como já foi sugerido. A descontinuidade real se deu na psique de Picasso, uma mudança descontínua de contexto que lhe tornou possível usar um acontecimento local para retratar a verdade global em um contexto ainda por vir – uma fragmentação fundamental da psique humana. A pintura de *Guernica* foi um ato de criatividade fundamental porque, ao pintá-la, Picasso se tornou um com o universo.

Não são necessárias desculpas: diálogo com um artista

ARTISTA – Agradeço-lhe, em nome de todos os artistas, por elevar a criatividade nas artes ao mesmo nível da criatividade em ciência. Sinto-me de novo importante.

AUTOR – Uma das consequências mais arrasadoras da visão de mundo materialista é justamente a perda da relevância das artes e humanidades. O fato de que alguns poucos criativos ainda busquem as belas-artes, ainda se envolvam com uma pintura séria, com escrever poemas, com fazer esculturas ou com exercer a literatura de verdade, e não para consumo, é testemunho cabal do fato de que os arquétipos realmente estão atraídos para nós; é isso que nos dá motivação para responder.

ARTISTA – Sim, nós respondemos, mas vejo um teor algo apologético em se responder a questões que a visão mais corrente considera irrelevantes.

AUTOR – Mas veja, a visão de mundo está mudando. Que ninguém se engane em relação a isso. Na nova visão de mundo, os valores de todos os arquétipos são reconhecidos; não só o arquétipo da verdade buscado pela ciência, mas também o da beleza, o do amor, o da justiça etc.; isso deixa os artistas em especial evidência. Não são necessárias apologias. Mas nós precisamos que vocês sejam ativistas.

ARTISTA – O que você quer dizer com isso?

AUTOR – Quero dizer que levará um tempo para que se transmutem o paradigma e a visão de mundo; o materialismo científico está muito enraizado em nosso mundo. A mídia, muitos políticos estão rendidos a ele.

ARTISTA – Sim, sim, tenho percebido. A maior parte dos políticos que se consideram de esquerda são ateus com base em seu enraizamento no materialismo científico. Por outro lado, os conservadores se alinham aos fundamentalistas cristãos, que não apreciam as artes modernas. Então para onde vai o artista?

AUTOR – Exatamente. E o fato de a mídia ter sido instruída a passar esses valores adiante como moeda de troca também não ajuda em nada. A beleza tem de ser equilibrada com a feiura, o certo com o errado, o bem com o mal, e tudo ganha tempo igual na mídia. O critério para julgar já não é o de valor, mas o da fama.

ARTISTA – Então você sugere um ativismo. O que quer de nós, exatamente?

AUTOR – Vocês têm de educar seu público antes de convocá-lo a apreciar sua arte. Vocês próprios não somente devem se comprometer com o pensamento quântico, como também divulgar sua importância e mesmo ensinar os outros a pensarem assim. Não lhes deve ser tão difícil. Criatividade é criatividade quântica. De um modo ou de outro, todo criativo vive clandestinamente um estilo de vida quântico. Aí está a verdadeira "dissidência". Seu trabalho é torná-la mais explícita e persuadir os outros a aprovarem esse estilo de vida.

Profissional ou amador, nem um nem outro
é para a criatividade o suficiente.
Deves abraçar a responsabilidade, ó ser criativo.
Não fiques aquém do objetivo, como os amadores;
renuncies à autolimitação das necessidades de carreira,
são próprias ao ego, e tanto dominam o ímpeto profissional.
Atenta, em vez, ao *self* quântico. Ele fala pela tua intuição
Quando quer que o ego – tu mesmo estejas em suspensão.

Aqui, agora, o todo, de uma vez,
Jamais pensaste poder escrevinhá-lo?

És um profissional, porém. Os arquétipos eternos
florescem de novo nas formas frescas
que descobristes poder revestir
o contexto sempre mutante de sua idade nova outra vez.

Feito um amador tu segues
De um a outro contexto, de significado a outro
Antecipando-se sempre a teu *self* profissional. *

---

* No original: *Professional or amateur neither / is sufficient for creativity. / You must embrace responsibility, Oh creative. / Do not stop short of the goal as amateurs often do. / And forswear the self-limiting of the ego's career needs; / they too often dominate the professional's drive. / Rather, heed your quantum self! It speaks through your intuition / whenever ego-you is in abeyance. / Here, now, the whole, all at once, / You never thought you could write it down, did you? / But you are a professional. The eternal archetypes / bloom anew in the fresh forms you discover to clothe / the ever-changing context of your again-new age. / Like an amateur, you move on / from context to context, from meaning to meaning, / ever ranging ahead of your professional self.* [N. de T.]

capítulo 17

é possível ser criativo nos negócios?

Muitos negócios começam com criatividade. O indivíduo tem uma ideia inovadora para um produto ou serviço. Mas como tudo mundo sabe, nenhuma inovação se mantém para todo o sempre como motivo central no gerir de um negócio. Ideias se constroem em cima de ideias, e inovações a partir de inovações. Ideias completamente novas surgem para provocar revolução – mudanças de paradigmas na ciência e na tecnologia e em nossas sociedades em geral – e os negócios têm de refletir essas mudanças. Tudo isso requer criatividade em negócios como base permanente.

Organizações e negócios não são exceção: requerem estruturas, hierarquias e confiança em experiências passadas para que se evite o caos. Isso requer uma série de movimentos condicionados – também por parte do elemento humano envolvido na empreitada.

Criatividade e condicionamento: os negócios precisam de ambos, e na verdade são um ato de equilíbrio. Como o equilíbrio entre *yin* e *yang* na medicina chinesa. Compreender a natureza da criatividade e do condicionamento é essencial para que se faça o equilíbrio correto. Mas é muito mais do que isso (ver abaixo).

Uma necessidade de se pensar um novo paradigma está chegando ao ramo de negócios. Não faz muito tempo que a poluição ambiental pelas atividades produtivas em geral, e pela indústria em particular, era tida como um mal necessário para as necessidades econômicas de geração de empregos. E os propulsores da atividade produtiva em nenhum momento questionavam o pressuposto dos recursos infinitos sobre os quais o paradigma econômico materialista se encontra baseado. O que motivou o setor de negócios a buscar alternativas foi o advento de dois fenômenos inegáveis: o aquecimento global – as mudanças climáticas (efeito direto da poluição ambiental) – e a escassez de petróleo, que provou um aumento de custos em quase todos os ramos da economia. Hoje, cada vez mais se fala em sustentabilidade nos negócios ou em produtos e atitudes *ecoempáticas*. O que se faz necessário agora é ver que a sustentabilidade não se mostra viável quando nos mantemos na área do materialismo denso. Os negócios precisam estender sua criatividade para a esfera sutil da experiência.

Quero constar aqui que este capítulo encontra-se amplamente baseado em um artigo que escrevi para uma recente antologia sobre criatividade (Ambrose & Cross, 2009).

Criatividade nos negócios e no mundo sutil

O reconhecimento de que nós humanos consistimos tanto de corpos densos como de corpos sutis suscita questões fascinantes para amplos setores de negócios que até agora estiveram concentrados apenas na parte densa da folha de balanço. Da mesma forma, nossa economia tem de ser ampliada para lidar não somente com a matéria densa, mas também com a sutil.

Homens e mulheres de negócios intuitivamente sabem sobre a importância do sutil. Por exemplo, é sabido que um consumidor usa um produto tendo como base não uma avaliação objetiva dos usos sensoriais do produto, mas também em como ele se sente em relação a ele.

Há outros indícios da importância do sutil nos negócios. Por exemplo, o uso indiscriminado do jogo objetivo da teoria matemática na economia frequentemente não funciona porque as decisões em negócios são permeadas pelos sentimentos e pela intuição das pessoas.

O fato é que o sutil influencia o denso; e o inverso não acontece. Os mercadólogos sabem disso implicitamente. Basta olhar para os anúncios que a indústria automotiva veicula para vender seu produto. Se as considerações que estão por trás dessas peças publicitárias fossem puramente físicas, os comerciais e anúncios falariam apenas da matéria física, dos quilômetros por litro, da durabilidade e do custo de manutenção. Em vez disso, a maioria dos anúncios divulga conteúdos "sexies", envolvendo "um algo a mais", a velocidade que se pode atingir, a aceleração do carro, o prazer que se poderá usufruir com ele;

e algumas vezes de maneira mais direta os anúncios enfatizam o *sex appeal* do carro.

Em capítulo anterior, já abordei os chakras; a nova ciência explica-os como os locais onde os órgãos físicos e suas matrizes vitais simultaneamente se manifestam. O movimento do vital nesses pontos de chakra é que experimentamos como sentimentos. O movimento dos três chakras inferiores é responsável por nossos sentimentos de base que se tornam emoções instintuais negativas, com a ajuda dos circuitos cerebrais: medo, luxúria, inveja, ciúme e egoísmo. Muitos setores de negócios – e a indústria automobilística é um exemplo – tentam vender seu produto apelando aos chakras inferiores e aos circuitos cerebrais emocionais autocentrados.

Mas a condição humana não se limita aos chakras inferiores e às emoções negativas; há também chakras superiores, e é possível começar com o do coração, no qual o movimento da energia vital pode, com a ajuda da mente que confere significado, dar origem a emoções nobres ou positivas – amor, exultação, clareza e satisfação. O problema é que existem poucos circuitos cerebrais instintuais emocionais ligados ao cérebro por meio da evolução.

Com isso, a sociedade precisa corrigir a sua educação. Por exemplo, se um anúncio de carro diz que o carro chega a fazer 37 quilômetros por litro, isso não parece sexy, e não vai exercer um apelo ao consumidor comum, mas para o consumidor que tiver preocupações ambientais ele pode funcionar bastante bem, satisfazer e ser atraente.

Geralmente se diz que para subir na hierarquia da empresa, os funcionários têm de competir entre si. Sempre se diz que, em se tratando de negócios, o ambiente é o que se pode chamar de "pega pra capar". De novo aqui as emoções negativas. Mas é só isso? Quando o modo japonês de conduzir as linhas de produção (nas quais um único operário é responsável por um único produto acabado) se tornou popular juntamente com o slogan "qualidade é o trabalho número um", o mundo dos negócios no planeta inteiro reconheceu a importância da satisfação com o trabalho por parte do funcionário resulta de ele ver o trabalho que realiza na forma do produto acabado. Ou seja, existe espaço para emoções mais elevadas no mundo dos negócios.

Para o materialista, a criatividade consiste em engendrar um novo circuito cerebral para responder a um novo estímulo ambiental, e a razão pela qual algumas pessoas o fazem e outras não aponta para a sua herança genética. Essa é uma visão bastante míope. Pesquisadores do tema com uma visão de mundo mais neutra definem a criatividade como "a descoberta de um novo significado de valor". Mas o materialista se nega a ir adiante: se a matéria não pode nem mesmo processar o significado, então como eles podem reconhecer o significado em conexão com a criatividade?

Na visão de mundo baseada na consciência, reconhecemos que os circuitos cerebrais são construídos para a representação das novas experiências da mente. A mente é como que uma sede onde nos empenhamos em atribuir significado. Com isso, a experiência criativa, que consiste em uma descoberta ou invenção de novo significado, envolve a mente sutil. Na verdade, a descoberta se dá em nível ainda mais elevado; ela consiste em um novo olhar ao arquétipo supramental que requer um salto quântico – uma transição descontínua – a partir da mente. E a invenção que consiste em encontrar novo significado em contextos de significado arquetípicos já descobertos é um salto quântico no âmbito da mente. Portanto, a criatividade sempre conduz a melhores representações físicas dos arquétipos e de seu valor para nós. E como já abordamos aqui com vagar, até mesmo afetos estão envolvidos na criatividade.

Quando se reconhece isso, é preciso claramente perceber que a criatividade nos negócios é mais do que explorar um produto inovador com vistas ao lucro. Não é preciso renunciar ao lucro, no entanto ele é secundário.

Vejamos as grandes inovações que iniciam novas tendências nos negócios e na indústria. As invenções todas – da lâmpada elétrica ou *postit* – contribuem para a nossa capacidade de processar significado direta ou indiretamente – e aí está seu valor. O lucro material é um produto colateral.

Um dos males referentes ao estado de coisas em nossos dias é a ascensão de negócios como as instituições financeiras, que lidam puramente com dinheiro e nada mais além do dinheiro. As considerações acima claramente mostram que essa não é uma tendência desejável. O dinheiro não tem valor intrínseco. Negócios que fazem dinheiro especulando dinheiro não deixam margem para a criatividade fundamental e, uma vez que não há valor intrínseco envolvido, não há criatividade, e não há inovação; nem mesmo a situacional. O que existe é esperteza e ganância, em uma atividade em que se abastecem os piores instintos humanos. Aí, pois, se tem uma lição quando se considera a criatividade nos negócios: afaste-se dos negócios que comecem e acabem em dinheiro.

O dinheiro não tem um significado inerente, mas representa uma promessa de poder. O fato de as pessoas cogitarem a possibilidade de montar um negócio baseado em dinheiro é um sintoma da deterioração social geral em que nos encontramos sob a égide de uma visão de mundo materialista. Fazer dinheiro de dinheiro é na verdade uma forma de aposta ou jogo de azar. E assim como acontece nos jogos legalizados, esse tipo de negócio precisa ser controlado, por exemplo, por meio da taxação.

O lado positivo dessa lição está em que a nova ciência nos ensina que a consciência, no longo prazo, sempre se encontra em evolução para tornar o processamento de significado acessível a cada vez mais pessoas (Goswami, 2008). Quando o seu negócio estiver sintonizado para acrescentar um produto ou serviço significativo à sociedade e ao ambiente, ele estará em sintonia com o movimento evolutivo da consciência. Quando isso acontecer, então a sua intenção (de um negócio criativo bem-sucedido) se verá amparada por todo o poder de causação descendente de consciência quântica não local.

Lembre-se então que, em termos de consciência, existe um único propósito para o seu negócio, independentemente de qual seja o seu conteúdo. Seu propósito deve ser o de disseminar o processamento de significado para as pessoas. Se essa intenção estiver claramente expressa em seu negócio, ele não deixará de ser bem-sucedido.

Como iniciar um negócio criativo

Eu já disse antes que os negócios começam com um produto. Esse enunciado não chega a ser muito preciso e demanda uma modificação. Pelo enunciado que atualmente se tem, os negócios decolam quando há um produto criativo. Na verdade, os negócios se iniciam com uma ideia plena de convicção segundo a qual haverá tais produtos criativos.

Eu citaria um filme americano bastante bom sobre *baseball*, chamado *Campo dos Sonhos*, no qual o protagonista é visionariamente movido por uma crença: quando o campo estiver pronto, as pessoas virão. Isso é verdade também para os negócios. Tudo o que você precisa é uma fé nas possibilidades, nas possibilidades quânticas da mente e de sua capacidade de aproveitá-las.

Os cofundadores da Apple Computers, Steve Jobs e Steve Wozniak, consultaram advogados, investidores de capital e tudo o que era necessário para montar um negócio sem saber exatamente qual seria o seu negócio. Por estranho que possa parecer, essa abertura de suas mentes foi crucial para a profundidade da experiência concreta que eles acabaram por estabelecer. Pelo mesmo viés, Paul Cook, fundador da Raychen Corporation, disse: "Quando iniciamos, não sabíamos para onde estávamos indo. Não sabíamos que produtos iríamos fazer".

Nesse aspecto, a criatividade nos negócios não é diferente de todas as outras expressões de criatividade que começam com perguntas, porém sem dispor de respostas acabadas. Por exemplo, uma importante questão é "como posso contribuir para criar significado com essa empresa que pretendo iniciar, e refiro-me a significado para mim mesmo, para meus funcionários e para as pessoas que usarem meus produtos (ou serviços)?". Contrariamente ao senso comum, o negócio criativo se inicia com a semente de uma ideia – uma intuição, um campo de possibilidades aberto para o novo.

Ser em negócios

Um filme hollywoodiano bastante premiado, chamado *Um Homem e Dez Destinos* (1954), tinha como tema uma luta entre um tipo conservador ("um passo de cada vez", sem riscos, sem criatividade) e um visionário (mudança criativa ou falência). Mas o aventureiro vence o executivo, e o negócio pode continuar com seu modo dinâmico e criativo de mudar o curso das coisas sempre que necessário.

Sem assumir riscos, muitos negócios morrem ou são engolidos por não visionários que tentam acumular cada vez mais poder.

No entanto, ter uma visão não é o suficiente. Ter uma esfera de ação é um bom começo, mas é preciso se envolver em um processo para manifestar algo concreto, produtos concretos criativos a partir do campo de possibilidades, e só então as pessoas virão.

Em inglês, a palavra "business" (negócio) subentende uma pessoa ocupada com uma ação (busy = ocupado). Homens ou mulheres de negócios – os *businesspeople* – parecem estar sempre na correria, e o seu modo de operar se resume em fazer, fazer... e fazer. As pessoas de negócios também passam a imagem de uma necessidade de estar sob controle todo o tempo; ao que tudo indica, eles não se dão o direito de contemplar o novo nem mesmo em possibilidade – pelo medo de perder o controle. Esses são estereótipos de como são popularmente percebidos, e não são universalmente verdadeiros. As pessoas de negócios criativas são exceções a toda essa estereotipia.

Agora, vejamos tudo isso de outro ponto de vista. O básico e inerente aos negócios é fazer dinheiro; ter lucro. O medo de perder dinheiro provoca calafrios. Por isso, a tendência é incessantemente analisar suas ações passadas ou projetar o futuro de modo que erros não sejam repetidos. Em outras palavras, estar na arena dos negócios parece ser sinônimo de ansiedade. E o melhor meio de lidar com a ansiedade não é... fazendo alguma coisa? Não fazer é um convite a pensamentos, e pensamentos geram ansiedade. Certo?

Não, não está certo. Uma das grandes descobertas da nova era é a de que existe um antídoto para a mente ansiosa – que está na resposta do relaxamento. Aprender a relaxar é o melhor meio de lidar com a ansiedade. Aprender a relaxar é aprender a ser – estar em sua própria companhia sem julgamento e sem incessantemente criar o passado ou o futuro. De certo modo, as pessoas de negócios criativas são especialistas em levar uma vida zen – estar presente no momento presente. Michael Ray e Rochelle Myers (1986), professores de Stanford, escreveram um livro, *Creativity in business*, no qual citam um homem de negócio, Robert Marcus of Alumax, famoso por uma série de negócios muito bem-sucedidos durante a década de 1980. No livro eles observaram o seguinte:

> Somos uma empresa eficiente em termos de pessoal por dólar. Muito embora sejamos uma empresa de dois bilhões de dólares, temos apenas 84 pessoas trabalhando em nossas sedes. Não é muito. Fazemos a mesma coisa que a Alcoa ou que a Alcan, mas não somos tão grandes quanto elas. Temos aproximadamente a terça parte de seu tamanho, mas um décimo do número de pessoas trabalhando em nossos escritórios. Parece funcionar muito bem, e é por isso mesmo que vamos continuar como estamos...
>
> Vou contar a vocês algumas das coisas que fazemos. Não fazemos muitas reuniões... Não ficamos escrevendo quilos de relatórios. Tomamos decisões rápidas. Sabe, se você leva muito tempo para tomar decisões, se programa uma série de reuniões e se se põe a escrever pilhas de relatórios, serão necessárias muitas pessoas para tudo isso. No nosso caso, nós nos comunicamos muito rápido. E fazemos tudo de boca. Não escrevo cartas. Não escrevo relatórios. Não fico programando... Jogamos squash com frequência.
>
> Não tenho tempo para ficar interferindo na vida dos outros. Limito o meu tempo aos meus negócios das nove da manhã às cinco horas da tarde. Jogo squash três vezes por semana. Eu não me sinto muito pressionado pelos negócios (Ray & Myers, 1986, p. 144-145).

Esse homem de negócios (criativo) aprendeu a relaxar; ele desenvolveu um tipo de equanimidade relativamente ao tempo. E aprendeu a complementar o convencional fazer, fazer e fazer da mente voltada aos negócios por uma atitude ser, ser e ser. E esse é o segredo de sua criatividade em seu ofício.

Assim, talvez o ser em negócios não signifique estar ocupado todo o tempo; talvez signifique uma alternância entre o estar ocupado e o relaxar, um modo de combinar o estar ocupado com o estar relaxado.

Outro modo de fazer referência a isso, expresso, aliás, com muita beleza pela autora Rochelle Myers, que sugeriu complementar o dito que nos é tão familiar "Não fique parado aí, faça alguma coisa" com o que seria outro provérbio: "Não queira ficar fazendo tudo. Pare um pouco".

O processo criativo nos negócios: fazer-ser-fazer--ser-fazer (*do-be-do-be-do*)

Com isso, voltamos ao processo criativo que os pesquisadores em criatividade descobriram já há algum tempo. Relembremos os quatro estágios da criatividade:

1. Preparação
2. Processamento inconsciente
3. *Insight* repentino
4. Manifestação

A preparação está em curso: aprender a lidar, aprender o que já se conhece, aprender como os outros negociam ou realizam algum procedimento. A preparação em negócios versa também sobre encontrar capital de risco, sobre encontrar ajuda adequada para elaborar os detalhes e tudo o mais. A preparação também diz respeito a renunciar à atitude de mente ansiosa, sempre a julgar tudo e todos com base em seus preconceitos, dando margem, em vez disso, a uma mente aberta, curiosa, pautada por um não saber. O processamento inconsciente acontece quando se está relaxado: não estamos conscientes de que estamos processando questões relativas ao nosso negócio, mas o processar de qualquer modo se dá no estado do inconsciente, estado em que a consciência não é separada de suas possibilidades.

Por que o processamento inconsciente? Objetos, pensamentos, até mesmo pensamentos de negócios, iniciam-se como possibilidades de consciência, possibilidades portadoras de significado. Quando não provocamos seu colapso em experiência concreta, as possibilidades se disseminam tal como ondas. Havendo proliferação de possibilidades, isto é, mais significados a partir dos quais se escolher, é maior a probabilidade de que o conjunto de possibilidades venha a abarcar algo novo, alguma novidade que contenha a solução. Então o *insight* pode acontecer.

Lembremos que o processo não é linear – muita preparação seguida por muito processamento inconsciente. Em vez disso, necessária se faz uma alternância entre fazer e ser; como Frank Sinatra quando embala uma canção entoando "do-be-do-be-do". Daí o *insight*.

Para novamente citar Robert Marcus: "Tenha sempre a certeza de fazer coisas importantes e de fazê-las bem. E dê tempo para elas". Este é o truque: permitir tempo suficiente para realizar determinada tarefa possibilita o fazer-ser-fazer-ser-fazer e capacita a criatividade.

O *insight* é um salto quântico, uma transição descontínua no pensamento que surge de maneira surpreendente e inevitável. Uma vez que você reconhece que o processo criativo – que inclui estar relaxado em relação ao seu negócio – produz certezas nas suas decisões, fica fácil confiar no relaxamento, confiar no processo que deve incluir o "não fazer". Então, você pode ficar relaxado em relação a manifestar seu *insight*.

A alegria do fluxo

Grandes *insights* no mundo dos negócios proporcionam os produtos mais inovadores: ideias que começam com grande estardalhaço, como o automóvel a combustão interna ou a ferramenta de busca da internet chamada Google. Mas para um negócio que já se encontra estabelecido, porém, são as pequenas ideias, os pequenos saltos quânticos das atividades administrativas ou comerciais de todos os dias que ajudam a gerir com serenidade os negócios e as pessoas do ramo de negócios; e de novo, o estilo de vida fazer-ser-fazer-ser-fazer do homem ou da mulher de negócios é um fator crucial.

Quando o fazer-ser-fazer-ser-fazer é incorporado no *modus operandi* da pessoa de negócios, em determinado momento a lacuna entre fazer e ser se torna tão pequena que a mudança dificilmente se faz notar. E se o ser vem com um senso de renúncia no qual o que faz se recusa a resolver os conflitos comuns inerentes a se lidar com problemas valendo-se meramente de um pensamento lógico passo a passo, quando a pessoa de negócios realmente ouve o mote: os três piores inimigos do pequeno negócio... pensar grande demais... pensar pequeno demais... pensar demais, algo de especial acontece. O senso de quem faz desaparece, e o fazer acontece por si mesmo.

Esse modo de agir (criativo) fácil e sem esforço vem a ser, evidentemente, a experiência do fluxo. Quando se chega a esse modo de fazer a coisa funcionar, o negócio em si mesmo se torna um prazer. Vejamos o que tem a dizer Paul Cook, já mencionado aqui:

Eu estou tendo o tempo de minha vida. E não o mudaria por nada. Estou fazendo o que sempre quis fazer, e cada parte, cada momento do que estou fazendo e enquanto o estou fazendo é tão estimulante quanto eu pensava que seria quando o desejava. É uma experiência eletrizante, fazer coisas novas e lidar com a nova tecnologia a fim de criar novos produtos para a sociedade. Eu não poderia querer coisa melhor (citado em Rayn & Myers, 1986, p. 113).

Criatividade coletiva: *brainstorming*

Até agora estivemos falando de criatividade individual, esta que certamente é um alicerce dos negócios. Contudo, os negócios são empreendimentos especiais, já que, normalmente, envolvem um grupo de pessoas que trabalha em conjunto para a criação de um produto. Como se aplica o fazer-ser-fazer-ser-fazer na criatividade coletiva? Um meio que se tem é o *brainstorming*, mas não como comumente tem sido feito.

No *brainstorming* convencional, as pessoas se sentam em torno de uma mesa e compartilham ideias a respeito de um problema em questão. A instrução é: nenhum comentários é burro demais para ser compartilhado. E todo mundo é instruído a ouvir sem o filtro de um juízo instantâneo a um comentário que se faça. A ideia é a de que o poder do pensamento divergente, pressuposto ingrediente essencial para a criatividade individual, vai prevalecer quanto mais intenso for o *brainstorming*, e conduzirá o grupo à solução.

Todavia, do ponto de vista da criatividade quântica, o pensamento divergente, na verdade, é apenas mais ideias do conhecido. Jamais podemos alcançar o desconhecido dessa maneira. O de que se necessita é a divergência de significado processando-se em nosso inconsciente – novas possibilidades têm de ser contempladas em nosso inconsciente. Em outras palavras, o necessário não é pensamento divergente, mas significado divergente processando-se no inconsciente.

Isso pode ser facilmente obtido em *brainstorming* mediante a realização da arte de ouvir não só sem juízo expresso, mas também com o silêncio real interior. É claro que se deveria expressá-lo e compartilhá-lo; mas todas as expressões – incluindo as que são criadoras de conflito – devem emergir do silêncio, e não da mente ocupada, mas do ser em si mesmo. E os participantes não devem tentar resolver conflitos por meio da razão, mas permitir que conflitos sejam processados no inconsciente. Conflitos são importantes porque ampliam os espaços de possibilidades de processamento inconsciente a fim de incluir novas possibilidades.

Para mudar as atuais práticas nos grandes negócios: economia espiritual

À medida que nos negócios pequenos e incipientes a criatividade prospera, a história já é bem diferente no caso das grandes corporações. Para tais empresas, disseminar o processamento de significado no mundo já não é o objetivo do negócio; o objetivo nu e cru é angariar poder – poder de dominar os outros. Hoje em dia, algumas multinacionais têm angariado mais poder do que muitos Estados nacionais.

Como isso foi acontecer? Para encurtar uma história que é longa, o capitalismo, tal como descoberto no século 18 pelo economista Adam Smith (1994), passou por muitas mudanças que acabaram por transformar o capitalismo original num verdadeiro monstro, a que chamo de economia materialista. Uma economia capitalista à la Adam Smith sofre de recessões periódicas, havendo uma subsequente expansão –, e a isso se chama ciclo de negócios, ou ciclo de expansão--contração. No capitalismo de Adam Smith, quando ocorre uma recessão, a recuperação se dá somente quando há inovação. Em outras palavras, a criatividade é a força propulsora que conduz a economia para fora da recessão. Na economia materialista, por outro lado, tem-se o gasto do consumidor numa economia em contínua expansão como aquilo que supostamente impele a economia para fora da recessão. A ideia é a de que a demanda do consumidor possa ser manipulada pelo marketing. A intervenção governamental durante a recessão faz o resto.

Originariamente, a intervenção governamental se deu como resultante de uma ideia do economista John Maynard Keynes. O governo poria as pessoas para trabalhar mediante investimento na infraestrutura etc. (se necessário, tomando dinheiro emprestado ou financiando o déficit), com isso dando tempo para uma recomposição dos negócios. Ocorre que, em parte em razão da crise do petróleo, em parte por causa do mau uso da economia keynesiana, uma situação chamada estagflação foi criada no início dos anos 1980, devendo-se a um só tempo o declínio da atividade produtiva (com o consequente aumento do desemprego) e um rápido processo inflacionário. Os economistas chegaram a uma solução chamada economia do lado da oferta, que tem sido praticada entre nós desde então.

A economia keynesiana atua no lado da oferta sempre tentando aumentar o emprego pela via dos gastos governamentais, com isso criando demanda que, por fim, aumentará a produtividade, dinamizando a economia outra vez. Com a estagflação, essa solução é dúbia, uma vez que certamente aumentaria a inflação ainda mais. Daí a economia do lado da oferta – que se baseia em resolver o problema aumentando a oferta de dinheiro sem criar demanda. Por exemplo, cortar impostos dos mais ricos para, com isso, conservar-lhes o dinheiro que, posteriormente, será investido; tal investimento, por sua vez, chegará até os mais pobres. É claro que alguém terá de carregar o fardo advindo de se cortar impostos, e é claro, ainda uma vez, que o governo o fará financiando o elevado déficit acumulado pelo empréstimo de dinheiro.

O lado negativo que se tem aí é que, tal como o capitalismo ao estilo de Adam Smith, esse sistema é instável. Existe um limite para até que ponto se pode financiar o déficit sem produzir instabilidade. Com isso, a instabilidade do capitalismo de Adam Smith (ciclo de expansão-contração) é pura e simplesmente substituída por um tipo diferente de instabilidade criada por um financiamento de déficit, possivelmente ao custo de uma instabilidade ainda mais desastrosa. Portanto, os limites de fontes naturais e o problema da crescente poluição ambiental para uma economia voltada ao consumidor fazem criar mais instabilidade.

Além disso, na economia materialista, a matemática é usada pressupondo-se que o comportamento do consumidor e o da atividade produtiva sejam passíveis de previsão. Evidentemente que isso está longe da verdade, já que as emoções continuam a influenciar o modo como as pessoas investem ou gastam seu dinheiro.

Por fim, grande parte do imposto que incide sobre o lado da oferta não é usado de nenhum modo na equação produção-consumo; em vez disso, é usado em operações especulativas de natureza puramente financeira. Em 2007-2008, uma combinação desses e de outros fatores possíveis produziu uma enorme recessão, uma fusão econômica responsável que pôs em xeque a validade das revisões materialistas do capitalismo de Adam Smith.

Assim, uma consequência direta da economia do lado da oferta é a de que o rico fica mais rico e o pobre fica mais pobre, criando-se, portanto, um enorme abismo e uma potencial instabilidade política. Por isso, a classe média se encolhe reduzindo o processamento de significado e a criatividade da sociedade como um todo – uma dinâmica completamente antievolucionária.

As multinacionais e o crescimento do poder corporativo foram um produto direto da mudança materialista na política econômica. O rico não investiu na oferta de capital de risco nem em criar novos e pequenos negócios que pudessem fomentar a criatividade. Pelo contrário, o rico viu uma oportunidade de angariar poder mediante investimento em corporações já bastante grande, permitindo que estas se tornassem multinacionais, reduzindo ainda mais os impostos e os encargos trabalhistas. As multinacionais podem terceirizar para países de economia em desenvolvimento com encargos trabalhistas menores e também ética e práticas trabalhistas menos rigorosas, sem em nenhum momento se importar com a redução dos níveis de emprego em seus países-sede, de economia desenvolvida. Grande parte do dinheiro dos ricos foi, pois, usado em atividades especulativas *(gambling)*.

As multinacionais e as grandes corporações não estão engajadas, portanto, no processamento de significado: elas substituíram a busca de significado pela satisfação instintual e pela resultante busca de poder. Em multinacionais, a terceirização garante que o trabalho de classe média de seu país de origem, de economia madura, seja transferido para uma população economicamente mais necessitada, de países de economias em desenvolvimento. Dessa maneira, trabalhos que eram plenos de significado para uma cultura tornaram-se relativamente desprovidos de significado para outra cultura. Quando o significado já não é encontrado, a questão da criatividade é discutível. O trabalho que enceta a produção terceirizada adquire algum benefício de sobrevivência material, mas pouco ou quase nada além disso. Dificilmente há um enriquecimento das pessoas no que diz respeito à dimensão sutil.

É possível trazer a criatividade de volta ao palco de operações de grandes companhias e multinacionais? É possível resolver o problema da instabilidade dos ciclos de expansão-contração sem o financiamento do déficit nem pelo lado da oferta nem pelo da demanda?

Sim, é possível. Um ponto fraco do capitalismo que se desenvolveu sob a égide da filosofia do modernismo no século 18 em substituição às economias feudal e mercantil, está em ter se limitado apenas ao balanço material dos empreendimentos comerciais e das pessoas que consomem os produtos oriundos desses empreendimentos. Mas a atividade produtiva não se traduz apenas num produto material; empresas que tomam a cargo produtos mais sutis – energias vitais, significado, beleza, amor, verdade –, também elas facilmente podem ser vistas como negócios. Exemplos disso são as empresas espirituais (como as religiões) e as humanísticas (como as universidades), e ainda as artísticas (como os museus). Em todas essas instituições é claro que a abordagem se dá de modo diferente, mas também é claro que essas diferenças são meramente superficiais.

Na verdade, essas empresas, que basicamente lidam com a matéria sutil, muitas vezes vêm com uma contraparte material para seus produtos, cujo valor, contudo, não pode se basear apenas no valor material. De modo semelhante, empresas que lidam com produtos que parecem ser puramente materiais também têm seus componentes sutis, como já se observou. Assim, faz-se necessária uma economia mais inclusiva, que trata a matéria mais densa e a mais sutil em pé de igualdade. Tal economia já está tomando forma (Goswami, 2011b), e a boa notícia é que o problema dos ciclos de expansão-contração resolve-se sem a introdução dos males da economia do lado da oferta.

A ideia básica de tal economia é simplesmente incluir tanto o denso como o sutil na hierarquia das necessidades das pessoas, necessidades estas que a atividade produtiva deveria se esforçar para satisfazer, não importando se sua natureza é predominantemente material ou predominantemente sutil. O objetivo da economia é a criação de riquezas: o arquétipo da busca da abundância. É claro que existe abundância infinita no domínio sutil, e por isso sua inclusão pode ocasionar uma expansão na economia.

A sabedoria convencional é a de que a atividade material sutil não pode ser mensurada, mas isso já não é mais verdade (Goswami, 2011b). Quando agimos tendo em vista ampliar o balanço dos negócios e incluir produtos sutis, então uma solução simples para o ciclo de expansão-contração é compensar a desaceleração da economia em seu setor material por um incremento do investimento no sutil. Isso não produz inflação porque o sutil, como recurso ilimitado (por exemplo, não há limite para o amor), não está sujeito ao jogo de soma zero.

A criatividade nos grandes negócios sob a economia espiritual

E agora, a grande questão: como pode a criatividade ser restaurada nas atividades comerciais e produtivas de grande porte, expandindo-se para a economia espiritual? A resposta é crucial.

A conversão em economia espiritual implica uma mudança na ênfase no modo como um negócio é gerido. Um negócio já não é uma organização com um ponto principal – o lucro material. Agora, pode-se reconhecer explicitamente que:

1. Uma demonstração positiva na manufatura ou fornecimento de produtos sutis também é provida de valor.
2. O trabalho pode ser pago não só por remuneração material densa, mas também o pode pelo sutil – por exemplo, pela dedicação de tempo livre, pausas para meditação durante as horas de trabalho, pela companhia de mestres espirituais e assim por diante.
3. Com as despesas laborais assim sob controle, a terceirização pode ser consideravelmente reduzida e os empregos significativos podem ser recuperados nos países economicamente desenvolvidos. Trabalhos plenos de significado também podem ser criados nos setores sutis da economia.
4. Essa recuperação do processamento de significado – do conferir sentido – na vida das pessoas nos países economicamente desenvolvidos torna a abri-las para a criatividade.
5. Grandes companhias podem tirar vantagem adicional dessa força de trabalho criativa incluindo a força de trabalho em produção de qualidade, em pesquisa e em outras atividades criativas na mesma medida em que isso se revelar praticável.

Quando os grandes negócios se tornam produtores de energias positivas sutis por meio do incremento da satisfação do funcionário com o trabalho por ele realizado, a sociedade como um todo adquire um estímulo criativo.

Agora se pode perguntar: Acaso esse desenvolvimento não provocará efeitos adversos nos países em desenvolvimento? Não necessariamente. É preciso não esquecer que também os países em desenvolvimento precisam se converter à economia espiritual. Além disso, os países em desenvolvimento necessitam de capital e de participação de mercado para suas exportações. Enquanto for dada a devida atenção a esses aspectos, as economias em desenvolvimento estarão melhor do que se entregues aos trabalhos e à atividade produtiva relativamente desprovidos de significado proporcionados pela atual forma de terceirização.

Criatividade com amor: ecoempatia nos negócios

Eu já mencionei que muitos setores produtivos estão se tornando conscientes de que políticas de atuação "verde" não necessariamente levam ao vermelho no balanço de perdas e ganhos. Quando o negócio se adapta à economia espiritual, políticas de negócio verdadeiras são uma consequência natural.

Um ponto positivo da economia espiritual sobre a economia materialista atual está em não mais ter de haver uma dependência no consumismo para se conduzir a economia. Isso significa que o esgotamento de recursos não renováveis se faz muito mais reduzido. Também a poluição ambiental é então reduzida, e isso inclui, numa escala bastante ampla, o aquecimento global e as mudanças climáticas.

A economia espiritual proporciona a nossas sociedades um estilo de vida menos acelerado, amplamente conduzido pela criatividade. Com a ecoempatia, a criatividade recebe um incremento cada vez maior, pois vem acompanhada do amor pelo meio ambiente. Com a criatividade, o amor proporcionando uma qualidade de vida sem precedentes, a dependência de prazer material como substituto para a felicidade (e vale lembrar que com o prazer material a dimensão sutil da vida é varrida para baixo do tapete, por assim dizer) é reduzida drasticamente. Assim, chegará o dia em que não mais necessitaremos de padrões de vida material insustentáveis. Até se pode esperar que os padrões materiais reduzidos serão proporcionados pelas fontes de energia renováveis (como a solar) à nossa disposição.

As possibilidades são ilimitadas. Nesse mapa de nosso futuro, para alcançar fins criativos que antevemos temos, portanto, de usar a criatividade como meio. Será necessária muita criatividade no exercício dos negócios com o intuito de implementar a nascente mudança de paradigma na economia.

Economia e leis econômicas
Jazem ocultas na noite
(o feudalismo prevaleceu: poucos ricos, muitos pobres.
Dificilmente alguém a processar significado.)
Disse Deus, "haja Adam Smith",
e houve luz.

(Classe média, processamento de significado, era do iluminismo!)
Não perdurou; e o materialismo bradou "bu!",
A economia materialista, vodu do lado da oferta,
especulação, derivativos
restauraram o *status quo.*

(De volta às eras obscuras: poucos ricos, muitos pobres;
Encolhimento da classe média, escasso processamento de significado, menos criatividade.)

Disse Deus, "eis aqui a física quântica e a economia espiritual,
Reconheça essa dupla dinâmica".
(E a classe média, o significado e a criatividade
De novo no poder.) *

---

* No original: *Economics and economic laws / Lay hidden in the night / (feudalism prevailed: few rich, many poor. / And hardly anybody processed meaning.) / God said, "Let Adam Smith be," / And there was light. / (Middle class, meaning processing, age of enlightenment!) / It did not last; materialism shouted, "Ho." / Materialist economics, supply side voodoo, / Speculation, derivatives / Restored the status quo. / (Back to the dark ages: few rich, many poor; / Shrinking middle class, little meaning processing, littler creativity.) / God said, "Here's quantum physics and spiritual economics, / Recognize the dynamic duo." / (And the middle class, meaning, and creativity / Will be back again in the saddle.)* [N. de T.]

capítulo 18

criatividade interior e desenvolvimento humano

Como se deveria classificar a criatividade de crianças? Todo mundo "sabe" que crianças são criativas. "Somos todos crianças-prodígio", disse o escritor Thomas Mann. Ocorre que as crianças raramente descobrem ou inventam algo novo (novo, sim, mas para elas!) na arena objetiva.

Em uma conferência a que assisti sobre teoria em criatividade, um debate importante esteve centrado na questão sobre se a criatividade na criança seria a mesma criatividade que se tem nos adultos. Agora, veja você, os pesquisadores em criatividade nos adultos normalmente estudam a criatividade de gênios – a criatividade exterior. Deveria estar claro que o conceito de criatividade interior nos permite resolver a tal questão, sobre se é a mesma criatividade. Além disso, tem-se aí a possibilidade de se estudar o desenvolvimento adulto sob o mesmo conceito genérico da criatividade interior.

A criatividade das crianças é o mais das vezes direcionada ao desenvolvimento do ego. É criatividade interior expressa no curso dos estágios do desenvolvimento do ego que segue uma série de transformações do contexto do aprendizado e da vida da criança.

Descobertas de Piaget sobre o desenvolvimento da criança

Como o ego se desenvolve de acordo com a teoria apresentada aqui? É uma boa pergunta a se fazer quando o objeto de interesse é o seu próprio desenvolvimento para além do ego. A aquisição pela criança de cada novo contexto de pensamento e de cada novo significado tem de ser identificada como salto quântico de pensamento que é também precedido pela desestruturação e seguido pela reestruturação do sistema de crenças da criança em circuitos em que (geralmente) o límbico e o neocortical se apresentam associados no cérebro. Para crianças pequenas, deve haver um número imensamente grande desses saltos quânticos acompanhados do desenvolvimento dos circuitos cerebrais. (Sem dúvida que essa composição é a responsável pela contínua alegria e prazer que vemos e admiramos nas crianças pequenas.) Entre acontecimentos de saltos quânticos há uma espécie de homeostase na qual a criança aprende continuamente pela solução mecanicista de problemas e pela terminologia do aprendizado maquinal (aprendizado de nível 1, de acordo com a terminologia de Gregory Bateson).

À medida que as crianças crescem, a duração dos estágios homeostáticos aumenta, e os saltos quânticos se tornam cada vez menos frequentes. O aprendizado mais convencional que se tem durante os estágios homeostáticos do desenvolvimento da criança levarão, pois, à cada vez mais rica autoidentidade com os contextos aprendidos e com o modo como são usados. Quando um repertório suficientemente rico de contextos tiver sido construído – e isso possibilita à pessoa em desenvolvimento uma atuação na maior parte das situações da vida –, daí se pode dizer que a pessoa adquiriu um ego. Antes do aprendizado, o conjunto de possibilidades da mente, a partir do qual a consciência escolhe suas experiências, abrange estados mentais comuns a todas as pessoas em todos os lugares e em todos os períodos. Com o aprendizado, gradualmente algumas respostas adquirem maior peso sobre outras. Aí se tem o desenvolvimento de uma mente individual que define o seu caráter de ego. Esse caráter suplementa a identidade de ego reunida a partir do conteúdo da memória no cérebro em conexão com uma história pessoal. O desenvolvimento do ego consiste, pois, em uma série de períodos de rápido crescimento quântico de uma homeostase para a outra, e de rápido crescimento contínuo no âmbito de uma homeostase. Já bem cedo as crianças começam a reconhecer certas expectativas do ambiente que lhes cerca, principalmente dos pais; elas também percebem que seu caráter nem sempre se conforma a essas expectativas. Assim elas aprendem a simular *personas* – máscaras para interpretar e fazer frente a essas expectativas – sempre que necessário.

A criatividade das crianças, portanto, é direcionada para o desenvolvimento do ego pessoal, que se segue a uma série de transformações no contexto do aprendizado e da vida da criança. A verificação empírica desse esquema de desenvolvimento foi a grande contribuição do psicólogo Jean Piaget.

O processo de desenvolvimento na criança possui dois aspectos que devem ser equilibrados: acontecimentos ambientais e as mudanças que esses eventos produzem na estrutura organizacional da criança. A criança se adapta às mudanças ambientais por meio de um processo de assimilação e acomodação, como Piaget descobriu. A assimilação é o processamento de informação que se adéqua à estrutura organizacional da criança, ou então, se a informação não se adéqua, a assimilação consiste na mudança de informação para se adequar à estrutura interna da organização. A acomodação, por outro lado, é o processo pelo qual uma criança muda sua estrutura para se adequar a dados ambientais discordantes. Juntos eles constituem o que Piaget chamou de equilíbrio, nomeando assim o processo de mudanças estruturais cognitivas adaptativas que se tem na criança.

Piaget (1977) descobriu três tipos de equilíbrio. Dê à criança um dedo, e ela começa a chupá-lo – essa é uma criança que executou um processo de equilíbrio simples. O equilíbrio simples se constitui no desenvolvimento pareado entre o objeto e a ação – por exemplo, dedo e chupar. O equilíbrio recíproco, por sua vez, consiste em equilibrar dois esquemas equilibrados de maneira simples e objetos em um todo. Por exemplo, um bebê que aprendeu a pegar um objeto e a chupar o dedo unirá as duas habilidades com o intuito de trazer um pacificador para a boca. O terceiro tipo de equilíbrio é chamado equilíbrio hierárquico – processo no qual sistemas e esquemas equilibrados são integrados contextualmente.

Esse terceiro tipo de equilíbrio é o mais significativo e demanda criatividade – aprendizado criativo. Pode-se ver que os primeiros dois tipos de equilíbrio pressupõem tão somente o aprendizado de nível 1 – o aprender no âmbito de contextos fixados ou para justapor dois contextos aprendidos com a intenção de resolver um problema. Um filme sobre condicionamento produzido por psicológicos skinnerianos mostra que até mesmo um pombo é capaz de equilibrar dois esquemas e objetos. Ao pombo se ensinou primeiramente a bicar um objeto e então a movê-lo. Quando o pombo foi deixado com um dispositivo móvel e com um objeto (passível de ser bicado) em posição fora de seu alcance, ele moveu o dispositivo para, com o auxílio dele, chegar ao objeto-alvo, pulou sobre o dispositivo e começou a bicar. Contudo, a integração dos elementos contextuais de aprendizado de nível 1 requer do aprendizado de nível 2 – o de aprender a aprender – uma capacidade de separar e reunir os contextos (lembra-se do experimento com o golfinho no Capítulo 8?). Essa integração demanda a capacidade de compreender e abstrair as regras que governam os esquemas – um salto criativo a que Piaget chamou de abstração refletiva e ao qual podemos reconhecer como salto quântico da mente. Este é algo que ninguém seria capaz de ensinar à criança, como nenhum pombo dele seria capaz. Esse tal salto criativo realmente requer um ato de descobrir algo novo em um novo contexto ou uma visualização de um novo aprendizado criador de significado. Ainda assim, toda criança o executa muitas vezes em sua jornada rumo ao ego adulto. E, como resultado de cada um desses eventos de aprendizado criativo, a criança alcança um novo estágio de desenvolvimento, uma autoidentidade nova e mais rica.

Então, de acordo com Piaget e em completo acordo com a teoria da criatividade quântica aqui desenvolvida, o desenvolvimento da criança consiste em estágios alternativos de aquisição e exploração de contextos e significados (homeostase), e também de sua integração (o salto quântico de equilíbrio hierárquico). Quando são aprendidos contextos suficientes, e seus significados são explorados e integrados, a criança adquire um caráter e uma *persona* que suplementarão o conteúdo da identidade com a história pessoal, que é o ego.

A criatividade interior nos adultos: desenvolvimento espiritual

A criatividade interior nos adultos é direcionada a um transcender do ego, algo necessário para se chegar a uma autoidentidade mais holística do que o ego. Convencionou-se que a busca por uma identidade holística para além do ego é realizada sob a égide da religião e da espiritualidade. Mas nem todos os aspectos da religião são criativos, e espiritualidade significa muitas coisas a muitas pessoas. Somente a espiritualidade com o objetivo da descoberta criativa de nossos valores intuitivos é criatividade interior. Aí a espiritualidade é claramente vista como jornadas de descoberta do potencial humano adulto, a envolver também a exploração dos arquétipos supramentais como o do amor, da beleza, da verdade, da bondade e da justiça. O processo da criatividade interior de transformação é semelhante ao da criatividade exterior. Há aqui uma questão candente, a de que existe preparação e incubação, fazer-ser-fazer-ser-fazer; existe iluminação e, por fim, manifestação. Existe até mesmo um produto – um novo você.

A intuição que se torna questão candente na jornada interior da criatividade pode resultar de uma insatisfação geral com o conflito interior na identidade do ego. Normalmente, as agendas do ego encontram-se carregadas de desejos, e desejos são muitas vezes conflitantes. Por exemplo, suponha que eu deseje ser bem-sucedido em minha busca por amor, e que eu queira trabalhar duro com vistas a esse fim; mas eu também quero desfrutar a vida, passar algum tempo com os amigos, ter uma carreira profissional de sucesso e assim por diante – são desejos não de todo compatíveis. Esse tipo de conflito engendra tensão, desassossego. O produto da manifestação da exploração criativa de arquétipos é um novo ego adulto, provido de uma relação com o mundo ampliada, positiva e relativamente livre de conflitos, de uma inteligência emocional intensificada e de um maior acesso ao *self* quântico.

Outra intuição que inicia a exploração criativa dos arquétipos é a curiosidade; por exemplo, o que vem a ser amar incondicionalmente? Quando conseguimos criativamente esse feito, nós não apenas obtemos acesso fácil à energia do coração, mas também nos sentimos satisfeitos, e sentimos também o surgimento da energia vital no chakra coronário.

Que a espiritualidade em última instância implique uma mudança criativa de contexto na vida é fato asseverado com a máxima clareza na história do jovem Nachiketa em um dos *Upanishads*. Nachiketa deseja conhecer a verdade espiritual, mas quem pode ensiná-la a ele? Ninguém a não ser o Deus da morte, Yama. Por isso Nachiketa vai até Yama e encontra a verdade sobre sua natureza espiritual.

Essa história sugere que a descoberta do espírito, a verdadeira espiritualidade, envolve a morte de nossa identidade em sua condição de ego condicionado; é por isso que apenas o Deus da morte pode ensiná-la. Somente quando a identidade com o antigo (ego) é morta pode a nova identidade começar.

Mas, como dizia tia Betsy a David Copperfield, Roma não foi construída em um dia. A viagem de autorrealização pressupõe a exploração de muitos arquétipos – os que foram mencionados acima e outros mais –, que implicam muitas encarnações. Para a maioria das pessoas, a criatividade interior dos adultos encontra-se basicamente nessas viagens arquetípicas para além do ego, e não na autorrealização, muito menos na aquisição de identidade com o *self* quântico no viver cotidiano.

É importante compreender a diferença. A exploração criativa de arquétipos requer um ego forte. Além disso, essas realizações criativas, muito embora sejam interiores, sempre fortalecem o ego. Renunciar ao ego em favor da autoidentidade quântica exige o enfraquecimento do narcisismo egoico. Os dois processos são antitéticos e devem ser feitos em passos.

A jornada espiritual da humanidade tem se tornado bastante obscura em razão da enorme confusão a respeito. No hinduísmo existem gurus a dizer que qualquer aspirante espiritual, não importando o seu estágio na evolução espiritual, "mata o ego, entregando-se a mim", o que é altamente inapropriado e até mesmo perigosamente nocivo, a não ser que o aspirante esteja comprometido com a investigação dos arquétipos. No zen budismo há um debate constante entre as seitas do Rinzai Zen e do Soto Zen sobre se a iluminação seria repentina ou gradual. Depende de como definimos a iluminação, não é mesmo? Estamos falando da experiência de autorrealização ou da fusão na autoidentidade quântica? (Ver Capítulo 20.)

Conforme disse acima, o desenvolvimento do ego não apenas envolve o desenvolvimento de uma natureza de padrões de hábito e de contextos aprendidos, mas também engendra uma *persona* consistindo em várias máscaras que tendem, por sua vez, a manter uma autoimagem. O primeiro estágio da criatividade interior evolucional revela-se como supressão da autoimagem e como a transformação em quem realmente somos: nosso caráter, nosso *self* autêntico. À medida que temos uma autoimagem, muito nos assemelhamos a atores.

Criatividade interior no "atuar"

Existe criatividade no atuar? Atores e atrizes perform no âmbito exterior, mas não criam nada de novo no sentido da criatividade exterior. Contudo, eles mergulham na criatividade interior (e talvez mesmo da criatividade exterior à medida que suas atuações desencadeiam no público um encontro com significados e arquétipos).

Na época de Shakespeare, encenar uma tragédia era o modo de que o ator dispunha para transcender o nível do ego/*persona* para chegar ao *self* autêntico para além das máscaras. Os nobres heróis das tragédias shakesperianas padecem de um conflito interior em razão das máscaras que usam. Não há resolução a não ser pela renúncia às máscaras, representada na morte.

Tome-se o caso de Hamlet. Ele se encontra dividido entre o *ethos* do tempo – o *ethos* do ego – de vingar o assassinato do pai e um *ethos* mais elevado – o "não matarás". Um e outro eram algo a se esperar dele; faziam parte de sua *persona*, mas nenhum deles fazia parte de sua natureza. A única saída foi a tragédia, a morte da *persona*, que, nesse caso, se deu por meio da morte física.

Nas culturas primitivas, o agir envolve o uso de máscaras, processo pelo qual aquele que a usa se torna o deus ou animal que está representando. No entanto, antropólogos observaram que as máscaras são usadas para estimular experiências de transformação; elas são veículos para a criatividade interior, para encontrar por detrás das máscaras a unidade de natureza/o *self* autêntico. "Nessas máscaras descobrem-se sempre seres se transformando em outros seres. Um homem é um urso, um urso é uma baleia assassina. O artista está mostrando um espírito compartilhado – ele está mostrando que todos os seres são em certo sentido um e o mesmo ser."

Hoje, em vez de tragédias shakesperianas, recuamos para uma forma mais primitiva de atuação; a modalidade só não é mais primitiva no quesito da sutileza das máscaras usadas pelos atores e atrizes; os personagens geralmente são pessoas comuns, já não deuses e animais. Mas o propósito da atuação continua o mesmo – descobrir para si a unidade do *self* autêntico por detrás da diversidade de diferentes máscaras e de seus diferentes melodramas. "A certa altura", pondera o ator Louis Gossett acerca de um papel que ele representou bastante bem, "eu já nem mais sabia quem eu era. Mas a parte final da história e também ele (o personagem) foram crescendo em seu *self* mais verdadeiro, e nem assim eu poderia perceber aí que algo profundo se passaria comigo. Quando você começa a se entregar e a usar sua alma, descobre mais."

É lamentável que muitos atores e atrizes se enredem na condição de viver a vida de muitas pessoas e de mentalizar muitas máscaras. Em vez de realizar uma exploração mais profunda de sua psique para além das máscaras, procedem a uma investigação horizontal, expandindo o repertório de máscaras que são capazes de usar para ocultar de si mesmos o seu *self* autêntico. Com isso, suas atuações já não configuram a descoberta criativa de sua unidade autêntica, mas mera técnica no ofício de atuar.

Assim, essa é a lição. Podemos viver a vida expandindo nosso repertório de máscaras e adentrar cada vez mais profundamente a ilusão que essas máscaras criam, ou então, sim, representar com as máscaras, porém sempre com o objetivo de transcender a máscara ou de nos desmascararmos. Quanto mais estivermos desmascarados, mais fácil será iniciar a viagem criativa da autêntica exploração dos arquétipos.

A verdade é que também as máscaras são representações dos arquétipos; ocorre que sem qualquer experiência deles não podemos realmente vivenciá-los; elas se baseiam no que pensamos que os arquétipos são, e o mero pensar não constrói os circuitos cerebrais que podemos evocar facilmente e sem esforço no momento em que mais precisamos deles. Então nós os desempenhamos e os fazemos parte de nossa falsa autoimagem. No processo de autodescoberta, atuamos com a ideia de nos livrar deles como parte do estágio de preparação, e mergulhamos com autenticidade no que resta do processo criativo.

Uma prática poderosa (e talvez indispensável) para fazer da vida uma união com o *self* autêntico está na auto-observação – uma observação radical, rigorosamente honesta e isenta de julgamentos de nosso comportamento formal com os outros, em concomitância a uma autoinvestigação sobre as nossas motivações internas, nossos sentimentos e pensamentos. Num primeiro momento, a pressão para modificar suas reações valendo-se da vontade de poder se revelará bastante forte, mas o caso é que esse ímpeto se revelará contraproducente. O propósito é justamente se desmascarar. Se você fizer esse exercício de maneira sincera, valendo-se de autopercepção-consciente e observação, paulatinamente começará a desnudar racionalizações e justificações específicas, além de outras defesas que escoram e armam o seu ego. Com uma percepção-consciente contínua, você poderá penetrar nas camadas mais profundas e mais sutis de camuflagem defensiva, num processo que, em etapas, é profundamente iluminador e contundentemente doloroso. Para que essa prática seja mais eficaz – e, às vezes, para que possa ser tolerada –, realize-a munido de compaixão por si mesmo, por uma compaixão que se aprofundará e se estenderá aos demais à medida que a prática for avançando.

A criatividade interior nos relacionamentos

Ao atuar, usamos máscaras e assumimos a identidade de outrem para explorar e chegar a *insights* sobre nossas próprias máscaras de autoimagem. Também nos relacionamentos temos a oportunidade de nos colocar no lugar de outra pessoa – aí de maneira mais sutil.

O problema é que o nosso ego cresce em homeostase. Isso envolve não apenas nossos próprios hábitos e padrões, mas também a tendência a, em nossas relações, manipularmos os outros na tentativa de moldá-los da forma como nos percebemos. E, quando permitimos a dinâmica em uma relação, muitas vezes o que se tem é um movimento horizontal no escopo de contextos definidos por nosso ego. Romper com essas tendências é um desafio criativo, e o tipo de ato criativo que tem o dom de superar esse impasse e recuperar a fluidez de relacionamentos enregelados e estáticos possui em seu âmbito a capacidade de nos catapultar para além do ego. Em outras palavras, o desenvolvimento da relação é criatividade interior.

A espiritualidade das mulheres tradicionalmente tem sempre enfatizado as relações (Anderson & Hopkins, 1991). E graças ao movimento de liberação da mulher – e, mais recentemente, ao movimento do homem e ao trabalho de pessoas como o poeta Robert Bly –, a exigente palavra iniciada em "r" já não é um anátema para homens, mesmo no Ocidente (Bly, 1992).

Existem muitos tipos de relações que nós vivenciamos, e todas elas nos proporcionam oportunidades para a exploração de arquétipos. Abaixo, tomarei um desses arquétipos – o amor – e passarei a examinar como uma relação íntima pode atuar como catapulta para a descoberta do amor.

Preparação: a partir do sexo e do comprometimento romântico

Em razão dos circuitos cerebrais instintuais, a nossa sexualidade é facilmente despertada, não raro por toda uma variedade de estímulos. Quando somos adolescentes, e essas sensações ainda não nos são familiares, ficamos confusos quanto à nossa sexualidade. A maioria das sociedades alimenta um verdadeiro tabu contra oferecer aos jovens educação sexual. Em algumas sociedades espirituais, a ideia do celibato é introduzida, apresentada para o jovem. O problema é que muitas vezes isso é feito sem muita orientação do como e do porquê. A ideia original poderia ser bastante boa: mantenha o celibato até descobrir o amor romântico, quando já não estará confuso acerca do potencial criativo de sua sexualidade (para além da procriação). Mas havendo nenhum caminho ou diretriz para essa educação, como fazer para que a confusão dê lugar à compreensão?

Se um adolescente enquanto para o sexo sem entender o potencial criativo e o propósito do sexo (e aqui não estou falando dos aspectos "da corte", relacionada ao aspecto reprodutivo do sexo, que costuma ser ensinada nas escolas como educação sexual), ele responderá cegamente aos circuitos cerebrais e verá a sexualidade como gratificação, como um veículo para um único tipo de intenso prazer. Uma vez que a satisfação do prazer sexual com um parceiro estimula a energia vital para o terceiro chakra, associado à identidade do ego com o corpo físico, um senso de poder pessoal entra na equação. A esse respeito logo somos levados a pensar nas "conquistas sexuais" relacionadas ao sexo, que não estão associadas ao amor romântico. Lembre-se de que o sexo no amor romântico eleva a energia ao chakra cardíaco.

No mundo ocidental, o padrão que se desenvolveu no curso das últimas décadas, pelo menos para os homens, é o de um prematuro condicionamento de sexo em função de poder. As mulheres, graças a alguns pais protetores ("conservadores"), encontram-se de certo modo isentas, muito embora isso esteja mudando rapidamente. E o que acontece quando finalmente descobrimos um parceiro que faz ressoar nosso chakra cardíaco? Entramos na relação de amor romântico, mas tendemos a não renunciar ao hábito da conquista. Assim, quando o romance acaba, por esgotamento, o que acontece mais cedo ou mais tarde, em razão de nossa tendência a desgastar toda e qualquer experiência nova, é uma atitude de reincidir na propensão do sexo pelo poder. Temos então uma escolha. Podemos buscar outro parceiro romântico ou ir fundo na relação existente para explorar seu potencial criativo.

Daí o costume social de o homem ser aquele que pede a parceira de amor em casamento. Casar é mudar a equação do sexo: eu me comprometo a mudar meu padrão de usar sexo por poder usando o sexo então sempre para fazer amor. Isso significa que vamos permitir sempre que a energia se eleve ao coração após um intercurso sexual, e iremos sempre nos permitir nos tornar vulneráveis. O casamento é um compromisso para fazer amor e não a guerra (conquista).

Uma dificuldade está em esse acordo do corpo vital ter de encontrar acordos com o corpo mental dos parceiros ou parceiras. Para os corpos mentais de um casal, os condicionamentos do ego individual são muito profundos; nas arenas de sobreposição de atividade do ego haverá territorialidade, e a competitividade emergirá fazendo a energia do chakra cardíaco descer para o chakra do plexo solar, de novo resultando em um retorno ao narcisismo. Um homem diz para a esposa quando ela expressa insatisfação com o casamento: "Eu não entendo... Seu trabalho é me fazer feliz. E eu estou realizado, completamente feliz. Então, qual é o problema?".

A competitividade e outras emoções negativas só cederão quando começarmos a intuitivamente ver que é possível se render a emoções negativas nos domínios da energia positiva do amor.

Uma tira humorística descreve perfeitamente a situação com o narcisismo do ego. Calvin diz: "Estou em paz com o mundo. Estou completamente sereno". Quando pressionado por Haroldo, ele esclarece: "Estou aqui, de modo que todo mundo pode fazer o que eu quero". Desse lugar, podemos amar de maneira apenas magnânima, do nível superior em uma relação hierárquica. Mas isso não é amor, e conduz ao isolamento. Quando nos tornamos conscientes de nossa solidão, apesar de ter amigos e parceiros, começamos a nos perguntar por que estamos sozinhos, por que não nos sentimos amados e por que na verdade tampouco somos capazes de doar um amor não egoísta.

Revela-se então que estamos seriamente propensos a nos envolver no processo criativo de descobrir o amor; fizemos o trabalho de casa, a preparação básica. O passo seguinte é o processamento inconsciente.

Processamento inconsciente na exploração do amor

Nosso condicionamento não permite que entrem estímulos para evocar todas as repostas possíveis em nosso complexo corporal vital mente-cérebro-vital. Em vez disso, ele atua como fenda que nos permite processar o estímulo, valendo-nos das mesmas perspectivas condicionadas que já vimos antes. É bem como o caso do elétron passando por uma fenda única antes de cair numa tela fluorescente. Ele aparece bem atrás da fenda; apenas um pequeno borrão de sua imagem em razão da difração revela que o elétron é ainda uma onda de possibilidade, e não uma entidade de uma completa fixidez de um ponto. Mas se nós fizermos passar o elétron por uma fenda dupla (Figura 16, p. 138), o conjunto de possibilidades dos elétrons se torna amplamente incrementado pelo processamento "inconsciente" – ver abordagem a respeito no Capítulo 9.

Ter uma relação íntima comprometida é como ter uma fenda dupla para peneirar todos os estímulos que vêm até nós por essa via, aumentando o seu conjunto de possibilidades para o processamento inconsciente. A verdade é que você ainda não consegue reconhecer conscientemente os contextos do seu parceiro; mas seu inconsciente já os está levando em conta – daí a mudança. A partir desse momento, o conjunto de possibilidades a partir do qual se pode realizar a escolha se faz muito maior, como maiores são as chances de que novas possibilidades para a criatividade já estejam ali, para a consciência quântica entrar na cena e escolher. Com essa estratégia, mais cedo ou mais tarde lhe ocorrerá o ah-ha criativo, um salto quântico, uma descoberta da "outridade" do outro (para usar o termo da socióloga Carol Gilligan), não inconsciente, mas conscientemente. Seu "inimigo" íntimo agora se tornou também o seu amigo íntimo.

Convidando a consciência quântica a resolver seus conflitos: o *fazer-ser-fazer-ser-fazer* do amor incondicional

Depois que se revelar a você e a seu parceiro que o inimigo íntimo pode ser também o seu amigo íntimo, uma relação realmente respeitosa pode se iniciar. Nessa relação, cada um é um indivíduo, cada qual pode reconhecer a "outridade" do outro. Com isso, a relação passa por uma viragem rumo à transformação da hierarquia simples em uma hierarquia entrelaçada.

Olhe a pintura de Escher, *Desenhando-se*, mais uma vez (Figura 10, p. 88). Na pintura a hierarquia entrelaçada é criada porque a mão esquerda está desenhando a direita, e a direita está desenhando a esquerda, mas você pode ver que se trata de uma ilusão. Por detrás da cena, Escher desenha uma e outra. Se, valendo-se de seu estudo sobre os paradoxos quânticos (ver Capítulo 5), você tiver efetivamente realizado o salto quântico da compreensão de que a realidade de sua consciência manifesta, que é a sujeitidade da parceria sujeito-objeto, surge da escolha quântica e entra em colapso a partir de uma consciência quântica indivisa, você também terá identificado a fonte de sua real liberdade – a consciência quântica não manifesta. Mas de que modo se muda sua identidade do manifesto para o não manifesto, ainda que temporariamente?

É nesse processo de descoberta que seu inimigo-amigo íntimo pode se tornar uma enorme bênção. Bem, o seu parceiro ou parceira já é uma bênção, por introduzir uma segunda fenda em um arranjo de fenda dupla por meio da qual os estímulos que você processa são peneirados, o que permite uma enorme proliferação de possibilidades. Existiria outro modo de incrementar os conjuntos de possibilidades ainda mais? Haveria como garantir que haja novas possibilidades no conjunto?

No filme *Muito Bem Acompanhada*, para minha grande satisfação, o herói disse à heroína algo como "quero casar com você porque prefiro lutar com você a fazer amor com outra pessoa". Para praticar o amor incondicional, é importante, sem nenhum constrangimento, reconhecer seu parceiro de amor como "inimigo íntimo". O conselho comportamental que se dá é usar a razão para estabelecer as diferenças passíveis de provocar brigas ("renegociando o seu contrato"); é lamentável, porém, que isso só leve a suprimir emoções. Ora, uma vez que as emoções vão irromper de um modo ou de outro, o conselho comportamental é abandonar a cena, sem deixar que as coisas "saiam de controle" ou então "beijo e reconciliação", que é o que se pretende enquanto não se assume o controle da situação. Pode se ter aí bons conselhos para pessoas que não estão prontas para o amor incondicional. Mas para as pessoas interiormente criativas, o desafio é amar o parceiro apesar de suas diferenças. E quando essas diferenças provocarem brigas, que assim seja, a contenda se manterá explícita ou implicitamente até acontecer um salto quântico ou até que a situação se torne insustentável em seu atual estágio de maturidade emocional pessoal. Conflitos são a garantia de novas possibilidades em seu conjunto destinado ao processamento; e quem pode processar o novo a não ser a consciência quântica/Deus? Paulatinamente, você se torna capaz de esperar de maneira indefinida por conflitos não resolvidos até que a causação descendente os resolva, dando-nos experiências do *self* quântico hierárquico entrelaçado e do arquétipo de amor.

A prática, para manter conflitos não resolvidos indefinidamente até a resolução vir de uma consciência mais elevada, é de realização difícil, mas são enormes as recompensas de seus estágios de manifestação após a incidência de *insights* criativos. As condições que impomos ao nosso amor podem cair por terra com a prática, e o amor pode florescer em um amor incondicional e objetivo – objetivo porque o amor à consciência quântica é objetivo.

E então temos escolha. Tão logo possamos amar incondicionalmente, o sexo se torna uma escolha. Não precisamos fazer amor. Temos agora um circuito de amor em nosso cérebro. Mas ainda podemos incluir o sexo em nossa relação amorosa, se tal for apropriado – e se assim escolhermos, é claro –, mas o sexo já não é compulsório. Não temos de nos entregar a ele desesperadamente.

Esse é o lendário amor de Krishna e suas *gopis* (palavra sânscrita para consortes) celebrado na tradição vaishnavite hindu. Sobretudo nas noites de lua cheia, Krishna dança com suas dez mil consortes, todas de uma vez. Pelo menos é o que diz a lenda. Poderia Krishna se duplicar em dez mil corpos? Se se pensar no amor de Krishna como amor no espaço e no tempo, essa lenda o deixará confuso. Porque ela tem de ser uma metáfora! E é. O amor incondicional de Krishna é sempre fora do espaço e do tempo, não localmente.

O despertar da inteligência supramental

Existem muitos arquétipos do supramental: amor, beleza, justiça, bondade e verdade são alguns dos principais. Em nossa jornada de transformação, temos de explorar cada um dos arquétipos. Toda e qualquer exploração criativa nos proporcionará a fruição de um circuito cerebral de emoção positiva que nos ajudará a equilibrar o negativo em nossa vida. O objetivo básico está em migrar para além da inteligência mental, que não nos traz felicidade. A prática do amor incondicional nos ajuda a desenvolver a inteligência emocional.

A realidade é que cada um de nós tem de descobrir criativamente a verdade de "amar ao seu próximo como a si mesmo", que significa "seja bom com o seu próximo". Só então, em um salto quântico direto (um *insight*), à medida que vivencia a sua unidade com seu próximo e manifesta a verdade em sua vida por um circuito cerebral, você pode realmente amar essa verdade com autêntica ausência de qualquer esforço, e de maneira consistente. Ser bom para o seu vizinho torna-se então uma permanente renovação de relação – fundada não na fixidez ritual, mas na fluidez criativa centrada no presente. Você descobriu o viver ético. De modo semelhante, teremos de descobrir todos os temas espirituais da vida – respeito, humildade, justiça e outros valores honrados – se quisermos vivenciá-los.

O ecólogo Arne Ness nos deu o conceito de ecologia profunda. Etimologicamente, *eco* vem da palavra grega *eikos* (que significa lugar) e *logy* do grego *logos* (que significa conhecimento). Com isso, a ecologia diz respeito ao conhecimento do lugar em que vivemos. Na verdade, porém, vivemos não apenas em nosso ambiente externo, mas também em nosso ambiente interno. A ecologia profunda diz respeito tanto ao nosso mundo externo, como a nossos mundos internos e sutis, o que nos conclama a assumir responsabilidade ética tanto pelo mundo denso como pelo sutil.

À medida que nossas realizações arquetípicas se acumulam, aí se tem o início de uma mudança de ego-identidade para uma relação mais equilibrada com o *self* quântico. Chamo a isso de despertar da inteligência supramental, que recebe o termo *buddhi* em sânscrito. Etimologicamente, a inteligência tem em sua raiz a palavra *intelligo*, que significa "selecionar entre". Bem apropriado, não? Na verdade, com o despertar de *buddhi*, começamos a nos tornar conscientes do *self* quântico e a assumir responsabilidade pelas escolhas que nos proporcionam a autoexperiência quântica.

O nível *buddhi* de ser traz uma liberdade muito bem-vinda a partir de uma autopreocupação compulsiva. Eventualmente você pode sentir essa liberdade ao cantar no chuveiro ou ao caminhar pelos bosques. Mas você é capaz de se imaginar sentindo esse tipo de liberdade durante o que chama de "resolver coisas", nos momentos de tédio ou mesmo em situações de sofrimento? É como dançar no curso da vida. "Você vai, não vai, você quer, não quer, tomar parte na dança?". Esse exuberante convite de Lewis Carroll está sempre aberto a cada um de nós, mas só nos empenhamos em dançar quando a inteligência supramental desperta.

Também o psicólogo Carl Jung enfatiza consideravelmente a nossa criatividade interior de desenvolvimento adulto, que, diz ele, conduz à "individuação" – um estágio de desenvolvimento no qual a individualidade da pessoa é firmemente estabelecida no âmbito de uma unidade cósmica. O conceito do despertar da inteligência supramental é semelhante.

Fazer o circuito do amor em nosso cérebro ajuda-nos a equilibrar muitas de nossas emoções negativas – medo, ódio, competitividade etc. Mas como assim? Esses circuitos cerebrais de emoções, tanto as negativas como as positivas, têm sempre componentes límbicos e neocorticais que lhes estão correlacionados – são circuitos compostos pelo mecanismo da teoria do caos. E essa é uma chave importante para que se compreenda a transformação espiritual.

A transformação espiritual exige uma máquina de caos no cérebro?

Há algumas décadas falava-se muito, pelo menos na imprensa popular, na teoria do caos como solução para todos os nossos problemas, da criação do universo pelo *big bang* ao movimento da água suja no esgoto da cozinha. Um sistema caótico, ainda que determinisita, é altamente sensível às condições iniciais – tanto que seu comportamento futuro não pode ser predito no longo prazo. Os erros no conhecimento das condições iniciais se mantêm exponencialmente múltiplos, a fazer predições cada vez menos precisas.

Metaforicamente, o bater das asas de uma borboleta pode mudar as condições climáticas – uma vez que o tempo é um sistema caótico. Essa é a razão para a imprevisibilidade no longo prazo que é essencial ao nosso sistema climático, independentemente de quão bem se coletam os dados iniciais ou do tamanho do computador que usamos para fazer nossos cálculos.

O caráter imprevisível do sistema caótico segue a sua dinâmica não linear. Para a dinâmica linear, uma soma de causas produz uma correspondente soma de efeitos. Para a dinâmica não linear, a relação causa-efeito não é assim tão nítida e previsível; o valor anterior de um efeito variável relaciona-se ao valor atual de um modo bastante complexo, originando novas possibilidades para o desenvolvimento do sistema. De fato, isso significa que para as oscilações caóticas não lineares apenas uma mudança tênue nas condições iniciais produzirá um comportamento completamente novo que não possa ser predito *a priori*. Muito embora o sistema obedeça à física newtoniana e seja determinado, na presença de um estímulo adequado (o bater metafórico das asas da borboleta), um sistema não linear pode se comportar de maneira bastante inesperada. O início de uma turbulência em um líquido é um exemplo prático. Você pode estar se refestelando em uma fonte de água a uma distância prudente quando, de repente, a água virá encharcá-lo em um súbito e grande borrifar.

Mas a importância dos sistemas de caos não linear é não necessariamente randômica; pode haver uma bifurcação de caminhos conduzindo a uma nova ordem no sistema. Diz-se que a nova ordem se deve a uma falha na bacia de um "atrator estranho". Uma bifurcação nada mais é do que uma mudança de uma bacia de atrator estranho para outra. Mudam-se as condições, e o sistema pode pular da bacia de um atrator antigo e se estabelecer em uma nova bacia de um novo atrator.

O neurofisiólogo Walter Freeman e seus colaboradores decifraram a dinâmica do caos no cérebro – a mudança de um atrator estranho para outro – envolvida no aprendizado de um novo estímulo olfatório (Freeman, 1991). A dinâmica do caos do cérebro na transformação das emoções de negativas em positivas só pode ser similar.

Suponha que você esteja sob a influência de um circuito cerebral emocionalmente negativo, e isso signifique que o seu cérebro seja uma máquina de caos em uma fase quiescente correspondendo à bacia de equilíbrio do atrator estranho apropriado. A sua resposta a um estímulo emocional negativo torna-se de todo previsível. Se, contudo, além disso você tiver um circuito emocional positivo, uma vez que seu cérebro é uma máquina de caos, ser-lhe-á possível mudar o comportamento pelo mais tênue dos pensamentos ou emoções positivas. Seu pensamento emocional atuará como desencadeador que dirige o sistema caótico para fora do antigo atrator que mantém a antiga ordem, o antigo padrão de respostas para o estímulo em questão, para a bacia do novo atrator estranho que você criou com sua prática.

Jornadas [arquetípicas] trazem poder e amor
de volta para ti. Se não puderes ir a algum lugar,
migres pelas vias de passagem do *self*.
São como raios de luz,
sempre mudando, e tu também mudas
ao explorá-los. *

---

* No original (Rumi, 1988, p. 2): *[Archetypal] Journeys bring power and love / back into you. If you can't go somewhere, / move in the passageways of the self. / They are like shafts of light, / always changing, and you change / when you explore them.* [N. de T.]

capítulo 19

criatividade interior: autorrealização

Pode-se perguntar se a criatividade interior termina com o despertar de *buddhi* e com a percepção de circuitos cerebrais emocionais positivos. Na verdade não. A criatividade interior continua, isto sim, mesmo depois da manifestação da inteligência supramental substancial – mesmo depois de tomar parte na "dança". Lembre-se: ser um dançarino não é ser livre; estar em *buddhi* não é ser livre. O que se tem é uma atração, um sentir-se atraído pelo glamour da dança, para o romance implicado no ato de vivenciar a liberdade que a dança representa. Pode esse último romance ser sacrificado?

Recomendável é construir os circuitos cerebrais de emoções positivas e adquirir inteligência emocional, de conduta ética, de ecologia profunda e de tudo o que nos mantém alegremente ocupados no curso de muitas encarnações. Ao final, mesmo essa ânsia em explorar começa a se tornar um hábito. Tendemos a ficar entediados – "esteja ali, faça aquilo lá"... O que toma forma, pois, é um desconforto profundo com o que Buda chamou *dukkha*. É quando nos damos conta da primeira nobre verdade de Buda – vida é sofrimento. O sofrimento vem da dualidade de viver em duas identidades de *self* – o ego e o *self* quântico. Toda e qualquer separação do todo, como a ego-identidade tomada em si mesma, é vivenciada como sofrimento. Agora o iniciado em criatividade interior sente-se motivado a acabar com seu sofrimento. A ir além do *self* orientado para a percepção de um estado de não "ego-*self*".

Realizações de inteligência supramental trazem-nos satisfações, mas a alegria espiritual é muito mais a atração do que a satisfação (a que os hindus chamam *ananda*) que um criativo sente no momento do salto quântico, como efeito colateral da unidade com o *self* quântico. Pouco a pouco, após muitas experiências de pico, a curiosidade se intensifica e se faz questão candente: posso ir além da dualidade, serei capaz de transformar minha identidade para o *self* quântico e desfrutar para sempre do êxtase da união? E não demora a se evidenciar que a jornada espiritual já está muito diferente – temos de nos destacar da identidade do ego, renunciar à orientação de execução etc.

Para alguns exploradores, o *self* quântico se revela um arquétipo – o *self* arquetípico –, quase como qualquer outro arquétipo, é o que se poderia dizer. Isso leva ao desejo intenso de conhecer o verdadeiro *self* – a natureza da consciência em si mesma –, e provoca a investigação: quem sou eu? Qual a natureza verdadeira de meu *self*?

Existe um mito que persiste em algumas tradições espirituais, de que para ser verdadeiramente iniciado em uma via para a criatividade interior é preciso ter um guru, um professor iluminado. Mas o *self* quântico, o espírito sagrado é o guru, como algumas dessas tradições reconhecem de maneira explícita, e na verdade ele não está separado de nós. Se você estiver afundando na areia movediça, não vai conseguir puxar-se para fora por seu próprio esforço; a lei de Newton o impede. É possível, porém, se impulsionar para fora da areia movediça da identidade do ego. Isso porque a identidade do ego não é real. A hierarquia simples do ego e sua perspectiva narcísica é uma aberração (ainda que necessária para a viagem criativa) ante a consciência clara que é o espírito santo. Esperar por alguém de fora, seja guru ou não, que realize o trabalho criativo para você acaba equivalendo a perpetuar a aberração.

O problema é que na criatividade interior de autorrealização você está tentando se elevar, deixando a hierarquia simples da identidade do ego, para a hierarquia entrelaçada do *self* quântico. Não é o caso de chegar a uma relação baseada em uma hierarquia entrelaçada por meio de alguém que esteja a se valer de uma hierarquia simples, como em algumas relações guru-discípulo baseadas no poder. Mas se você encontrar um daqueles raros indivíduos que compreendem as relações hierárquicas entrelaçadas e nelas se envolvam, daí é diferente. Na Índia, um guru com essas características é chamado de *sadguru*.

E agora vem o cerne, o quintessencial: como são os estágios de criatividade interior que nos catapultam para a exaltada percepção do do *self* quântico do ser numa atitude exaltada, isto é, para a percepção de que eu sou o *self* quântico, a qual é diferente da que se teve no último capítulo?

Preparação inicial

Parte da preparação para a jornada espiritual da criatividade interior costumava ser o estudo da literatura para que se tivesse uma compreensão intelectual da filosofia da consciência tal como apresentada por filósofos e místicos de diferentes períodos. Se você fizesse parte de uma linhagem religiosa, estudaria as escrituras com a motivação de entender o significado por detrás da forma. Portanto, investigaria o significado de rituais e práticas particulares.

Também encontraria um guru, não necessariamente um guru humano, para renunciar a seu ego. Isso lhe demandaria muitos anos de estudo, de rituais e meditação (bem o que se tem no processo criativo de nossos dias) para superação e percepção de que "sou o meu *self* mais íntimo". No hinduísmo isso foi chamado de culminação de *gyana* (palavra sânscrita para sabedoria) *yoga*. Em outras tradições esse processo leva outro nome. Mas o caso é que a sabedoria aí não ajuda muito. Com a sabedoria, sim, você conheceria a verdade, mas não saberia como vivê-la. Por isso, após o alvorecer da sabedoria, você necessariamente passaria à prática do amor (*bhakti yoga* em sânscrito) etc., passando pelos arquétipos.

Algumas tradições, como o cristianismo e o sufismo, tentaram reverter o procedimento – o amor antes da sabedoria. Mas também isso não funcionou bem, porque sem a sabedoria é muito difícil ter o domínio sobre a convicção (fé) na consciência quântica, quando se intenta empreender a jornada de autorrealização.

Hoje, à medida que a ciência da autorrealização vai se tornando clara, isso está ficando fácil. Descobrimos uma nova *gyana yoga*, ao estilo ocidental. Obtenha a sua sabedoria a partir da resolução teórica dos paradoxos quânticos; em seguida, convença-se de que elementos importantes da teoria, como não localidade e causação descendente, são experimentalmente verificados. Desse modo, você chegará à fé de que essa nova ciência é ciência adequada e de que nela você não vai falhar – não poderá falhar. Isso é parte de sua preparação. Na terminologia de Buda, é o pensar corretamente.

O estágio seguinte da preparação é o da investigação dos arquétipos. Isso é algo que ocupa muitas vidas, de modo que nesta você já tem o desapego em relação a realizações (é o chamado *vairagya*, em sânscrito) e não obstante amor, ética, ecologia profunda e inteligência emocional lhe vêm facilmente, de modo que você sabe estar pronto para a viagem final de autorrealização. Já sabe como viver seu pensar corretamente. Na terminologia de Buda, aí se tem o chamado viver correto.

Se algum aspecto do viver correto ainda estiver faltando, conclua-o. Ou então a necessidade de satisfação ainda estará lá, após você ter vivenciado a autorrealização, e confundirá todo o importante estágio de manifestação. Existem muitos autoproclamados gurus conquistando isso e aquilo, fazendo desfrutar prazeres do ego de modo inadequado e provocando com isso muita confusão. Tal não significa que eles não sejam autorrealizados; mas tampouco significa, por outro lado, que eles tenham sido capazes de assumir a tarefa da plena manifestação da autoidentidade quântica a partir da qual só fluiria a ação que lhe fosse condizente.

A preparação final para a jornada de autorrealização é encontrar o modo de viver que lhe seja correto. E isso consiste numa vida de renúncia, e não de perda. Significa apenas uma coisa: você não deve usar seu modo de vida para realizar coisa alguma que leve a uma edificação egoica. Mas não se preocupe – se estiver pronto, esse passo não lhe demandará muito esforço.

Trabalho alternado e incubação: vontade e renúncia

Como com a criatividade exterior e também com a criatividade interior de transformação, grande parte do trabalho de criatividade interior de autoexploração é inconsciente. Na criatividade interior de realizações, durante o estágio de processamento inconsciente, nós relaxamos no que diz respeito a buscar ativamente o problema em causa. Na criatividade interior de autorrealização, tornamo-nos serenos, fazemo-nos silenciosos; queremos matar o realizador. Em vez de procurar ir com a correnteza, renunciamos ao fluxo da vida.

Moudgalyayana veio até Buda com muitas perguntas que ele tinha feito a todos os professores que até então havia encontrado. Mas Buda percebeu que o esforçado aluno estava pronto para o estágio seguinte. E perguntou: "Quer saber as respostas ou as perguntas?". Moudgalyayana alarmou-se. Não sabia o que dizer. Buda então elaborou: "Todas as respostas que tiverem valor na verdade crescem dentro de você [de suas questões candentes]. O que posso dizer é irrelevante. Então fique comigo em silêncio durante um ano. Após um ano, se você ainda perguntar, eu responderei". Moudgalyayana silenciou. Um ano depois, quando Buda lhe perguntou se ele tinha alguma questão,

Moudgalyayana continuou em silêncio. Tinha entendido a importância deste no processamento inconsciente para a autorrealização.

Suplementar o processamento inconsciente com o esforço consciente para exercitar a vontade é não raro perigoso. A meditação em concentração ajuda a tornar assertiva a vontade, a lembrá-lo de seu objetivo. Você pode sentar em estado de concentração mental recitando um canto. Pode ficar com os braços levantados na horizontal (a posição da cruz de ouro) durante uma hora por dia ou girar como os dervishes, para aumentar o poder da vontade.

Quanto deve praticar? Depende. Algumas pessoas são tão enraizadas em seu ego, que se faz necessário uma prática rígida e demorada para que possam, a bem dizer, "sair de suas trincheiras". Outras já encontram facilidade. Em um relato zen, um aspirante à espiritualidade encontra uma extraordinária família espiritual na qual todos os membros tinham despertado para a sua natureza de Buda. Em resposta à pergunta do aspirante, "é difícil despertar para a sua verdadeira natureza?", o pai disse que "é muito, muito difícil". Ao que a mãe completou: "é a coisa mais fácil do mundo". Para o filho, "nem uma coisa nem outra". Por fim, a filha responde: "Se você fizer dele algo difícil, ele será. Se você não o fizer assim, ele não será assim".

O encontro na criatividade interior da autorrealização

Como acontece com a criatividade exterior, também a criatividade interior envolve um encontro entre o nosso ego e as modalidades quânticas. O filósofo existencialista Martin Buber chamou-a de "encontro eu-tu"; o encontro é ainda mais intenso do que na criatividade a serviço das realizações, porque o seu propósito é a transformação de sua ego-identidade – uma mudança radical na homeostase familiar de seu ego adulto. E mudança radical demanda intensidade radical.

A história a seguir lhe dará uma ideia do tipo de intensidade que pode ser mobilizada. Um jovem não tinha compreendido como era possível se concentrar em um mantra, ainda que fosse por alguns minutos. Por isso seu professor, que por acaso era o rei, ordenou ao jovem que carregasse um cântaro cheio de óleo circundando três vezes o castelo. "E enquanto você estiver carregando o óleo", advertiu o rei, "tenha cuidado para que nenhuma gota caia no chão. Um espadachim vai segui-lo, e instantaneamente lhe cortará a cabeça ao menor ruído de gota no chão." Ao executar a ordem, o jovem facilmente compreendeu a intensidade que está implicada na concentração bem-sucedida.

Uma concentração intensa, tal como a obtida pelo jovem, normalmente se encontra muito além de nossas possibilidades, a não ser que sejamos confrontados com rigor e dificuldade semelhantes em uma tarefa. Como na criatividade de realizações, o calor de nossa investigação deve queimar nossa resistência e indolência para que possamos vivenciar a percepção-consciente primária do *self* quântico. E ainda assim também temos de relaxar, entrando em processamento inconsciente. E aí de novo se tem aquele mesmo entrejogo, vontade e renúncia, fazer-ser-fazer-ser-fazer.

Se você estiver atento, situações da vida cotidiana podem lhe render oportunidades de mudança prolíficas e imediatas. Essas situações podem envolver sofrimento, mas a própria intensidade tantas vezes encontrada no sofrimento é o que pode energizar a transformação.

O físico e professor espiritual Richard Moss (1981) reconhece a cirurgia impeditiva como um fomentador da intensidade meditativa de que estou falando. O caminho para a cura é um importante caminho para a autorrealização.

Quando o místico e psicólogo Richard Alpert, na prisão, trabalhava no projeto Ashram, ele ficou impressionado com o nível de percepção-consciente de seus companheiros de corredor da morte (Dass, 1977). Também funcionários de hospício que encontraram níveis muito elevados de intensidade se tornaram pessoas conscientes no enfrentamento da morte. Essa intensidade é capaz de formar o alicerce exigido para a sua busca espiritual.

Não é tão difícil construir intensidade. Muitos de nós sabem-no por experiências "negativas" que provocaram um aumento de ansiedade. Pois bem, o que o impede de olhar para dentro de seus padrões com a intensidade que se desenvolve a partir desses estados? Tendemos a escapar com a TV ou com alguma leitura fácil, ou desperdiçamos nossa energia com cenários imaginados de triunfos e fracassos, de retaliação e vingança. Em vez disso, suponha que, de maneira atenta, você observa o que acontece da forma mais precisa possível. Aí está a base do ensinamento do místico J. Krishnamurti. Apenas observe, apenas olhe.

Em última instância, temos medo de uma prática intensa. É como a galinha faminta e o porco viajando juntos. Avistaram um lauto jantar com um sinal de advertência de se tratar de um "prato especial de ovos com bacon", e a galinha quis parar e dar meia-volta. O porco também se esquivou, mas com um protesto: "Você tem apenas de dar uma contribuição. E eu, que fico totalmente comprometido?". A mística

Ligia Dantes sugere que contemplemos nosso medo e aprendamos a discriminar entre o medo como instinto de sobrevivência natural e o medo como fantasia a perpetuar as ilusões de identidade do ego. Quando você se livra da fantasia do medo, tem mais facilidade para prover intensidade à sua prática (Dantes, 1990).

"Se eu renunciar ao meu ego, o que me resta?" É a eterna pergunta, que se forma inteiramente a partir de nossos desejos, medos, apegos etc., que por sua vez fazem com que nos afastemos de uma autoanálise honesta e da entrega ao *self* quântico. Existe vida após a mudança de seu centro de ser para além do ego? Você tem de fazer a pergunta com intensidade e perseverança, correndo o risco de não ter nenhuma certeza de recompensa, e aceitar a angústia de esperar que a "nova vida", como que num espocar, apresente-se a você:

> O trabalho da noite
> Não nos conduzirá à aurora?
> Na noite de tristeza e dor, sob o sopro da morte,
> Quando o homem rompe suas fronteiras mortais,
> Não se fará Deus revelado
> Em toda a Sua glória?*
> (Tagore, 1976)

Grande *insight*

Na experiência de um *insight*, a consciência quântica encontra-se a escolher algo novo que se manifeste como experiência primária antes do costumeiro esquadrinhar pelas reflexões no espelho da memória. Dessa maneira, existe uma imediaticidade em qualquer experiência de *insight* criativo. Essa imediaticidade se torna mais óbvia quando olhamos criativamente para a natureza da percepção-consciente. Na criatividade exterior, a iluminação vem com o colapso descontínuo de uma *gestalt* até então não colapsada, que expressa a verdade do cientista ou do artista. O que seria equivalente a essa "verdade" para a pessoa interiormente criativa em busca de autorrealização?

O místico Franklin Merrell-Wolff praticou o caminho da sabedoria (ele era matemático e filósofo) durante anos e de maneira bastante intensa. Foi aí que duas coisas aconteceram. Um belo dia, ele conheceu

---

* No original: *The travail of the night / Will it not usher the dawn? / In the night of sorrow, under death's blow, / When man bursts his mortal bounds, / Will not God stand revealed / In His glory?* [N. de T.]

a sabedoria do místico indiano Shankara enquanto lia o livro deste, *Crest Jewel of Discrimination*. A sabedoria estava precisamente em que *Atman* (*self* quântico) é Brahman (o fundamento do ser). Ele começou a refletir sobre essa sabedoria durante dias, como se tivesse encontrado seu guru. Um belo dia ele percebeu que não havia nada a buscar. Para a sua surpresa, essa percepção seguiu-se de uma experiência do *self* quântico (Merrell-Wolff, 1973).

O que efetivamente se dá na percepção-consciente nesse encontro direito com o *self* quântico? A esse respeito, Franklin Merrell-Wolff (1973, p. 38-40.) é bastante específico:

> O primeiro efeito discernível sobre a consciência foi algo a que posso chamar de mudança na base da consciência. Eu me vi como estando para além do espaço, do tempo e da causalidade. [...] Intimamente associado à percepção anterior de sentir uma completa liberdade... Não tentei fazer parar a atividade da mente, e sim amplamente ignorei a corrente de pensamento. [...] O resultado foi que eu estava a um só tempo aqui e "lá" com a consciência objetiva menos aguçada do que o normal.

No momento da iluminação espiritual desse tipo, a percepção--consciente primária inunda o campo da atenção; os processos de percepção-consciente secundária continuam, mas sem receber atenção nem importância.

Algumas pessoas declaram estar "iluminadas" como resultado da experiência da autorrealização. Mas há uma falácia aqui. Como Lao Tzu costumava dizer, "Aquele que sabe não pode dizer, mas aquele que diz não pode saber". Com isso, o que se tem é uma autêntica diferença entre a criatividade interior de realizações arquetípicas e a criatividade interior de autorrealização. Na criatividade interior de realizações, no estágio de manifestação, o ego é o jogador central. Com isso, o sutil impulsionador do ego, inerente a se contemplar um produto como uma realização, não se dá em prejuízo ao produto. De um modo ou de outro, a identidade de ego precisa ser forte. Mas na criatividade interior de autorrealização, qualquer inflação do ego se dá em detrimento do processo, devendo retardar ou distorcer a manifestação da sabedoria do *insight*.

O místico americano Richard Alpert (também conhecido como Ram Dass) veio a público com sua "iluminação" apenas para perceber, anos depois, como a declaração tinha interferido na manifestação da

transformação de seu ser. Após ter corrigido o seu erro, seu floresci-
mento recomeçou.

Em outras palavras, a humildade é um ingrediente necessário
para a viagem interior de autorrealização. A humildade é o reconhecimento de que a responsabilidade cabe potencialmente a uma consciência transpessoal, para além do ego, e não o ego-eu.

O que te traz para o caminho da autorrealização,
ó, viajante? Buscas conhecer-te a ti mesmo?
Estás exaurido de tuas realizações?
Manifestaste os arquétipos em teu viver?

Medita com rigor, pratica o silêncio, e eis que,
exausto de teus esforços, render-te-ás
em completa humildade.
Então, envolvido em tua experiência
De unicidade com o universo,
és levado a pensar se estarias iluminado?
Se seria aquela a tua nova identidade?*

---

* No original: *What brings you to the path of self-realization, / Oh traveler? Do you seek
to know yourself? / Have you exhausted your accomplishments? / Have you manifested the
archetypes in your living? / Meditate hard, practice silence – until, / your striving exhausted,
you surrender / in utter humility. / Then, enfolded in your experience / of oneness with the
universe, / do you think you are enlightened? Is this your new identity?* [N. de T.]

capítulo 20

o que é iluminação?

Durante os estágios iniciais do processo de criatividade interior para a autorrealização, dá-se um sentimento de se apartar do mundo, uma renúncia. Durante a manifestação tem-se uma reentrada no mundo, agora de nenhum centro fixo de autoidentidade que tenha migrado para além do ego. A esse problema da reentrada se faz alusão no ditado zen "antes do despertar [iluminação], montanhas são montanhas, lagos são lagos. Então [durante o processo criativo que inclui a manifestação], montanhas não são montanhas, lagos não são lagos. Após o despertar [iluminação], montanhas são montanhas, lagos são lagos".

Já mencionei a existência de uma diferença autêntica entre a criatividade interior de realizações e a criatividade interior de autorrealização no estágio de manifestação do processo. Na criatividade de transformação, a manifestação geralmente se dá no nível do ego, que é por assim dizer protagonista. Mas a criatividade interior de autorrealização envolve uma renúncia à prevalência do ego. Em vez de ser aquele que toma as decisões, o ego cada vez mais se torna mera função. O ego como função é claramente necessário para a realização das tarefas mundanas, mas a distinção do "eu" em relação aos outros é mera conveniência operacional. É um pouco como um paciente com transtorno de múltiplas personalidades – uma fragmentação do ego em muitos *selves*. À medida que vai se dando a integração, é incorporada a função de cada um dos fragmentos, e isso faz com que identidades separadas já não sejam necessárias. O mesmo vale com relação ao *self* quântico e ao ego. Com a realização do *self* não egoico, a identidade com o ego cada vez mais dá vazão ao *self* quântico, à medida que tentamos manifestar aquela realização em nosso modo de vida regular. O ego passa a cada vez mais servir como agente funcional do *self* quântico. A consciência quântica/Deus fala ao *self* quântico, que comunica ao ego; o ego realiza escolhas a partir da consciência quântica.

O místico do leste indiano Ramkrishna usou a analogia de estatuetas de sal no fundo do mar para fazer referência a esse fenômeno. A estatueta se dissolve; sua função, que é a salinidade, mantém-se ainda misturada às águas do fundo do oceano, mas sua estrutura separada e sua identidade já não mais existem. Esse é o objetivo do estágio de manifestação do ato criativo de autorrealização. O desafio é não fugir das ambiguidades que surgem ou buscar a válvula de escape para uma abordagem orientada para a ação, mas manter-se consciente dos movimentos de consciência à medida que estes manifestam realidade.

Os três grandes místicos do leste da Índia em tempos recentes – que foram Ramakrishna, Ramana Maharshi e Sri Aurobindo – passaram muitos anos em silêncio após seu *insight* ahá! de autorrealização. O sexto patriarca do chan budismo, Hui Neng, foi um humilde cozinheiro durante 12 anos até sua iluminação, quando então uma série de circunstâncias o catapultaram à vida pública.

À medida que o centro do *self* migra para além do ego, a direção da ação cada vez mais advém do *self* quântico – da percepção-consciente primária. Sua marca é a espontaneidade com que cria o senso de maravilhamento que o poeta Walt Whitman (1972) celebra nas seguintes linhas:

Cada momento de luz ou de treva é para mim um milagre,
Milagre cada polegada cúbica de espaço,
Cada metro quadrado da superfície da terra por milagre se estende,
Cada pé do interior está apinhado de milagres.*

Nas cerimônias de cremação na Índia, um atendente fica ao lado da pira com uma vara a fim de verificar que nenhuma parte do corpo em cremação escape do fogo. Feito o trabalho, o atendente lança a própria vara na pira. Esse é o destino.

---

* Versão extraída da edição brasileira do livro *Folhas de relva*, traduzida por Geir Campos (Rio de Janeiro: Civilização Brasileira, 1964). [N. de T.]

Savikalpa samadhi e nirvikalpa samadhi

Na autorrealização, o que se experimenta é a unicidade de todas as coisas, o tema, o objeto, o campo inteiro da percepção-consciente, tudo parecendo se tornar um. Na literatura yoga (Taimni, 1961), chama-se a esse estado de *savikalpa samadhi*, em sânscrito; *samadhi* significa o equilíbrio entre os dois polos de sujeito e objeto. *Savikalpa* é um termo relacionado à separação. Em outras palavras, nessa experiência nos tornamos conscientes do cossurgimento dependente do *self* quântico e do mundo (objeto), muito embora o *self* (sujeito) encontre-se já cindido do mundo (objeto). Nem mesmo chegamos a vivenciar a consciência indivisa a partir de suas possibilidades. Qualquer experiência, por definição, envolve o colapso de possibilidade em experiência concreta e a divisão sujeito-objeto. Em outras palavras, *savikalpa samadhi* é tão profundo (ou elevado) quanto podemos ir em experiência. Vemos claramente que somos filhos de Deus.

De maneira bastante confusa para a mente comum, a literatura oriental faz referência a outro tipo de *samadhi*, chamado *nirvikalpa samadhi*. O termo sânscrito *nirvikalpa* significa "sem divisão" – sem separação sujeito-objeto. Se não existe nenhuma divisão sujeito-objeto, o que isso representa?

Para compreendê-lo, pense no sono profundo. No sono profundo não há divisão entre sujeito e objeto, e não há experiência. Mas tampouco vemos algum problema em aceitar que dormimos. Todos dormem, e dormir é um estado de consciência devidamente aceito.

Assim, o *nirvikalpa samadhi* deve ser compreendido como um sono mais profundo, no qual algum processamento inconsciente especial assume o lugar que é conhecido no momento do despertar, em processo muito semelhante ao do sobrevivente de quase morte que, tendo passado pela experiência da visão autoscópica, mais tarde, ao reviver, vem a se lembrar.

O que vem a ser a visão especial revelada ao se despertar do *nirvikalpa*? O sábio místico Swami Sivananda (1987) descreve-a da seguinte forma:

> Existem dois tipos de *nirvikalpa samadhi*. No primeiro deles a jnani [pessoa sábia], ao repousar em Brahman [termo sânscrito para Divindade], vê [o processo do] mundo todo em si mesmo como movimento de ideias, como um modo de ser ou como um modo se sua própria existência... Esse é o estágio mais elevado de realização...

Na segunda variedade, a palavra se esvanece da visão, e jnani repousa em Brahman na isenção de qualquer atributo.

Está claro que o primeiro tipo de *nirvikalpa samadhi* é o último estágio de processamento inconsciente, quando nós, como consciência quântica – Deus, no jargão religioso – processamos o mundo de possibilidades quânticas, incluindo aí os arquétipos. Não se trata de uma experiência, mas de um estado de consciência.

Na literatura vedanta, o segundo tipo de sivananda de estado *nivikalpa* é chamado *Turyia. Turyia* é um estado *nirvikalpa* mais profundo de não experiência. Pode haver um estado (inconsciente) de consciência mais profunda do que o processador inconsciente de possibilidades quânticas do universo como um todo? O que havia antes disso? A consciência com todas as suas possibilidades, sem a limitação de nenhuma imposição, era o que havia. Quando todas as possibilidades estão incluídas, não há qualidade, e nada há para se processar, razão pela qual os budistas chamam a esse estado de consciência de grande Vazio, enquanto os hindus o chamam *nirguna*, "sem atributos", "sem qualificações", e os cristãos, por sua vez, chamam-no de Divindade (anterior a Deus).

Portanto, qual a importância de tudo isso para a iluminação? Na literatura espiritual da Índia, sustenta-se que as pessoas de capacidade *nirvikalpa* transformam-se inteiramente, com sua identidade transferindo-se em sua integralidade para o *self* quântico, exceção feita ao ego necessário às tarefas cotidianas, às funções propriamente egoicas.

Dito isso, o que é a iluminação? Para os criativos savikalpas, a abordagem acima demonstrou que a experiência de autorrealização requer uma jornada árdua, mas nem por isso é o fim da linha. É preciso manifestar o *self* quântico em seu modo de vida.

Agora, vamos supor que sempre que desejar você tenha a capacidade para o estado *nirvikalpa* de tipo 1. Se seus desejos estiverem sintonizados com a consciência criativa, isso seria muito natural, não seria? Nesse caso, não faria sentido dizer que todos os seus feitos seriam realizados precedidos pelo processamento inconsciente de Deus, garantindo que fossem apropriados? E ainda assim, o fato mesmo de se ter desejos compromete esse estado de existência exaltado, não é o que ocorre?

Bem, vamos usar nosso modelo para resolver essa questão. Para aquele que atinge o *nirvikalpa samadhi* de primeiro tipo, o processamento inconsciente inclui a assimilação de possibilidades supramentais. Isso significa que os processos de sintonização com os movimentos evolucionários da consciência e da ação a partir daí, fazendo-o de modo apropriado, seriam operações fáceis, que não demandariam maiores esforços. Mas ainda existe "alguém" mandando em tempo real. Um vestígio de ego-identidade permanece.

A situação é drasticamente diferente quando falamos de *turiya*, ou seja, o processamento inconsciente na ausência de atributo. Ali já não há "coisa" a manifestar, e todos os desejos (*vana* em sânscrito) de manifestação encontram-se então como que incinerados. Esse é o nirvana, para usar a linguagem de Buda – o estado de não desejo.

Quando o *nirvikalpa samadhi* se torna fácil e sem esforço, o que tem certo sentido é a sua libertação, pois já nada mais há para ser executado, tampouco há necessidade de outros renascimentos. Então, se libertação significa liberação do ciclo de renascimentos e mortes, a libertação chega com o nirvana. Mas caso você tenha exultado prevendo que a noção de libertação significa total liberdade, esqueça. Havendo vínculo corpóreo não se pode estar completamente livre dos condicionamentos do ego; não se pode estar sempre no *self* quântico. Daí o sábio koan: como o mestre zen vai ao banheiro? Um mestre zen vai ao banheiro da mesma forma que todo e qualquer adulto o faz, usando os condicionamentos do ego. E, sempre que a modalidade do ego é usada, a identidade pode voltar e desempenhar.

Assim, no hinduísmo existe o conceito de libertação no corpo, reconhecido como tendo algumas limitações. Somente na libertação pela morte haverá total liberdade.

A ciência nos diz, sem margem a ambiguidade, que apenas as pessoas de consciência *turiya* são completamente transformadas, e o são de todos os modos possíveis e imagináveis. É claro que os grandes místicos do mundo, sabe-se até pela leitura do folclore que se forma em torno deles, parecem estar qualificados para esse nível *turiya* de ser. Mas, para falar como cientista, é o caso de suspender o juízo até que mais dados estejam disponíveis.

O fim da viagem de Buda é o nirvana
– a cessação de todos os desejos.
Quando todas as suas estruturas de identidade

derem margem a uma profunda fluidez,
aí então haverá celebração profunda.
Chama-a iluminação, se quiseres.
Esse florescer não tem nome, apenas fragrância. *

---

* No original: *The end of Buddha's journey is nirvana / —cessation of all desires. / When all your identity structures give way / to a profound fluidity, / only then is there unending celebration. / Call it enlightenment if you like. / This bloom has no name, only fragrance.* [N. de T.]

PARTE 5

PARA TRAZER CRIATIVIDADE AO CENTRO DE SUA VIDA

capítulo 21

jane e krishna:
um encontro criativo

O famoso *Bhagavad Gita* é escrito em forma de diálogo entre Arjuna, humano, e o divino encarnado, Krishna. É uma das melhores ilustrações metafóricas do encontro criativo entre o ego e o Deus encarnado – o *self* quântico. Um encontro que está no coração de todos os atos criativos. O diálogo a seguir se dá com uma pessoa comum, Jane, uma americana em busca de um significado, ao encontrar Krishna na estrada que conduz à criatividade.

JANE (confusa) – Mas você não é o autor! Estou esperando o autor, para lhe fazer algumas perguntas.

KRISHNA – Sou Krishna. O autor delegou sua autoridade a mim.

JANE – Ah, já ouvi falar de você. Você é ao *self* quântico encarnado, como Jesus. É o autor de nosso guia interior, suponho. Neste caso, tudo bem reclamar com você. O autor me estimulou a ler seu livro, prometendo me ensinar criatividade. No entanto, estou um pouco confusa. Muitos pesquisadores dizem que gênios – criadores bem-sucedidos – são aquelas pessoas que recebem muita ajuda das confluências de uma série de fatores, como talento, traços de personalidade, educação criativa e genes. Eles não podem estar de todo errados. Mas, nesse caso, sem esses fatores, o que pode fazer um João, um José da vida, uma pessoa como nós?

KRISHNA – Talvez você esteja interpretando esses estudos de maneira muito pessimista. Está olhando para o copo meio vazio, quando na verdade ele está meio cheio.

JANE – Bem, na verdade, não há como um ponto de vista pessimista estar equivocado. Acho que o autor está pintando um mundo cor-de-rosa para a criatividade das pessoas comuns e ignorando questões espinhosas. Tomem-se os traços de personalidade, por exemplo. Em primeiro lugar, as pessoas criativas têm talento. Pessoalmente, creio serem dotadas de genes especiais. Além disso, as pessoas criativas são as que assumem os maiores riscos, elas têm um pensamento convergente além do divergente, e assim por diante. Tendo talento e assumindo riscos, elas usam-no para granjear nome e fama. Saber como a criatividade funciona e conhecer o processo criativo talvez ajude a torná-las ainda mais criativas; por isso o autor até merece um crédito. Mas pessoas como nós, que não temos talento ou traços especiais, podem arrumar sua trouxinha e sair de fininho.

KRISHNA – Você está sendo muito precipitada em suas conclusões. E se eu lhe disser que os criativos desenvolvem alguns desses traços de personalidade no trabalho, porque julgam que são úteis para explorar a criatividade? E se os traços não forem causas e sim efeitos?

JANE – O que você quer dizer? – diz exaltada.

KRISHNA – Que você pode considerar o estudo sobre criatividade feito pelos pesquisadores Jacob Getzels e Mihalyi Csikszentmihalyi (1976), que acompanharam um grupo de artistas dos tempos de escola até o início de suas carreiras, na fase adulta. Na condição de grupo, esses artistas pareciam ter traços de personalidade definidos, os quais, de modo estereotipado, costuma-se associar ao artista criativo. Ainda assim, você sabe o que os pesquisadores encontraram após rastrearem 31 deles, cinco ou seis anos após deixarem a escola de artes? Apenas um deles tinha se tornado indubitavelmente o que se pode chamar de um artista criativo.

JANE – Então, isso quer dizer exatamente o quê?

KRISHNA – Quer dizer apenas que os traços de personalidade não são causa da criatividade. O traço criativo que pautou os pesquisadores acabou se revelando mera flutuação estatística.

JANE – Certo, esqueçamos os traços de personalidade. Tome-se a transformação de veneno em néctar, de conflito em *insight* criativo. Tive muitos conflitos na infância... Meu pai nunca dava valor a nada do que eu dizia, estava sempre me intimidando e me humilhando. Ele tinha uma crença bastante rígida no dito de que as crianças não devem ser consideradas nem ouvidas. Ainda que no fundo do meu coração eu me conhecesse melhor, e amigos e professores confirmassem a visão que eu tinha de mim mesma, eu jamais fui capaz de transformar o conflito que resultou dentro de mim da atitude de meu pai. Não consegui transformar meu conflito em um *insight* que fosse construtivo e dotado de significado. Não tenho a habilidade de um Michelangelo, que transformou conflitos (com o papa, por exemplo) em ideias e em grande arte. Em vez disso, ainda hoje eu fico nervosa quando alguém se mostra agressivo comigo. Num caso assim, eu posso dizer alguma besteira se verbalizar e intensificar meu conflito. De modo que Michelangelo era um grande gênio; eu não sou. Isso muito embora eu tenha aprendido algumas coisas sobre criatividade, enquanto Michelangelo, ao desencadear seu processo criativo, não soubesse nada sobre esse assunto. Caso encerrado.

KRISHNA – Mas não seja assim tão fatalista! O que estou dizendo é: suponha que Michelangelo tenha desenvolvido essa capacidade por ter percebido que precisava dela para ser criativo. Ele tinha fome de criatividade; mas tudo de que dispunha era de um conflito com um papa bastante prepotente. O que ele fez foi internalizar o conflito, permitindo que este forrasse o processamento inconsciente, convertendo-o em maravilhosos *insights* artísticos.

JANE – Não estou entendendo...

KRISHNA – O problema em se sustentar conflitos é que, ao fazê-lo, receio, nós prejudicamos nossa capacidade de funcionamento no mundo. Daí nos apressarmos por resoluções superficiais. Como disse F. Scott Fitzgerald: "O teste de inteligência de primeira classe é a capacidade de sustentar duas ideias opostas na mente ao mesmo tempo e, ainda assim, manter sua capacidade de funcionar". Mas essa inteligência é algo que se pode desenvolver com a prática, como deve ter feito Michelangelo. Você se sentirá inclinada a práticas aparentemente "difíceis" se tiver uma atitude afinada a sua conexão sutil com o mundo.

JANE – O senhor se refere àquelas experiências de "unicidade em todas as coisas"? Àquela coisa samadhi? Pensei que fosse só para pessoas de orientação mística, o que não é o meu caso.

KRISHNA – Acho que você deve ter tido experiência assim quando criança, mas por alguma razão ambiental (talvez os pais), você a suprimiu.

JANE – Sim, daí o senhor vê... Desde cedo foi "decidido" que eu não seria um adulto criativo.

KRISHNA – Foi mesmo? O que a impede de descobrir sua conexão com o mundo sutil mesmo agora, hoje?

JANE – Meu ego?

KRISHNA – Mas o seu ego não tem substancialidade. É apenas identidade que você veste, como roupas. Se seres humanos fossem completa e irrevogavelmente identificados com egos e pessoas, ninguém jamais seria criativo.

JANE – O senhor está dizendo ser possível descobrir sua conexão com a realidade oculta em qualquer idade; mesmo eu poderia, e hoje?

KRISHNA – Acertou! De quem é o mundo sutil? É seu! Não está fora de você. Nada está fora de você. Renuncie a sua autoimagem enganadora e descubra o seu *self* autêntico para além de todas as máscaras que a limitam.

JANE – Falar é fácil. O senhor é Krishna, o *self* quântico encarnado. Não carrega o fardo do condicionamento.

KRISHNA – Mas eu sou o seu *self* quântico. Não estou separado de você.

JANE – Ah, não? Então por que eu não tenho uma atitude, uma motivação e uma intencionalidade críticas?

KRISHNA – Porque você se limita a serviço do ego, da intencionalidade relativa. Livre-se dessas buscas triviais!

JANE – Como posso ser livre? Estou condicionada, lembra-se?

KRISHNA – Ouça-me mais uma vez. Sua identidade com esse ego, com essa escravidão ao condicionamento não é mais completa que a de qualquer criativo. Os criativos, porém, não veem o condicionamento negativo deles como um entrave. Eles continuam sendo criativos apesar de seu condicionamento negativo. Por que os seus lhe seriam um entrave?

JANE – Assim o senhor se esquiva da questão. Pode alguém ser criativo? Eu digo que não. Para ser criativa uma pessoa tem de ter certos traços de personalidade, ou desenvolvê-los de alguma forma. É preciso contornar o condicionamento negativo, isso para não falar do talento inato. Deve-se descobrir uma conexão com um mundo sutil que as pessoas comuns não conseguem ver. E transformar o veneno do conflito no néctar do *insight* (ensine a mim esse truque, e eu fico milionária). Será que estou esquecendo alguma coisa?

KRISHNA – O acaso?

JANE – Certo, o acaso. Então tem a ver com o acaso, não é? O acaso é apenas o calhar de eu ser uma pessoa criativa! Mesmo que eu me dê ao trabalho de aprender sobre a criatividade quântica? Vamos, admita...

KRISHNA – O acaso não é necessariamente casual, você sabe. Costuma-se dizer que o acaso favorece os preparados.

JANE – Lá vem o senhor... Meu último acaso em criatividade foi desperdiçado.

KRISHNA – Jane, Jane... Você insiste em não entender a mensagem. E entra de cabeça em seu pessimismo! Certo, os criativos têm todos ou muitos desses fatores trabalhando para eles. Mas no começo eles não têm a maioria: são fatores que eles desenvolvem.

JANE – Mas eles têm de começar de algum lugar. Qual seria o ponto de partida?

KRISHNA – A maior parte as pessoas começa "querendo querer" criatividade, acreditando que a criatividade é algo legal por proporcionar isso e aquilo – as coisas legais, como fama, sexo e dinheiro. Daí elas ficam ocupadas construindo impérios com a sua criatividade situacional. Após algumas vidas, porém, algumas se entediam. No entanto, elas realmente querem a criatividade, incluindo a criatividade fundamental, e ficam curiosas com a possibilidade de seus problemas "reais" serem realmente resolvidos, o que requer uma investigação dos próprios arquétipos. E aquelas outras coisas já não as absorvem mais. Alguns criativos começam a ver que a busca desequilibrada de dinheiro, sexo, poder só traz sofrimento. Essas pessoas começam a buscar criatividade interior.

JANE – Certo, estou com você. Dinheiro, sexo, poder não me motivam. Quero ser boa. Quero salvar a civilização dos males das crises atuais.

KRISHNA (sorrindo) – E o que a impede?

JANE – O senhor pode bem imaginar... A minha própria negatividade. Acho que tenho muitos circuitos cerebrais emocionais fortemente negativos.

KRISHNA – Mas eu já lhe disse: pessoas criativas contornam suas emoções negativas. Envolvem-se em criatividade apesar de suas emoções negativas.

JANE – Isso, de certo modo, não me satisfaz. Sim, pode me chamar de perfeccionista.

KRISHNA – Vou lhe dar uma dica. O que Jesus queria dizer quando exortou os discípulos a "ser como crianças"?

JANE – Praticar a criatividade interior?

KRISHNA – Pesquisas mostram que alguns dos processos que as pessoas usam em sua busca da criatividade interior podem ser úteis também na criatividade exterior. Por exemplo, a maioria das práticas de criatividade interior desempenha um efeito de desaceleração em quem as exerce, fazendo com que a pessoa "incube" sem ficar ansiosa com isso. Mas essa capacidade ajuda também na criatividade exterior.

JANE – Eu faço meditação. Percebi isso. Estou mais lenta agora do que antes.

KRISHNA – E tem mais: você se referiu em tom de reclamação àquela "coisa samadhi". Vou lhe contar... Se você contemplar seus pensamentos sem apego, defesa ou interferência, a consciência torna-se relativamente vazia, receptiva ao samadhi, pronta para entrar em consonância com os temas que estejam habitando o universo.

JANE – Sério?

KRISHNA – Sério. Subhuti, discípulo de Buda, estava meditando sob uma árvore quando as flores começaram a se mostrar para ele. "Viemos lhe agradecer pelo discurso sobre o vazio da mente", disseram as flores. "Mas eu não falei nada", respondeu Subhuti. "Você não falou, tampouco nós ouvimos. Aí está o verdadeiro vazio", concluíram as flores. E elas continuaram a florir.

Quando a mente se torna vazia, quando você transcende a mente comum do discurso, ainda que seja por um momento, torna-se sensível à realidade criativa primária. É então que as flores se mostram, uma nuança sintoniza você com o propósito do universo, e sua vida criativa pode florescer.

JANE – O senhor faz tudo isso parecer palpável. Agora estou com o senhor e me sinto tão inspirada. Mas quando estiver comigo mesma, ao olhar para a enormidade dos problemas que nos geram crises, ao refletir sobre todos esses milhões de materialistas fazendo o melhor que podem para manter o *status quo*, ou mesmo piorá-lo, eu fico ansiosa, desesperançada. Quem estou pensando que sou, uma heroína solitária? É mais provável que eu acabe feito um Dom Quixote...

KRISHNA – Então, o que mais se tem de novidade aí? Outra história: Narada, o grande anjo celestial, certa vez cruzou caminho com dois mortais. Um deles, pessoa ascética, estava em meditação. Este perguntou: "Narada, quando é que eu devo chegar?". Ao que Narada respondeu: "Logo, logo vou ter uma reunião com Deus. Daí vou descobrir".

O segundo cara estava inalando profundamente um cachimbo de maconha. O caso é que ele fez a mesma pergunta: "Quando é que eu devo chegar?". Narada riu e também a ele prometeu que perguntaria a Deus.

Quando Narada retornou, foi primeiro ao ascético que perguntou: "Bem, o que disse Deus? Por quantos anos ainda eu preciso meditar?". "Você tem de meditar ainda por mais três encarnações", disse Narada. Bem, se nada acontecer nesta encarnação, vou desistir e me divertir um pouco, pensou o ascético, e desistiu de sua prática.

O viciado em maconha também estava ansioso para ouvir o que Narada tinha a dizer. "E então?" "Está vendo aquelas árvores ali? Vê todas aquelas folhas? Assim numerosas são as encarnações que você tem pela frente", disse Narada. "Sério? Então eu também vou conseguir?", exclamou o cara, e começou a dançar. Tudo chega em seu devido tempo.

O que você acha que aconteceu, Jane?

JANE – Ele realmente acreditou. Se eu também acreditar que sou criativa neste exato momento, vou pôr fim a esta paralisia?

KRISHNA – Não exatamente... Ele acreditava que Deus estava a seu lado, acima de tudo. Falando nisso, você leu meu livro?

JANE (surpresa) – O senhor escreveu um livro?

KRISHNA – Bem, alguém transcreveu minha conversa com Arjuna, que também buscava significado como você, e a publicou. Acho que o livro está indo bem até hoje. Chama-se *Bhagavad Gita*.

JANE – Sim, eu sei, ouvi falar...

KRISHNA – A mensagem central do *Bhagavad Gita* é esta: Sempre que a visão de mundo errada preponderar, Deus virá em ajuda às pessoas que se envolverem criativamente para corrigir o erro. Na linguagem científica dir-se-ia que o movimento da consciência vai favorecer os que se alinharem, com sua criatividade, às mudanças de paradigma, à evolução proposital.

JANE – Em outras palavras, se eu fizer um novo paradigma funcionar, isso não só vai me ajudar a ser criativa (pois o que eu preciso para criar é algo muito simples), mas também o movimento de consciência virá em meu auxílio. Mas como, por que meio?

KRISHNA – Por sincronicidades. O grande psicólogo Carl Jung corretamente interpretou que as coincidências que parecem abundar na vida de pessoas criativas não resultam de mero acaso, e sim de cooperação divina. Chamou-as de eventos de sincronicidade.

JANE – Legal. Mais alguma sugestão ou dica?

KRISHNA – Você, sabe, Jane, o companheiro que eu ajudei no *Bhagavad Gita*... Ele também começou muito ansioso, como você, tão logo viu o tamanho da batalha que tinha pela frente. Tive de lhe vir com muita terapia, mas sabe que em retrospecto eu poderia resumir tudo o que ensinei em duas palavras, duas palavras sânscritas: *Dharma* e *dharma* – sim, a mesma palavra, mas a primeira é com inicial maiúscula e a segunda com minúscula.

JANE – Não conheço sânscrito. Por favor, explique. O que é *Dharma* com "D"?

KRISHNA – *Dharma* com "D" é a lei cósmica que inclui as leis intencionais da evolução. Como a história acima ilustrou, quando você se alinha a *Dharma*, Deus está com você, o movimento de consciência vem em seu apoio.

JANE – E o que é *dharma* com inicial minúscula?

KRISHNA – *Dharma* com "d" minúsculo é um pouco sutil. Você chega a esta encarnação com determinada agenda de aprendizado. E traz do passado encarnações de todas as suas propensões requeridas para cumprir essa agenda. Havendo compatibilidade, o trabalho criativo é fácil de ser feito, seguindo o seu entusiasmo.

JANE – O que faz sentido...

KRISHNA – Sim, agora quando suas forças de oposição se confrontam com você, assim como Arjuna você vai querer correr e descobrir racionalizações bobas para justificar suas ações. Mas não precisa correr. Mantenha-se comprometida com seu próprio *dharma*. O *dharma* de outras pessoas a levará a frustrações ainda maiores.

JANE – O.k., você me convenceu. Vou lembrar de seguir meu *dharma* e me alinhar ao *Dharma*.

KRISHNA – Você deve fazê-lo levando em conta o seu livre-arbítrio, e não porque eu a persuadi.

JANE – Mas eu não tenho livre-arbítrio. Sou condicionada, lembra?

KRISHNA – Espere um minuto. Você deve ter o livre-arbítrio de dizer "não". É verdade que o que você comumente vivencia como livre-arbítrio – por exemplo, quando quer levantar o braço – não é livre. Um neurofisiologista, olhando para um EEG ligado ao seu cérebro, verá a atividade elétrica – chamada potencial de prontidão – que revelará sua intenção em completos 900 milissegundos antes de você realmente levantar o braço. Mas aí é que está! Mesmo depois de o potencial de prontidão mostrar, tão logo você esteja consciente de seu pensamento de livre-arbítrio, você mesma poderá parar de agir (Libet, 1985).

JANE (aturdida) – Quando a ansiedade bate, eu consigo me conter. Quando o conflito me impele a fugir, eu não tenho de fazê-lo.

KRISHNA – Exatamente! Renuncie a seus conflitos e ansiedades. Diga "não" a todos os condicionamentos negativos, o máximo que puder. Não se deixe paralisar por falhar vez ou outra. Dessa maneira você pratica para que seu *sattva* – capacidade para a criatividade fundamental – brilhe mais e mais, e para que você possa se apoiar em *rajas* – a criatividade situacional – sempre que necessário. Desperte, levante, compreenda. Explore, explore. Siga seu *dharma* a serviço da exploração de significado e de valores pelo universo criativo. Esteja comprometida com a criatividade e entre no processo. Deixe o processo transformar você.

JANE – Eu posso esperar.

capítulo 22

pratique, pratique, pratique

Em uma rua movimentada de Manhattan, um transeunte ouviu de outro: "Qual é o caminho para o Carnegie Hall?". Ele queria a localização da famosa sala de concertos. Por acaso, o segundo pedestre era maestro. Ele, obviamente, entendeu a pergunta de modo bem diferente e respondeu: "Praticar, praticar muito!".

O mesmo se passa com a via de aprendizado para a criatividade. Após você ter passado por tudo o que diz respeito a processo e motivação, tem-se ainda a questão da prática. É claro que existem muitos manuais de criatividade com receitas fáceis de seguir, e alguns deles até são úteis no começo: a maior parte desse tipo de práticas populares é direcionada para a resolução de problemas em criatividade situacional – isso na melhor das hipóteses. Mas existem práticas que garantidamente podem contribuir no seu envolvimento com o processo criativo, tanto no que se refere à criatividade situacional como à fundamental? Essas práticas podem aumentar a sua motivação interior? Sim, existem, e elas envolvem práticas geralmente reservadas à criatividade interior.

Muito embora seja conveniente classificar a criatividade em exterior e interior, você é um todo – a criatividade exterior e a interior não são redes de empreendimentos separados. Na verdade, uma ajuda a outra. Quando a romancista Natalie Goldberg enfrentava um bloqueio que a impedia de escrever, seu mestre zen lhe dizia: "Faça da escrita a sua prática zen".

Usar a criatividade exterior para investigar a realidade interior é uma prática antiga. Em criatividade exterior, demos um salto momentâneo para o *self* quântico para além do ego pensante comum. Uma vez que o objetivo último da criatividade interior é agir sempre a partir do *self* quântico, pode-se ver por que a realização da criatividade exterior é uma boa prática para a pessoa interiormente criativa. O comprometimento com a criatividade interior pode resultar em prática útil, como a exercida na esfera da criatividade exterior? A resposta é "sim".

Tanto a criatividade interior como a exterior versam sobre liberdade. Envolver-se com a criatividade interior é um modo de ter acesso a uma liberdade cada vez maior por meio da ênfase na limpeza de seu ser interior; a criatividade exterior é a expressão no mundo exterior de sua liberdade interior. Fica claro que um maior acesso à liberdade só poderá incrementar a sua criatividade exterior.

Carl Rogers disse que a criatividade requer que se mantenha a mente aberta. Mente aberta é um pré-requisito para a modalidade quântica do *self*. Você seria capaz de praticar uma mente aberta? Se a criatividade exterior e a interior fossem esforços separados, a resposta a essas perguntas teria de ser "não". O exercício de uma mente aberta incomoda o ego.

O problema da criatividade, tanto da exterior como da interior, está no papel paradoxal desempenhado pelo ego. Não se pode ser criativo sem um ego forte a lidar com a ansiedade da incerteza criativa. Além disso, existe a necessidade de se dominar um enorme repertório de contextos e conteúdos aprendidos para manifestar produtos exteriores advindos de *insights* criativos. Ao mesmo tempo, a criatividade requer que continuamente se assuma o risco de mudar o caráter do ego. Daí você fica com medo: e se o ato de mudar o meu ego afetar a própria força que me faz criativo? Alguns entre nós não querem transformar nem suas emoções negativas! Ironicamente, a ansiedade que envolve a mudança é ela própria um sinal de emoções negativas.

Até agora – feitas raras exceções, como William Blake, Walt Whitman, Rabindranath Tagore e Carl Jung –, a criatividade interior tem sido usada basicamente na jornada para Deus ou para a libertação espiritual do mundo. Mas espiritualidade não necessariamente precisa ser negação do mundo; nós somos o mundo, então por que negá-lo? E se o mundo evolui para a espiritualidade, por que não estar sintonizado com o movimento da consciência? Deixe-me propor então que a sua prática da criatividade interior seja redirecionada para uma espiritualidade de alegria na qual a sua transformação espiritual se disponha a serviço da criatividade, o que inclui a criatividade exterior, para o mundo.

Vamos considerar sete práticas que podem ajudá-lo a romper os padrões do ego a fim de permitir maior participação em sua vida pela consciência quântica. Você pode pensar essas práticas como purificação de seu *sattva* criativo. Também pode pensá-las como destinadas a despertar a inteligência supramental (*buddhi*) – um modo mais integrado de ser e identidade com o intuito de criar; com base nele você pode realizar seu potencial humano. As práticas são:

1. Prática do estabelecimento da intenção
2. Prática de desaceleração – abertura, percepção-consciente e sensibilidade
3. Prática da concentração e do enfoque
4. Prática do fazer-ser-fazer-ser-fazer
5. Prática da imaginação e do sonho
6. Trabalhar com arquétipos e positivar circuitos cerebrais emocionais
7. Prática de rememoração de seu *dharma*.

A prática para o estabelecimento da intenção

A verdade é que nossa mente se sente confortável, embora não realmente feliz, mantendo-se instalada no casulo do ego. O estabelecimento da intenção é a nossa saída, firmando a intenção para a criatividade em geral e também para uma criatividade voltada a uma questão específica. Lembre-se que em nosso ego podemos pretender, intentar, mas a manifestação depende inteiramente de nossa sintonização com a consciência quântica divina. A prática a seguir é estabelecida de acordo com isso.

Sente-se confortavelmente. Faça um exercício de conscientização corporal para eliminar as tensões. Comece tomando consciência da cabeça, tensione os músculos desta e relaxe; isso aliviará a tensão. Faça o mesmo com as costas, depois com os membros e finalmente com o corpo todo.

Uma intenção tem de começar com o ego, que geralmente é onde você está. Assim, em um primeiro estágio, tenha a intenção de si mesmo; faça-se intencional; queira manifestar sua intenção. Num segundo estágio, reconheça que você pode ter o que pretende de duas maneiras, tendo-o para si mesmo ou para que todo mundo (incluindo você) tenha os frutos de sua intenção. Agora, então, pretenda para todo mundo, para o bem maior. Comece expandindo a sua consciência para incluir todas as pessoas em sua vizinhança imediata; então inclua em sua consciência todas as pessoas de sua cidade, de seu estado, de seu país e finalmente no planeta inteiro, em todo o universo. Agora pretenda isso a partir de sua consciência expandida.

No terceiro estágio, deixe sua intenção gradualmente se tornar uma prece: se minha intenção está em ressonância com o movimento do todo, permita que esse todo acorra à fruição.

No quarto estágio, silencie a mente em oração, tornando-a meditativa. Fique em silêncio de meditação por alguns minutos.

Faça essa prática sempre que lhe pareça faltar energia para a criatividade. Ela vai lhe energizar.

As práticas para a desaceleração: mente aberta, percepção-consciente e sensibilidade

Subjazendo a todos os nossos atos criativos, reside um paradoxo: como podemos conhecer e, ainda assim, não conhecer? Um professor foi até um mestre zen para aprender sobre o zen. O mestre ofereceu ao professor zen um pouco de chá. Enquanto o mestre fazia o chá, o professor começou a despejar erudição, expondo o seu conhecimento sobre o zen. Quando o chá estava feito, o mestre começou a coá-lo na xícara do professor. E o manteve ali, coando, mesmo após a xícara estar cheia, quando o professor foi obrigado a gritar: "Está transbordando!". O mestre zen disse com simplicidade: "Assim também está a sua mente com as ideias sobre o zen. Como posso lhe ensinar se a sua mente está tão cheia de suas próprias ideias?".

Assim como a xícara de chá, uma mente por demais cheia de aprendizado – de lições passadas – já não pode receber nada. Trata--se de uma mente hiperativa; ela tenta convencer os outros sobre a verdade de suas opiniões preconcebidas; não se pode aprender nada novo e não se pode ser criativo. Uma mente criativa jamais se identifica plenamente com o que está nela. Uma mente criativa retém um tanto de ingenuidade.

Um aluno ingênuo muitas vezes tem uma vantagem, como na história a seguir, sobre um herdeiro da coroa. O príncipe e seus irmãos foram instruídos por professores a aprender em sua primeira cartilha. O professor estava muito satisfeito com o desempenho dos alunos até testar o aluno real, o herdeiro da coroa. Ao perguntar "quantas frases você aprendeu?", o príncipe respondeu "uma, talvez duas". O professor então ficou com raiva da aparente negligência e começou a lhe bater com uma vara. O príncipe se levantou, absorvendo calmamente a punição, em seu rosto não mostrando nem o mais leve traço de raiva. O professor ficou surpreso. De repente, lembrou que a primeira frase que o príncipe supostamente "teria aprendido" era JAMAIS FIQUE NERVOSO. Imediatamente percebeu que o príncipe de fato tinha aprendido a frase. Quando perguntou ao herdeiro se era isso mesmo, o garoto disse: "Professor, por favor. Eu diria que quase aprendi a frase, porque quando o senhor começou a me bater, num primeiro momento senti raiva". À medida que o príncipe falava, o professor recordava a segunda sentença que o príncipe percebeu ter aprendido: DIGA SEMPRE A VERDADE.

Como se pode ver, ninguém disse ao príncipe que aprender uma frase significa memorização. Em tempos mais recentes, ninguém teve de dizer a um supostamente não tão brilhante garoto chamado Albert que aspirantes a pesquisas em física não deveriam pensar em questões básicas sobre física; foi justamente por isso que a criança cresceu com as perguntas que se costuma fazer a iniciantes a respeito da luz, do espaço e do tempo, para que ele, por fim, descobrisse a relatividade.

Mas a situação é paradoxal para um adulto que recebeu educação normal, tendo aprendido muito sobre uma série de opiniões de outras pessoas acerca de uma série de coisas. Uma pessoa criativa deve manter a mente aberta a novas possibilidades e, ainda assim, precisa ter um amplo repertório de conhecimento e até mesmo de convicções e de visões. Como alguém pode deter a maestria em alguma coisa e ao mesmo tempo manter "uma mente de iniciante", que é a capacidade de olhar as coisas como se fosse a primeira vez, pondo em suspenso todo conhecimento anterior sobre ela?

> Não devemos parar de explorar
> E o fim de toda a nossa exploração
> Será chegar ao ponto de partida
> E conhecer o lugar pela primeira vez.*
> (Eliot, 1943)

Na Índia, budistas e jains vez por outra entabulam debates sobre o que significa conhecer tudo, ser onisciente. Os jains contam a história de dois artistas plásticos que competem pelos favores do rei. Um deles pintara um mural da galeria de arte, e o rei se mostrou bastante encantado. "E então, como você pode superar isso?", perguntou ao

---

* No original: *We shall not cease from exploration / And the end of all our exploring / Will be to arrive where we started / And know the place for the first time.* [N. de T.]

segundo artista. "Não posso. Por isso eu pintei exatamente a mesma coisa", respondeu o artista, soltando o pano que cobria o mural oposto, ao que o rei ficou impressionado. Na verdade, a mesma pintura passou a revelar uma beleza deslumbrante. O truque, é claro, estava na qualidade do espelho da parede. Então, dizem os jains, seja como o espelho e reflita à perfeição todo o conhecimento. De uma vez, de modo automático. E aí estará a sua onisciência.

Mas os budistas veem isso de um modo diferente. Por que ficar sobrecarregado com o controle de todo o conhecimento se não se precisa dele todo o tempo? E o que tem a velocidade a ver com tudo isso? Deixe que o conhecimento lhe venha à medida que é requerido, no seu próprio tempo. Isso é onisciência para os budistas. Esse tipo de onisciência floresce com a desaceleração da mente – essa é a abordagem da criatividade.

A pessoa criativa desenvolve a maestria, mas não habita a informação que adquiriu. Se, uma vez atingida a maestria, continuarmos sob o comando da lembrança instantânea, teremos de praticar o ato de reencontrá-la e, no processo, identificarmo-nos com ela. Dessa maneira desenvolvemos uma mente rápida, que está sempre pensando. Mas se praticarmos a desaceleração, sacrificaremos a capacidade de lembrança instantânea, mas sem que nos identifiquemos com nosso reservatório de conhecimento. Podemos então estar abertos, e podemos permitir que novo conhecimento venha até nós à medida que é provocado pelo processo criativo, e ocasionalmente uma nova ideia criativa pode vir à tona em vez do conhecimento antigo. Mas como podemos exercitar essa desaceleração da mente?

Em algumas tradições espirituais, como o zen, uma mente desacelerada é também chamada, de modo um tanto confuso, "mente vazia". O espaço de sua mente pode estar realmente vazio? É claro que não. As memórias estão sempre criando pensamentos, mesmo numa mente desacelerada – embora aí em uma proporção menor. Mas uma mente desacelerada não se identifica com os pensamentos, não tem a posse deles; nesse sentido ela está vazia – vazia quanto a deter a posse de alguma coisa.

A prática meditativa para cultivar a mente de um iniciante, ou para a desaceleração da mente, ou para a vacuidade da mente é chamada "meditação de percepção-consciente, ou de *awareness*". À medida que pensamentos, sentimentos etc. surgem em percepção-consciente, contemple-os de maneira passiva, estática, mas sem apego ou interferência. Durante 15 a 20 minutos por dia pratique percepção-consciente sem escolha, mas pelo menos no início é importante não exagerar.

Uma vez que a mente não entrou em colapso de percepção-consciente isoladamente, mas sempre em conjunção com o corpo físico e até mesmo com o corpo vital, ela ajuda a desacelerar os órgãos físicos e, portanto, os movimentos vitais de campos morfogenéticos correlacionados. Para os órgãos físicos você pode praticar uma versão desacelerada de *hatha yoga* ou técnicas de relaxamento; para os movimentos vitais de campos morfogenéticos recomendam-se técnicas de respiração, como o pranayana, para os últimos. Há também técnicas de artes marciais, tai chi e aikido para desacelerar os movimentos de energia vital.

A prática da concentração

A meditação de percepção-consciente, serve bem para nos ensinar a "ser", mas isso é apenas metade do duo preparação-incubação requerido para o *insight* criativo. Então nós nos limitamos a combinar a mente desacelerada com a mente rápida do fazer-fazer-fazer para chegar ao fazer-ser-fazer-ser-fazer? Não, é mais sutil do que isso.

A mente rápida do fazer-fazer-fazer é hiperativa; ela é incapaz de concentração. A mente do fazer da criatividade é, bem ao contrário, uma mente focada. A ganhadora do Nobel (por duas vezes) Marie Curie tinha tamanha concentração em sua juventude que, certa vez, seus irmãos fizeram um muro de mesas e cadeiras em torno dela enquanto estava trabalhando em sua escrivaninha. Marie encontrava-se tão apartada do que estava ao seu entorno que só foi se dar conta quando a mobília caiu à sua volta.

Existe relato semelhante sobre o físico indiano Meghnad Saha, que, trabalhando em um problema de astrofísica, certa vez conversava com um garoto em seu caminho para casa. Ao deparar com sua mulher, perguntou a ela quem era o aprazível menino, ao que ela lhe lembrou sucintamente que era seu próprio filho.

Em uma manhã, Einstein disse à esposa: "Querida, tive uma ideia maravilhosa", e entrou em seu gabinete de trabalho. Diz a lenda que ele ali ficou por algumas semanas, até que sua ideia tomou a forma da teoria geral da relatividade.

Histórias semelhantes abundam quando se trata de pessoas criativas. De onde essas pessoas conseguem tamanha concentração? E indo direto ao ponto: você poderia alcançar tamanha concentração? Por fim: por que a concentração é tão importante para a criatividade?

A pesquisa cognitiva confirma que se você tem um pensamento presente na percepção-consciente, ele não interfere em nenhum outro pensamento enquanto a repetição do mesmo pensamento é facilitada (Posner, 1980). Assim, uma questão candente ajuda a se manter ela própria em cognição. É aí que as pessoas criativas em momentos não criativos encontram sua vantagem – elas têm questões candentes sobre o mundo ou sobre si próprias simplesmente em razão de sua intensa curiosidade. Felizmente, em tempos de crise, nosso motivo de sobrevivência assume o comando, e assim com facilidade podemos encontrar questões candentes.

Uma técnica de meditação, chamada meditação para concentração, proporciona um equivalente próximo de uma questão criativa candente. Essa técnica cultiva a concentração de que as pessoas criativas dispõem em seu processo. Aqui está a técnica em uma versão hindu chamada *japa* em sânscrito. Escolha uma palavra curta (monossilábica, uma que funcione bem, como os termos sânscritos *rhim* ou *om*) e repita a palavra internamente. Quando outros pensamentos vierem interferir – como eles "querem", especialmente no começo – e você tiver consciência deles, seja firme em trazer a atenção de volta para a sua palavra (chamada *mantra* em sânscrito, significando "proteção da mente").

O propósito da meditação de concentração, do ponto de vista do aumento da criatividade, pode ser mais bem servido pela prática regular durante um breve período (20 ou mesmo 15 minutos são adequados) suplementado por um esforço de trazer a prática de situações do dia a dia como e quando for apropriado.

Para ser criativo, você precisa distinguir entre desejo e vontade. Eles estão relacionados, mas o desejo move o moinho para lugar nenhum, enquanto a vontade, a serviço da criatividade, sustenta o propósito do universo. Quando você quer perder peso, e ainda assim quer ingerir doces, isso é desejo; o conflito sempre acompanha o desejo. O desejo é querer o querer. Em compensação, quando você está realmente comprometido com alguma coisa, o querer se torna vontade. É aí que a meditação de concentração pode ajudar. Veja a vida de Van Gogh: foi a vontade que o levou a pintar *Girassóis* sob o sol deslumbrante de verão no sul da França. O mero desejo de fazê-lo não seria suficiente.

Enquanto *japa* e mantras mantêm o foco do sentido auditivo e funcionam muito bem para algumas pessoas, para outras a visualização vem mais facilmente. Para elas, a visualização é uma prática de concentração poderosa. Pode-se visualizar uma coisa que envolva o seu entusiasmo de alguma forma: uma flor, o rosto de uma pessoa amada ou respeitada, um símbolo arquetípico como a mandala. De início, a imagem será fragmentária; com a prática, contudo, ela se estabiliza a tal ponto que se pode manipulá-la. Também é possível invocá-la à vontade. E, de novo, se deve dizer que virá um tempo em que a visualização será internalizada; pode-se, em estágios avançados da prática, continuar no subconsciente enquanto o praticante está realizando suas atividades diárias.

Existe um aspecto cerebral de concentração descoberto por neurocientistas em trabalho com pessoas criativas. Normalmente existe uma área cerebral, a junção direta temporoparietal (r-TPJ) que está sempre lendo estímulos temporais e tentando classificar o que é relevante e o que não é. Somos capazes de nos concentrar aprendendo a bloquear essa área do cérebro pelo afastamento de toda distração ou divagações colaterais. Músicos de jazz, para os quais a improvisação, e portanto a criatividade, é a matéria-prima por excelência bloqueiam sua r-TJP, diz Charles Limb, pesquisador do Johns Hopkins.

O que tem a concentração de tão importante para a criatividade? Bem, a concentração pode lhe proporcionar estados de verdadeira absorção com o objeto, a ponto de você poder ver o objeto em sua verdadeira forma – isto é, independente da consciência. Tente compreender o que o virtuose do piano Lorin Hollander disse sobre a prática de seus estudos de piano na infância: "Quando eu tocava uma nota, eu me tornava consciente daquela nota". É na espontaneidade desses estados de modalidade quântica que as ideias, *insights*, compreensões e visões criativas se cristalizam. O romancista Gustave Flaubert experimentava esse fenômeno, tendo revelado: "Quando escrevi sobre o envenenamento de Emma Bovary (em *Madame Bovary*), eu sentia o gosto de arsênico tão forte em minha boca, estava eu próprio tão completamente envenenado que tive duas indigestões, uma após a outra – eram indigestões de verdade! –, até que acabei vomitando tudo o que havia jantado".

Contudo, não é o caso de forçar nem a exaltação nem o estado de absorção criativa; isso de nada serve quando o intuito é fazer de tais experiências o objetivo da prática de concentração. A grande e garantida virtude para a pessoa criativa, que é a de ser capaz de se concentrar em um objeto – por exemplo, de ser capaz de visualizar um objeto e manipular a visualização –, está nas asas que se lhe concedem à sua imaginação (ver abaixo).

A prática do *fazer-ser-fazer-ser-fazer*

Para ser criativo, diz o filósofo Erich Fromm, "é preciso renunciar a se considerar como coisa e começar a vivenciar-se tão somente no processo de resposta criativa; de modo bastante paradoxal, já que ele pode se vivenciar nesse processo, perde-se de si mesmo. Ele transcende as fronteiras de sua própria pessoa, e no momento em que sente o 'eu sou', sente também 'eu sou você' e 'eu sou um com o mundo todo'".

O processo a que Fromm está se referindo é, obviamente, o fazer--ser-fazer-ser-fazer, com o foco alternando-se entre o fazer e o ser relaxado. O salto quântico para o *self* quântico se dá na maioria das vezes a partir do estado de relaxamento, mas também pode se dar a partir do estado de "fazer".

Existem muitos casos de concentração para meditação que culminam no estado de superconsciência chamado *semahi*, estudado de maneira empírica pelo sábio Patanjali, do século 2 (Taimni, 1961). Como se pode lembrar, esse é um estado em que o processo quântico primário domina a percepção-consciente, pelo que se reconhece o mundo em sua natureza mais verdadeira – nem objetos nem o próprio indivíduo parecem separados da consciência. Há muitos anos, em 1976, fiz uma prática de *japa* durante sete dias e tive essa experiência. Mais tarde escrevi:

Em uma ensolarada manhã de novembro, eu estava calmamente sentado em minha cadeira de minha sala na universidade, praticando o *japa*. Era o sétimo dia de prática, e ainda me restava muita energia. Eu fizera meia hora de *japa* e senti uma necessidade urgente de sair para caminhar. Continuei meu mantra deliberadamente, enquanto saía da sala, depois ainda ao sair do prédio, atravessando a rua e em direção ao gramado. O universo se abriu para mim.

...quando a relva, o bosque e a corredeira
A terra, e toda visão comum,
A mim, pareciam vestir-se de luz celestial,
A glória e o frescor de um sonho. *
(W. Wordsworth, em Hutchinson & De Selincourt, 1967)

Eu parecia ser um só com o cosmo, com a relva, com as árvores e com o céu. As sensações de fato estavam presentes, intensificadas para além do que se pode crer. Entretanto, eram sensações esmaecidas se comparadas ao sentimento de amor que se seguiu,

---

* No original: *[...] when meadow, grove and stream / The earth, and every common sight, / To me did seem / Apparelled in celestial light, / The glory and freshness of a dream.* [N. de T.]

um amor que envolvia todas as coisas em minha consciência – até que eu perdi a compreensão do processo. Foi ananda, êxtase. Houve um momento ou dois para os quais eu já nem tenho descrição possível, nem pensamentos, nem mesmo o sentimento deles. Logo, foram não mais do que êxtase. E eu ainda estava em êxtase quando caminhei de volta para meu gabinete de trabalho. Eu estava em êxtase quando conversei com a secretária, que era intratável, mas estava bela em meio àquele êxtase, e eu ali – naquele momento eu a amava. Foi êxtase enquanto eu ensinava à classe enorme de calouros; o ruído da turma do fundão e mesmo o garoto da última fileira, que lançou um avião de papel, eram êxtase. Tudo era êxtase.

Essa experiência foi minha nuança, meu ponto de reentrada no mundo sutil da consciência, onde reina a fé.

É frequente as pessoas me perguntarem se pratico regularmente. E a resposta é "sim". Trata-se de uma prática fazer-ser-fazer-ser-fazer, na qual tento estar desperto em meu viver cotidiano, enquanto realizo tarefas como escrever, conversar etc. "Mas isso é apenas meditação de percepção-consciente", você pode dizer. Não exatamente. Há vezes em que bloqueio a energia em meu chakra cardíaco. A ideia é me envolver de coração "aberto" com tudo o que faço.

Os cristãos contemplativos fazem a prática de manter a imagem de Jesus no coração. O irmão Lawrence passou a vida inteira "praticando a presença de Deus", e isso o transformou. Em Zogchen, meditadores tibetanos praticam a "presença". Acho que você pode chamar meu pequeno exercício de "praticar a presença do amor".

A prática da imaginação e do sonho

Na percepção, um estímulo externo produz uma imagem cerebral para a qual encontramos um estado correlacionado mental que lhe confere significado. Na imaginação, começamos com um estado mental e encontramos a sua contrapartida no físico (por exemplo, representando um pensamento pela linguagem). Em visualização, encontramos uma contraparte do que estamos imaginando não só na linguagem, mas também com representações visuais no repertório cerebral, de modo que visualizamos uma imagem muito embora não haja objeto exterior. Com algum controle de concentração, o poder de imaginar imagens, em visualização ou em pensamento, até então conhecido, é desencadeado. Hoje em dia já se faz o mapeamento cerebral de novos estados mentais de percepção-consciente primária usando-se a dinâmica do caos do cérebro. "O gênio é a capacidade de tratar objetos da imaginação como reais, e mesmo de manipulá-los como sendo reais."

Agora você pode entender o que Coleridge queria dizer quando distinguiu fantasia e imaginação; a fantasia é uma mera expressão frívola do intelecto; é a tagarelice lúdica do ego. Mas imaginação, disse Coleridge, salta "das partes elementais do espírito [arquétipos] compartilhadas por todos".

Ocorre que a imaginação criativa é difícil para a percepção-consciente comum do ego; é difícil estar aberto à percepção-consciente primária do *self* quântico. Em nosso modo de ego, tornamos conhecidas imagens de nossa experiência passada. Mas se não estamos tão aferrados ao ego, e é o que ocorre no estado do sonho, facilmente podemos incorrer na percepção-consciente primária do *self* quântico. Então vemo-nos capazes de realmente explorar o imaginário criativo, manifestando o desconhecido. É o que se dá quando começamos a ver coisas em sua verdadeira forma arquetípica, que as ideias criativas representam.

Quando sonhamos, nossa defensividade egoica normal relaxa, permitindo-nos mergulhar no desconhecido de modo jamais permitido pelo consciente, pela mente dominada pelo ego. Em sonhos, o inconsciente é o jogador principal; em ampla medida, para muitas pessoas isso significa o inconsciente pessoal – as tais repressões freudianas. Mas para alguns, que têm um ego saudável, ou para os que despertaram para a inteligência supramental, o inconsciente em questão nos sonhos é frequentemente o inconsciente coletivo e, para além dele, inconsciente quântico.

Jung (1971) realçou o conteúdo arquetípico dos sonhos coletivos. Já abordei alguns exemplos de sonhos criativos, ao estilo de Jung, em um capítulo anterior (ver Capítulo 9). Uma das ideias principais desse livro, que é a importância do fazer-ser-fazer-ser-fazer no processo criativo, foi me dada em sonho. No sonho, primeiro vi uma série de figuras abstratas, bastante ativas; dançando, brincando. Uma voz no fundo me apresentava a elas: esses são os anjos do fazer [*doing*]. Mas logo essas figuras foram substituídas por outras figuras abstratas, estas bem relaxadas. A voz no fundo declarava serem anjos do ser [*being*]. Acompanhe então o que aconteceu: os anjos do fazer voltaram tão somente para ser substituídos pelos anjos do ser. Quando acordei, minha mente cantava "do-be-do-be-do".

Você pode manipular o imaginário dos sonhos? Na verdade, isso redunda em saber que se está sonhando. Na literatura esotérica, essa prática de cognição enquanto se sonha ... é chamada *dream yoga*, que combina a potência criativa do estado de sonho e o abrandamento das fronteiras do ego com a capacidade da imaginação consciente. Os poetas românticos ingleses descobriram o poder de alguns tipos de *dream yoga* – entrar e sair num alternar de sonho e consciência de vigília.

> Foi esta uma visão ou sonhei desperto?
> A música se foi: – estarei dormindo ou acordado? *

Escreveu John Keats em sua *Ode a um Rouxinol*. Por que essa ode nos toca? Precisamente porque "não sabemos onde estamos".

O sonhar lúcido, no qual se está consciente de estar sonhando, é o mesmo estado praticado no *dream yoga*. De certo modo, o sonho da cobra por Kekulé é um exemplo de sonhar lúcido. Após seu experimento, Kekulé se tornou um entusiasta do sonhar criativo. "Vamos aprender a sonhar", escreveu. E vamos segui-lo com o conselho de Patanjali, sábio do leste indiano, que diz: "Medita no conhecimento que vem durante o sono [sonho]".

Novos estudos sugerem que o modo como participamos de nossos sonhos depende de nosso autodesenvolvimento (Wolf, 1994). Em particular, alguns pesquisadores creem que sonhar com lucidez – quando conscientemente refletimos sobre o fato de nosso sonhar – pode ser sinal do início de uma passagem para estados mais elevados de consciência total da percepção-consciente.

O neurofisiologista John Lilly (1974) aconselhou que se programasse o "biocomputador" antes de dormir. Eu acho que, em vez disso, ideia melhor seria pedir, com algumas diretrizes vagas relacionadas a sua busca (bem ao modo de uma coração), que a sua consciência quântica colapse durante o sonho.

Em algum lugar entre o sonho e o estado de vigília, as ondas cerebrais passam das ondas mais comuns beta (alta frequência) e alfa (frequência entre 7 e 14 herz) para as ondas teta (frequência de 4 a 7 hertz). Existe alguma evidência de que a criatividade possa ser aumentada quando o cérebro entra nas ondas teta (Goleman, Kaufman & Ray, 1992). O físico Elmer Green obteve um grande avanço em sua pesquisa quando se encontrava num estado sonolento em que predominavam as ondas teta. Diz-se que Thomas Edison costumava se esparramar em sua confortável cadeira para tirar um cochilo tendo nas

---

* Versão extraída da edição brasileira do livro *John Keats – Nas invisíveis asas da poesia*, traduzida por Alberto Marsicano e John Milton (São Paulo: Iluminuras, 2002. p. 41). [N. de E.]

mãos duas bolas de metal, enquanto no chão havia panelas de metal estrategicamente postas para abrigar as bolas, quando elas caíssem. Tão logo Edison pegasse no sono, ao cair nas panelas, as bolas fariam um ruído, acordando-o, e era frequente ele ter bons *insights* nesse estado de semiestupor entre o sono e a vigília.

Mencionarei de passagem o uso de drogas. Poderiam as drogas, em especial as drogas psicodélicas, aumentar a criatividade, como sugeriu o pesquisador em criatividade John Gowan (1974)? Essa concepção fez com que Gowan caísse em descrédito, mas para mim trata--se de uma questão legítima. Também as drogas psicodélicas nos conduzem a um estado alterado, no qual as fronteiras do ego se encontram consideravelmente ampliadas; nesse sentido, elas se assemelham aos estados de sono.

Seremos capazes de aprender a controlar esses estados alterados de modo suficiente para tirar proveito do relaxamento das restrições a nossa imaginação e, possivelmente, ter um acesso ampliado à modalidade quântica? A dificuldade em usar esses estados para a criatividade está em ser a criatividade o casamento entre Céu e Terra, entre ego e modalidades quânticas. O caso é que, bem ou mal, de acordo com pesquisas já publicadas, o funcionamento do nosso ego parece se interromper nesses estados alterados induzidos pelas drogas. Ademais, se por um lado não existem problemas identificáveis com uma "dependência do sono", no caso das drogas esses problemas existem; e é claro que isso é antitético com a atitude de quem busca a liberdade na modalidade quântica, e por isso o potencial negativo das drogas não pode ser subestimado.

Trabalhar com arquétipos e construir circuitos cerebrais emocionais positivos

Jung enfatizou a importância de se trabalhar com alguns arquétipos do inconsciente coletivo que pareçam particularmente relevantes para o modo como se expressam os impulsos inconscientes da criatividade.

Pode-se facilmente compreender a repressão de certos temas arquetípicos que, no inconsciente coletivo, procuram formas de expressão em criatividade. A supressão tem toda uma história evolucionária (Goswami, 2011a). Na era que os antropólogos chamam de horticultural (da agricultura em pequena escala), homens e mulheres trabalhavam juntos com prerrogativas iguais e direitos iguais quanto ao desenvolvimento da mente vital – a mente dedicava-se a explorar o significado dos sentimentos. O trabalho criativo coletivo desses nossos ancestrais efetivou e consumou o que hoje podemos reconhecer como circuitos cerebrais de emoções negativas – circuitos neocorticais de significado correlacionados com circuitos límbicos cerebrais instintuais de sentimentos de chakra inferior, os quais herdamos de nossa ancestralidade animal. Esses circuitos cerebrais são universais para a espécie humana. O modo como se realiza a universalidade já é uma longa história; campos morfogenéticos não locais desempenham aí papel importante (Sheldrake, 2009; Goswami, 2008b). Esses valorosos ancestrais, portanto, começaram a trabalhar no desenvolvimento de uns poucos circuitos cerebrais emocionais. Ocorre que seu trabalho nesse âmbito foi apenas iniciado; por isso, esses circuitos cerebrais hereditários são em pequeno número. Um deles, quando excitado, proporciona para nós uma cópia da experiência espiritual; eu o chamo de "novo ponto G". Outro circuito nos dá altruísmo quando acionado. Outro ainda é o recém-descoberto *hardware* cerebral para o otimismo.

Fato lamentável para nós, com o advento do maquinário pesado em agricultura, o trabalho voltado à mente vital foi abandonado de forma prematura. Por necessidade, os homens se tornaram os "cabeças", os chefes, e renunciaram à investigação do vital, dando início à exploração de significado da mente em si mesmo – da mente racional. As mulheres foram relegadas à condição de cidadãs de segunda classe, devendo continuar apenas com sua mente vital. Por fim, aos homens foi ensinado que deviam suprimir completamente a sua mente vital, e eles se apartaram de estados emocionais, que passaram a pertencer apenas às experiências da mulher. A *anima* é o arquétipo feminino no homem – as ondas de possibilidade suprimidas da mente do homem, que correspondem às experiências de emoção "feminina". O *animus*, de modo semelhante, são as possibilidades "masculinas" de raciocínio em mulheres. Na modalidade condicionada aos homens, somente os padrões masculinos condicionados da mente racional entram em colapso, enquanto os padrões femininos da mente vital são suprimidos. No processamento inconsciente, porém, um homem pode acessar qualidades "femininas" da mente vital. O mesmo se pode dizer de uma mulher: o processamento inconsciente e o subsequente salto quântico criativo podem liberar suas qualidades "masculinas", suprimidas da mente racional.

Mas por que deveria o homem empenhar sua criatividade para vivenciar os padrões do outro sexo? Uma mística indiana, Meera Bai, foi a Brindaban, local de nascimento de Krishna e Meca espiritual da Índia, em busca de um guru. Ora, quando ela escreveu para um venerável guru pedindo que a aceitasse, ele a recusou, afinal de contas "ela era uma mulher". Bai escreveu de volta, "pensei que em Brindaban todo mundo fosse mulher, o único homem sendo Krishna". O guru ficou bastante impressionado com a resposta e a aceitou como discípula. O significado profundo do que Meera Bai escreveu, é claro, foi que para ser um indivíduo interiormente criativo devemos todos abordar a consciência quântica com uma receptividade que é o núcleo duro da qualidade da experiência feminina. Na realidade, essa receptividade é essencial para *insights* tanto na criatividade exterior como na criatividade interior. Assim, um homem poderia ser amplamente recompensado por tornar conscientes suas qualidades femininas inconscientes. De maneira semelhante, uma mulher precisa integrar seu *animus* racional já que ele aumenta sua capacidade de preparação, de perseverança (vontade) e de produção – os três Ps –, que são essenciais ao processo criativo.

No filme *Lobo*, a heroína é levada ao sabor da vida até descobrir (com a ajuda crucial dos homens do filme, tanto o protagonista como o antagonista) o guerreiro dentro dela, seu *animus*, simbolizado pelo lobisomem. É claro que, de modo bastante apropriado para a história, também os homens tinham perdido seus "lobisomens", seu poder vital; tinham sido vítimas da mediocridade e do tédio das empresas modernas. Cabia a eles recuperar seus próprios lobisomens antes que pudessem servir à heroína.

Tanto a integração do *animus* como a da *anima* pode ser em grande parte facilitada pelo trabalho com o sexo oposto numa relação comprometida. É uma oportunidade única para uma relação "eu-tu". Aqui "tu és" sua própria *anima* ou *animus*, mas corporificado no parceiro. Seus sonhos podem ser aliados particularmente poderosos à medida que esses importantes arquétipos são integrados.

Outro importante arquétipo junguiano – que se presta a uma avaliação pelos criativos – é o do herói. Em certo sentido, todo ato criativo é a culminação da viagem de um herói: o herói embarca em uma busca, esforça-se e resiste, tem um *insight* e então retorna com o produto realizado – aqui facilmente se pode visualizar os estágios do processo criativo. Na *Ilíada*, Zeus atrai todas as coisas para si mesmo com um cordão dourado; de modo semelhante, o arquétipo do herói atrai todos nós. A Índia tem uma metáfora diferente para o cordão da criatividade interior – o som da flauta de Krishna. Mas quer você tenha ouvido a flauta ou sentido o puxar do cordão, o resultado é o mesmo; ali está você, içando velas em uma viagem irreversivelmente criativa.

Para integrar o herói é preciso se esquivar do ego e ceder, durante momentos de intuição ou de *insight*, a fim de pleitear o arquétipo em nossa viagem transformacional. (Isso é parodiado pelos heróis e heroínas da *Ilíada*, que eram manipulados pelos deuses como se fossem marionetes.) Ainda assim, entre intuições e *insights*, o ego tem seu papel a desempenhar, e o arquétipo não está fora de nós.

O filme *O Turista Acidental* é uma boa ilustração da viagem de herói moderno. O herói aqui, Macon Leary, tem o mesmo problema que a heroína em *Lobo*; ele perdeu seu guerreiro interior, seu lobisomem. Ele evita qualquer coisa que seja potencialmente dolorosa, física ou emocional, e por isso mesmo abandonou completamente a criatividade. Para retornar à viagem do herói, Macon precisa ser reiniciado. E a tarefa cabe, naturalmente, a uma mulher: Muriel Pritchard, que tem a energia da deusa Kali, do leste da Índia, a limpadora da negatividade. Dão-se algumas limpezas, Macon opera um cauteloso reinício de volta à vida, mas, ainda relutante em enfrentar a dor, retorna para a sua mulher quando ela se mostra convidativa a ele, muito embora o casamento já não funcione mais. E, no final altamente simbólico, Macon perambula por Paris, mala na mão e dor nas costas, procurando um táxi, até que acaba largando a bagagem, tanto física quanto simbolicamente. A caminho do aeroporto – sem a mala, sua bagagem emocional – ele avista Muriel (que o seguiu até Paris) na calçada, quando o rosto dele, duro de frio, revela-se incapaz do menor sorriso quente (cena maravilhosamente interpretada por William Hurt). A criatividade de Macon irrompe, enfim: ele redescobria o amor.

Todos os grandes criativos são heróis personificados nos estágios de um ato criativo. O indivíduo interiormente criativo, cuja inteligência supramental é despertada e que integrou o arquétipo do herói, é o herói personificado em todos os tempos; sem muito esforço ele ou ela vive no fio da navalha. Na Índia, chamam tal pessoa de avatar.

A melhor parte de se trabalhar com os arquétipos em criatividade é a oportunidade que se tem de construir um circuito cerebral emocional positivo quando no estágio de manifestação. É algo que se revela bastante conveniente para se alcançar o equilíbrio quando se está num lance de emoção negativa. Você adquiriu alguma inteligência emocional.

Recordando o seu *dharma*

Quando somos jovens, usamos nossas propensões para servir a nosso *dharma* sem fardo nem estorvo; apenas mais tarde as contingências da vida presente desviam alguns de nós de seguir nosso *dharma*. Por fim, muitos de nós acabam por esquecer inteiramente para que viemos ao mundo. Sob essas circunstâncias, acabamos por seguir o *dharma* de outra pessoa. Isso não é bom para nós no que diz respeito ao progresso no caminho do processamento de significado; mais cedo ou mais tarde alguns de nós passam a suspeitar disso e tornam-se infelizes: "Qual o significado de minha vida?". A sabedoria popular expressa-o como "crise da meia-idade".

O místico sufi Hafiz escreveu:

Desde quando a Felicidade ouviu o seu nome
Ela passou a correr pelas ruas
Tentando encontrá-lo.

A verdade é que também você está correndo pelas ruas, tentando encontrar a Felicidade; o caso é que vocês estão sempre se desencontrando, porque você não está atuando em seu *dharma*. Por isso eu sugiro um exercício simples de rememoração do *dharma*, do seu *dharma*. O truque é perceber que no momento em que conhece as propensões trazidas consigo ao reencarnar desta vez, você pode ter uma experiência cristalizadora se contar a si próprio qual é o seu *dharma*. Assim, a chave para conhecer o seu *dharma* encontra-se oculta em suas lembranças de infância, que já não estão ao alcance de seu recordar adulto.

Exercício: Deite confortavelmente sobre um tapete no chão. Faça um exercício de conscientização corporal. Respire profundamente algumas vezes, então concentre-se na cabeça, depois no torso, membros e, por fim, no corpo todo. Procure evocar a memória recente de uma experiência com forte apelo de sentimento e significado. Visualize vividamente as características em sua experiência de memória. Ative seus chakras, de modo que as energias que sente agora sejam as mesmas de sua memória. Visualize o ambiente, a flora e a fauna com o máximo de detalhes que puder. Fique um pouco com essa memória e então deixe que se vá. Essa prática se destina a aprender como se sente uma memória autêntica.

Agora, para a prática propriamente dita. Comece com um exercício de intenção: imagine que a consciência quântica lhe presenteará com uma lembrança de infância que revelará seu *dharma*. Prometa-se a si mesmo que, tão logo descubra o seu *dharma*, você vai segui-lo sempre que ele vier até você. Insista que essa intenção visa também a um bem maior e está em sintonia com o movimento evolucionário da consciência. Pouco a pouco, deixe a intenção se tornar uma prece. E termine em silêncio por cerca de um minuto.

Agora, escolha um período de sua infância do qual deseja recuperar a memória (alguma passagem entre os 3 e os 8 anos). Crie a ambiência que mais provavelmente seria a do momento que está tentando relembrar. Havia mais alguém além de você? Em caso afirmativo, recrie a pessoa ou pessoas em sua imaginação. Agora, aguarde passivamente a sua memória pretendida, como um pescador espera que o peixe morda a isca. E, assim como o pescador, se você der uma beliscada, se um pequeno pedaço de memória vier à superfície, amplifique-o para ajudá-lo a fazer a memória inteira ganhar vida em sua imaginação.

Do começo ao fim o exercício deve levar cerca de uma hora. Se você o fizer por um período de duas semanas ou mais, já poderá esperar algum resultado. Uma vez conhecendo o seu *dharma*, e uma vez que provavelmente não é bem esse o caminho para a satisfação que você deseja, faça a transição que a sua crise da meia-idade lhe estiver a demandar. Escolha o caminho do seu *dharma*, o caminho de seu coração, e sincronicidades o ajudarão em sua busca. Fique em seu *dharma*, pense quântico, seja criativo, e a felicidade o encontrará.

Mente, mente, quão lenta és para expandir.
Cultivas um campo exíguo,
cercado por teu ego.
Para além do horizonte, jamais vês?

O mais longe que tua consciência alcançar,
assim poderá o que tu crias,
e o Grande Um, sem o teu cultivo,
árido permanece, inconsciente.

Mente, mente, rompe o que te cerca, expanda,
Cultiva, até, infinitamente fértil,
teu campo é opulento de criatividade. *

---

* No original: *Oh mind, how slow you are to expand. / You cultivate one little field, / fenced in by your ego. / do you never face the horizon beyond? / As far as your consciousness reaches, / so can your husbandry, / else the Great One, without your cultivation, / remains barren, unconscious. / Oh mind, break open your fence, expand, / Cultivate, until, infinitely fertile, / your field is lush with creativity.* [N. de T.]

capítulo 23

criatividade e ativismo quântico

O universo parece estar evoluindo de modo que promove expressões cada vez mais amplas dos temas arquetípicos da consciência. Ao que tudo indica, temos impulsos inconscientes que nos impelem na mesma direção – os impulsos inconscientes de criatividade para nos sintonizar com o movimento evolucionário de consciência.

Ocorre que a maior parte de nós não ouve o chamado da evolução criativa, de maneira que uma dinâmica de evolução consciente deve criar crises para que mais pessoas ouçam o chamado da criatividade na forma de necessidade de sobrevivência, e com ele se comprometam.

A mudança vem em massa durante esses episódios de crise. Precisamente agora, nossa busca pela visão de mundo equivocada do materialismo científico durante muitas décadas produziu condições de crise por todos os lugares. A crise ainda não está suficientemente aprofundada, mas bem poucas pessoas a veem e estão prontas para se envolver criativamente na intenção de resolver os problemas inerentes a um estado de crise. É de se lamentar que parcelas imensas da humanidade ainda estejam excluídas em razão do modo de vida "errado" e sem significado ao qual parecem aferradas.

Revela-se que os ventos da transformação estão produzindo uma mudança de paradigma. Isso sugere a ideia de que se faz necessário um número de pessoas relativamente pequeno, apenas um limiar, para que se produzam mudanças suficientemente profundas em nossa estrutura cerebral, e são elas que nos levarão ao estágio seguinte da evolução – a evolução da mente intuitiva

(Sheldrake, 2009; Goswami, 2011a). E você, que está lendo este livro, é bem possível que seja uma dessas pessoas, talvez uma entre os muitos milhões pelo mundo afora. E que esteja pronto para o que eu chamo de ativismo quântico.

Em poucas palavras: o objetivo do ativismo quântico é mudar a nós mesmos e a nossa sociedade valendo-se dos princípios de transformação da física quântica (Goswami, 2011a). A criatividade é uma ferramenta de transformação importante para o ativista quântico.

No mito do Santo Graal, quando Percival vai ao castelo do Graal, onde o rei encontra-se mutilado, sua intuição é perguntar a este: "O que houve com Sua Majestade?". Mas ele fora instruído, sabia que um cavaleiro não fazia perguntas. De modo que se esquivou de um possível conflito, e na verdade não houve movimento algum.

"Buscais, e encontrareis", disse Jesus. Faça a sua pergunta, e o portal para a transformação criativa abrirá como por fim se abriu para Percival, que pacientemente se manteve com sua pergunta e com seus conflitos durante seis anos. Quando retornou ao rei Graal, ele fez sua pergunta e o reino foi revitalizado.

O rei Graal, aleijado, é uma metáfora para a psique quando o *self* é dominado pelo equívoco – pelo pensar equivocado (visão de mundo errônea), pelo modo de vida equivocado (o acelerado estilo de vida fazer-fazer-fazer) e meio de subsistência equivocado (trabalhos que não oferecem margem à criatividade). Só mesmo quando continuamos a fazer as perguntas apropriadas e quando efetivamente abordamos nossos conflitos, damos espaço para a criatividade, para a transformação. Na condição de criativo quântico, você já está ocupado com um modo de pensar correto e com um viver correto, e esperamos que você esteja num cargo, numa profissão ou carreira que também sejam corretos desse ponto de vista. Na condição de ativista quântico, você vai se esforçar para chegar a um modo de pensar correto, a um modo de vida correto, e a uma função produtiva correta para com seus companheiros seres humanos. O movimento evolucionário da consciência demanda isso.

Polarização e integração

Olhe para o mundo hoje. O que vê, a não ser polarização? Por toda a parte, a maioria das pessoas criativas tem se iludido e aderido ao materialismo científico e a uma ciência sem valores. Em consequência, a maneira como expressam sua criatividade é vestida na camisa de força de um sistema de crenças no qual a criatividade e na verdade a consciência em si e seus valores são impossíveis. Sua criatividade sofre porque o seu exercício bem-sucedido requer um processamento quântico não compatível com o estilo de vida do fazer-fazer-fazer, próprio à visão de mundo materialista, que tende a usar apenas a mente racional. Nos Estados Unidos, tais pessoas recebem classificações variadas, como liberais, que são as "esquerdas" em outras partes do mundo, progressistas ou democratas. Outro segmento da sociedade vê essa abordagem como "de certo modo" errada. Não raro, em razão de fortes convicções religiosas, essas pessoas acreditam em valores. Mas também elas são iludidas por um conservadorismo popular religioso que anseia pela volta de sistemas antigos – seitas religiosas, divisão feudalista de classes etc. Em razão do arcaísmo de seu sistema de crenças, também elas são de criatividade duvidosa. Nos Estados Unidos, essas pessoas recebem denominações variadas, como conservadores, republicanos, fundamentalistas e, mais recentemente, *tea parties.*

O cisma nos tem vedado o acesso a avenidas criativas para problemas que assumem proporções de crise, aos quais cabe a nós resolver: mudanças climáticas globais, terrorismo, fusões de empresas e corporações, derrocadas de sistemas democráticos, religiões moribundas, educação excessivamente coercitiva, seguros-saúde a preços estratosféricos. Não podemos solucionar esses problemas sem mudar o caráter discordante das visões de mundo tanto da ciência materialista como das seitas religiosas, sem curar a cisão entre elas e nossa visão de mundo integrativa.

Veja o quanto são bobos alguns dos jogos protagonizados por essas pessoas polarizadas. Os materialistas não acreditam em arquétipos idealistas de valores. É evidente que esses arquétipos incluem a própria verdade. Daí a verdade estar comprometida. Temos o caso da Fox News. Eles exploram o cinismo radical sobre valores ao assumir visões como "não existe evolução" ou "não existe aquecimento global". Isso é agravado pela ala progressista, em especial os cientistas que se recusam a ver que eles próprios criaram esse ambiente isento de qualquer valor ou mesmo da ciência à revelia de fatos, que é alardeada pela mídia. São esses mesmos cientistas que se recusam a ver a "verdade" da resolução da consciência de paradoxos quânticos, bem como o "fato" dos fenômenos paranormais ou dos remédios homeopáticos.

Essa cisão pode ser sobrepujada pela introdução da ideia de consciência quântica no âmbito de uma visão de mundo baseada na primazia da consciência (Goswami, 2008a, 2008b, 2011). Um novo paradigma de ciência baseado nessa visão de mundo faz reviver a consciência e a criatividade. Como ficou demonstrado neste livro, a nova ciência revela o caminho para ser criativo, o caminho para efetivamente abrir e integrar.

Quando exploramos a criatividade no seio de uma ciência baseada na primazia da consciência, descobrimos que o movimento evolucionário no universo é intencional, o propósito sendo o de cada vez melhor manifestar os temas arquetípicos da consciência.

Consequentemente, a nova ciência prevê uma nova era de evolução, na qual a mente evoluirá de suas preocupações atuais com a racionalidade para uma consciência que explore as intuições, o supramental. Não é difícil interpretar a crise que vivemos hoje como cisão e problemas indissolúveis como meios para a desestruturação social da velha ordem que agora tem cedido a uma reestruturação criativa que conduzirá a uma nova ordem de integração e de soluções.

Ser criativo em tempos como este é ver a crise atual como oportunidade para a evolução pessoal. Ser um ativista quântico capacita-o a também participar da evolução da humanidade como um todo. Envolver-se com a criatividade na condição de ativista quântico nos dias de hoje e na esfera da nova visão de mundo é não apenas resolver problemas de crise que possibilitarão à humanidade sobreviver, mas é também conduzir à mente intuitiva para todos. Para dizer a verdade, no momento esta é a única "dança" provida de significado. Você não vai querer dançar?

> Onde o medo não cria barreiras impenetráveis
> onde a mente é livre para assumir riscos,
> onde nem recompensa nem punição
> mas a curiosidade honesta motiva,
> onde podemos ouvir o cosmos,
> sussurrando para nós seu propósito,
> rumo à terra da liberdade criativa
> deixa o meu mundo despertar. *
> (Paráfrase de poema de Tagore.)

---

* No original: *Where fear does not create barriers impenetrable / where the mind is free to take risk, / where neither reward nor punishment / but honest curiosity motivates, / where we can listen to the cosmos / whispering its purposiveness to us, / into that land of creative freedom / let my world awake.* [N. de T.]

bibliografia

ALDRIDGE, J. W. *Talents and technicians*. Nova York: Charles Scribner's Sons, 1992.

AMABILE, T. Within you, without you: the social psychology of creativity and beyond. In: RUNCO, M. A. & ALBERT, R. S. (Eds.). *Theories of creativity*. Newbury Park, CA: Sage, 1990.

_____. *The social psychology of creativity*. Nova York: Springer-Verlag, 1983.

AMBROSE, D. & CROSS, T. (Eds.) *Morality, ethics and gifted minds*. Nova York: Springer, 1990.

ANDERSON, S. & HOPKINS, P. *The feminine face of god*. Nova York: Bantam, 1991.

ARNOLD, J. Creativity in engineering. In: SMITH, P. (Ed.). *Creativity*. Nova York: Hastings House, 1959.

ASPECT, A., DALIBARD, J. & ROGER, G. Experimental test of Bell inequalities using time-varying analyzers. *Physical Review Letters*, v. 49, p. 1804-1807, 1982.

ATCHITY, K. & ATCHITY, V. Dreams, literature and the arts. In: KRIPPNER, S. (Ed.) *Dreamtime and dreamwork*. Los Angeles: Tarcher/Perigee, 1990. [Decifrando a linguagem dos sonhos. São Paulo: Cultrix 1998.]

AUROBINDO, S. *The life divine*. Pondicherry, Índia: Sri Aurobindo Ashram, 1996. [La vida divina. Buenos Aires: Kier, 1980. 3 v.]

BARRET, D. *The committee of sleep:* how artists, scientists and athletes use dreams for creative problem solving... and how you can too. Nova York: Crown, 2001.

BARRON, F. The disposition toward originality. *The Journal of Abnormal and Social Psychology*, v. 51, p. 478-485, 1955.

_____. *Creativity and personal freedom*. Londres: Van Nostrand, 1968.

_____. *Creative person and creative process*. Nova York: Holt, Rinehart, Winston, 1969.

BATESON, G. *Mind and nature*. Nova York: Bantam, 1980. [*Mente e natureza*. Rio de Janeiro: Francisco Alves, 1986.]

BERGIA, S. Einstein and the birth of special relativity. In: FRENCH, A. P. (Ed.). *Einstein:* a centenary volume. Cambridge, MA: Harvard University Press, 1979. p. 65-89.

BLOOD, C. *Science, sense and soul.* Los Angeles: Renaissance Books, 2001.

BLY, R. *Iron John.* Nova York: Random House, 1992. [João de Ferro. Rio de Janeiro : Campus, 2005.]

BODEN, M. *The creative mind.* Nova York: Basic Books, 1990. [La mente criativa. Barcelona: Edisa, 1994.]

_____. What is creativity? In: BODEN, M. (Ed.). *Dimensions of creativity.* Cambridge, MA: MIT Press, 1994. [*Dimensões da criatividade.* Porto Alegre: Artmed, 1999]

BOHM, D. *Quantum theory.* Englewood Cliffs, NJ: Prentice Hall, 1951.

BOLEN, J. S., WALKER, A. & ALLENDE, I. The storyteller as shaman. *Magic Blend,* v. 39, p. 8, 1983.

BOLES, S. A model for routine and creative problem solving. *Journal of Creative Behavior,* v. 24, p. 171-189, 1990.

BRIGGS, J. *Fire in the crucible.* Los Angeles: Tarcher, 1990.

BROOK, P. *The shifting point.* Londres: Methuen Drama, 1968. [O ponto de mudança. Rio de Janeiro : Civilização Brasileira, 1994.]

BROWN, G. S. *Laws of form.* Nova York: Dutton, 1977.

CHOPRA, D. *Quantum healing.* Nova York: Bantam-Doubleday, 1990. [*A cura quântica.* 44 ed. Rio de Janeiro: Best Seller, 2008.]

CHUG-YUAN, C. *Creativity and taoism.* Nova York: Harper and Row, 1970.

CLARK, D. *Einstein:* the life and times. Nova York: Avon, 1971.

COBB, N. *Archetypal imagination.* Hudson, NY: Lindisfarne Press, 1972.

CROPLEY, D. H., CROPLEY, A. J., KAUFMAN, J. C. & RUNCO, M. A. *The dark side of creativity.* Nova York: Cambridge University Press, 2010.

CSIKSZENTMIHALYI, M. *Flow:* the psychology of optimal experience. Nova York: Harper & Row, 1990. [*Fluir.* Lisboa: Relógio d'Água, 2002.]

DACEY, J. S. Discriminating characteristics of the families of highly creative adolescents. *Journal of Creative Behavior,* v. 23, p. 263-271, 1989.

DANTES, J. S. *The unmanifest self.* Boulder Creek, CA: Aslan Publishing, 990.

DASS, Ram. *Grist for the mill.* Santa Cruz, NM: Unity Press, 1977.

DAVIS, G. A. In frumious pursuit of the creative person. *Journal of Creative Behavior,* v. 9, p. 75-87, 1975.

DE BONO, E. *Lateral thinking:* creativity step by step. Nova York: Harper and Row, 1970.

DEVALL, W. & SESSIONS, G. *Deep ecology.* Salt Lake City, UT: Gibbs M. Smith, 1985. [*Ecologia profunda.* Águas Santas: Edições Sempre-em-Pé, 2004.]

EDWARDS, B. *Drawing on the right side of the brain.* Los Angeles: Tarcher, 1989. [*Desenhando com o lado direito do cérebro* 2. ed. Rio de Janeiro: Ediouro, 2000.]

EINSTEIN, A. *Autobiographical notes*. La Salle, IL: Open Court, 1979. [*Notas autobiográficas*. Rio de Janeiro: Nova Fronteira, 1982.]

ELIOT, T. S. *Four quartets*. Nova York: Harcourt, Brace, and Jovanovich, 1943. [*Quatro quartetos*. Lisboa: Relógio d'Água, 2004.]

ERNST, M. Inspiration to order. In: GHISELIN, B. (Ed.). *The creative process*. Nova York: Mentor, 1960.

FABUN, D. *You are creative*. Nova York: MacMillan, 1968.

FELDMAN, D. *Beyond universals in cognitive development*. Norwood, NJ: Ablex, 1980.

_____. *Nature's gambit*. Nova York: Basic, 1986.

FREUD, S. *Introductory lectures on psychoanalysis*. Standard edition, v. XV. Londres: Hogarth, 1961. [*Edição standard brasileira das obras psicológicas completas de Sigmund Freud*, v. XV. Rio de Janeiro: Imago, 2006.]

_____. *Introductory lectures on psychoanalysis*. Standard edition, v. XVI. Londres: Hogarth, 1963. [*Edição standard brasileira das obras psicológicas completas de Sigmund Freud*, v. XVI. Rio de Janeiro: Imago, 2006.]

FRIEDMAN, A. I. & DONLEY, C. C. *Einstein as myth and muse*. Cambridge, UK: Cambridge University Press, 1989.

GARDNER, H. *Creating minds*. Nova York: Basis, 1993. [*Mentes que criam*. Porto Alegre: Artmed, 1996.]

GELL-MANN, M. *The quark and the jaguar*. Nova York: Freeman, 1994. [*O quark e o jaguar*. Rio de Janeiro: Rocco, 1996.]

GETZEL, J. W. & JACKSON, P. W. *Creativity and intelligence*. Nova York: John Wiley, 1962.

GETZEL, J. W. & CZIKSZENTIMIHALYI, M. *The creative vision:* a longitudinal study of problem finding in art. Nova York: John Wiley, 1976.

GIBRAN, K. *The prophet*. Nova York: Knop, 1971. [*O profeta*. Rio de Janeiro: BestBolso, 2010.]

GLEICK, J. *Chaos:* making a new science. Nova York: Viking, 1987. [*Caos:* a criação de uma nova ciência. Rio de Janeiro: Campus, 1989.]

GOLEMAN, D., KAUFMAN, P. & RAY, M. *The creative spirit*. Nova York: Dutton, 1992. [*O espírito criativo*. São Paulo: Cultrix, 1998.]

GOSWAMI, A. *How quantum activism can save civilization*. Charlottesville, VA: Hampton Roads, 2011a. [*O ativista quântico*. São Paulo: Aleph, 2010.]

_____. Conscious economics. In: FREDRIKSSON, I. (Ed.). *Aspects of consciousness*. Jefferson, NC: McFarland, 2011b.

_____. *God is not dead*. Charlottesville, VA: Hampton Roads, 2008a. [*Deus não está morto*. São Paulo: Aleph, 2008.]

_____. *Creative evolution*. Wheaton, IL: Theosophical Publishing House, 2008b. [*Evolução criativa*. São Paulo: Aleph, 2015.]

_____. *Physics of the soul*. Charlottesville, VA: Hampton Roads, 2001. [*A física da alma*. 2. ed. São Paulo: Aleph, 2008.]

_____. Creativity and the quantum. *Creativity Research Journal*, v. 9, p. 47-61, 1996.

_____. *The self-aware universe:* how consciousness creates the material world. Nova York: Tarcher/Putnam, 1993. [*O universo autoconsciente:* como a consciência cria o mundo material. 2. ed. São Paulo: Aleph, 2008.]

_____. The idealistic interpretation of quantum physics. *Physic Essays*, v. 2, p. 385-400, 1989.

_____. Creativity and the quantum theory. *Journal of Creative Behavior*, v. 22, p. 9-31, 1988.

GOWAN, J. C. *Development of the psychodelic individual*. Buffalo, NY: Creative Education Foundation, 1974.

GREEN, E. & GREEN, A. *Beyond biofeedback*. Nova York: Dell, 1977.

GREEN, R. G., BEATTY, W. W. & ARKIN, R. M. *Human motivation:* physiological, behavioral, and social approaches. Boston: Allan & Bacon, 1984.

GRINBERG-ZYLBERBAUM, J., DELAFLOR, M. ATTIE, L. & GOSWAMI, A. Einstein--Podolsky-Rosen paradox in the human brain: the transferred potential. *Physic Essays*, v. 7, p. 422-428, 1994.

GRUBER, H. *Darwin on man*. 2. ed. Chicago: University of Chicago Press, 1981.

_____. Darwin's 'tree of nature' and other images of wide scope. In: WECHSTER, J. (Ed.). *On aesthtetics in science*. Cambridge, MA: MIT Press, 1978. [El "árbol de la naturaleza" de Darwin y otras imágenes abarcadoras. In: Sobre la estética en la ciencia. México: Fondo de Cultura Económica, 1982.]

GRUBER, H. & DAVIS, S. N. Inching our way to Mount Olympus: the evolving systems approach to creative thinking. In: STERNBERG, R. J. (Ed.). *The nature of creativity*. Cambridge: Cambridge University Press, 1988.

GUILFORD, J. P. Traits of creativity. In: ANDERSON, H. H. (Ed.). *Creativity and its cultivation*. Nova York: Harper, 1959. p. 142-161.

HADAMARD, J. *The psychology of invention in the mathematical field*. Princeton, NJ: Princeton University Press, 1939. [Psicologia da invenção na matemática. Rio de Janeiro : Contraponto, 2009.]

HAEFEL, J. W. *Creativity and innovation*. Nova York: Reinhold, 1962.

HARMAN, W. & DE QUINCEY, C. *The scientific exploration of consciousness:* toward an adequate epistemology. (Relatório de pesquisa.) Sausalito, CA: Institute of Noetic Sciences, 1994.

HARMAN, W. & HORMANN, J. *Creative work:* the constructive role of business in a transformative society. Indianápolis, IN: Knowledge Systems, 1990. [O trabalho criativo: o papel construtivo dos negócios numa sociedade em transformação. São Paulo: Cultrix, 1997.]

HARMAN, W. & RHEINGOLD. H. *Higher creativity*. Los Angeles: Tarcher, 1984. [Máxima creatividad. Buenos Aires: Aletheia, 1986.]

HAWKING, S. *A brief history of time*. Nova York: Bantam, 1990. [*Uma breve história do tempo*. Rio de Janeiro: Intrínseca, 2015.]

HELSON, R. Creativity in women: outer and inner views of time. In: RUNCO, M. A. & ALBERT, R. S. (Eds.). *Theories of creativity*. Newbury Park, CA: Sage, 1990.

HESSE, H. Siddhartha. Londres: Pan Books, 1973. [*Sidarta*. 50. ed. Rio de Janeiro: Record, 2008.]

HOELLER, S. *Freedom*. Wheaton, IL: Theosophical Publishing House, 1992.

HOFSTADTER, D. R. *Gödel, Escher, Bach*: the eternal golden braid. Nova York: Basic, 1980. [Gödel, Escher, Bach: um entrelaçamento de gênios brilhantes. Brasília: Ed. UnB, 2001.]

HOLTON, G. What precisely is thinking? Einstein's answer. In: FRENCH, A. P. (Ed.). *Einstein:* a centenary volume. Cambridge MA: Harvard Univesity Press, 1979. p. 153-166.

_____. *Thematic origin of scientific thought*. Cambridge, MA: Harvard University, 1973.

HUMPHREY, N. Seeing and nothingness. *New Scientist*, v. 53, p. 682, 1972.

HUTCHINSON, T. & DE SELINCOURT, E. *Wordsworth:* poetical works. Londres: Oxford University Press, 1967.

JEFFREY, L. R. Writing and rewriting poetry. In: WALLACE, D. e GRUBER, H. (Eds.). *Creative people at work*. Nova York: Oxford University Press, 1989.

JUNG, C. G. *The portable Jung*. Nova York.: Viking, 1971a. (J. Campbell, ed.)

_____. *Man and his symbols*, Nova York: Dell, 1971b. [*O homem e seus símbolos*. Rio de Janeiro: Nova Fronteira, 2005.]

JUNG, C. G. & PAULI, W. *The nature and interpretation of the psyche*. Nova York: Pantheon, 1955.

KAZANTZAKIS, N. *Report to Greko*. Nova York: Simon and Schuster, 1965.p. 448.

KOESTLER, A. *The act of creation*. Nova York: MacMillan, 1964.

KORNFIELD, J. *A path with a heart*. Nova York: Bantam, 1993. [*Um caminho com o coração*. 7. ed. São Paulo: Cultrix, 2012.]

KRAFT, D. C. B. Shadows in the mirror. *Quest*, p. 51, primavera 1996.

KUHN, T. S. *The structure of scientific revolutions*. Chicago: University of Chicago Press, 1970. [*A estrutura das revoluções científicas*. 10. ed. São Paulo: Perspectiva, 2010.]

LAMB, D. & EASTON, S. M. *Multiple discovery*. Trowsbridge, UK: Avebury,1984.

LAWRENCE, D. W. A *selection from phoenix*. Londres: Penguin Books, 1971.

LESHAN, L. & MARGENAU H. *Einstein's space and Van Gogh`s sky*. Nova York: MacMillan, 1982. [El espacio de Einstein y el cielo de Van Gogh. Barcelona: Gedisa, 2002.]

LIBET, B. Unconscious cerebral initiative and the role of conscious will in voluntary action. *The Behavioral and Brain Sciences*, v. 8, p. 529-566, 1985.

LIBET, B., WRIGHT, E., FEINSTEIN B. & PEARL, D. Subjectivity referral of the timing for a cognitive sensory experience. *Brain*, v. 102, p. 103, 1979.

LILLY, J. C. *Programming and metaprogramming in the human biocomputer*. Nova York: Bantam, 1974.

LOVELOCK, J. E. *Gaia:* a new look at life on earth. Oxford, Oxford University Press, 1982. [*Gaia:* um novo olhar sobre a vida na terra. Lisboa: Edições 70, 1989.]

MacKinnon, D. W. The personality correlates of creativity: a study of American architects. In: Nielsen, G. S. (Ed.). *Proceedings of the Fourteenth International Congress of Applied Psychology*, v. 2, p. 11-39. Copenhague: Munskgaard, 1962.

Magallon, L. L. & Shor, B. Shared dreaming: joining together in dreamtime. In: Krippner, S. (Ed.). *Dreamtime and dreamwork*. Los Angeles: Tarcher/Perigee, 1990.

Malville, K. *A Feather for Daedalus*. Menlo Park, CA: Cummings, 1975.

Mansfield, R. S. e Busse, T. V. *The Psychology of Creativity and Discovery*. Chicago: Nelson-Hall, 1981.

Marcel, A. J. Conscious and preconscious recognition of polysemous words: locating the selective effect of prior verbal context. In: Nickerson, R. S. (Ed.). *Attention and performance VIII*. Hilsdale, NJ: Lawrence Erlbaum, 1980.

Maslow, A. *Toward a psychology of being*. Nova York: Van Nostrand Reinhold, 1968. [Introdução à psicologia do ser. 2. ed. Rio de Janeiro: Eldorado, 1968.]

May, R. *The courage to create*. Nova York: Bantam, 1976. [*A coragem de criar*. 2. ed. Rio de Janeiro: Nova Fronteira, 1982.]

McCarthy, K. Indeterminacy and consciousness in the creative process. *Creativity Research Journal*, v. 6, p. 201-220, 1993.

McCarthy, K. & Goswami, A. CPU or *self*-reference?: Discerning between cognitive science and quantum functionalist models of mentation. *Journal of Mind and Behavior*, v. 14, p. 13-26, 1993.

Mergulis, L. Reflexion. In: Barlow, C. (Ed.). *From Gaia to selfish gene*. Cambridge, MA: MIT Press, 1973.

Merrell-Wolff, F. *Philosophy of consciousness without an object*. Nova York: Julian Press, 1973.

Miller, A. I. Imagery and intuition in creative scientific thinking: Albert Einstein's invention of the special theory of relativity. In: Wallace, D. B. & Gruber, H. E. (Eds.). *Creative people at work*. Nova York: Oxford University Press, 1989.

Mill, J. S. On liberty and utilitarianism. In: *The utilitarians*. Nova York: Anchor, 1973.

Mitchell, M. & Goswami, A. Quantum physics for observer systems. *Physics Essays*, v. 5, p. 526-529, 1992.

Nicolis, G. & Prigogine, I. *Exploring complexity:* an introduction. Nova York: Freeman, 1990.

Nikhilananda, Swami (Trad.). *The Upanishads*. Nova York: Harper and Row, 1964.

Orlov, Y. A quantum model of doubt. *Anals of the N.Y. academy of Sciences*, v. 373, p. 84-92, 1981.

Oshins, E. A. Errata (para: Quantum model of doubt). *Anals of the N.Y. Academy of Sciences*, v. 410, p. 361-363, 1982.

_____. & McGoveran, D. ...Toughts about logic about thoughts...: the question schizophrenia. *Proceedings of the 24th annual North American Meeting of the Society for General Systems Research*, 1980. p. 505-514.

OVERTON, W. The active organism in development. *Human Development*, v. 19, p. 71-86, 1976.

PASRICHA, S. *Claims of reincarnation: an empirical study of cases in India*. Nova Deli: Harman Publishing House, 1990.

PENROSE, R. *Shadows of the mind*. Oxford: Oxford University Press, 1994. [Las sombras de la mente. Barcelona: Crítica, 1996.]

_____. *The emperor's new mind*. Nova York: Penguin, 1991. [*A nova mente do rei*. Rio de Janeiro: Campus, 1995.]

PIAGET, J. *The development of thought: equilibration of cognitive structures*. Nova York: Viking, 1977.

PLATO. *Collected dialogs*. Princeton, NJ: Princeton University Press, 1980. (E. Hamilton e H. Cairns, eds.) [PLATÃO. *Diálogos*. Bauru: Edipro, 2007-2011. 7 v.]

POINCARÉ, H. Mathematical creation. In: HALSTED, G. B. (Trad.), *The foundations of science*. Nova York: Science Press, 1924.

POSNER, M. Mental chronometry and the problem of consciousness. In: JUSCZYK, P. & KLEIN, R. (Eds.). *The nature of thought:* essays in honor of D. O. Hebb. Psychology Press, 1980.

PRESTON, J. H. A conversation with Gertrude Stein. In: GHISELIN, B. (Ed.). *The creative process*. Nova York: New American Library, 1960.

PRIOR, H. W., HAAG, R. & O'REILLY, G. The creative porpoise: training for novel behavior. *Journal of Experimental Analysis of Behavior*, v. 12, p. 653-661, 1969.

RABI, I. I. Profiles – Physicists, I. *The New Yorker Magazine*, 13 out. 1975.

RADIN, D. *The conscious universe*. Nova York: Harper Edge, 1997.

RAMANA, M. *Talks with Sri Ramana Maharshi*. Madras, India: Jupiter Press, 1978. (T. N. Venkataraman, ed.)

RAY, M. & MYERS, R. *Creativity in business*. Nova York: Doubleday, 1989. [*Criatividade nos negócios*. Rio de Janeiro: Record, 1996.]

RING, K. *Heading toward omega*. Nova York: William Morrow, 1984. [Rumo ao ponto ômega. Rio de Janeiro: Rocco, 1996.]

RINPOCHE, Sogyal. *The tibetan book of living and dying*. San Francisco: Harper, 1993. [*O livro tibetano do viver e do morrer*. São Paulo: Palas Athena, 1999.]

ROGERS, C. R. Toward a theory of creativity. In: ANDERSON, H. H. (Ed.). *Creativity and its cultivation*. Nova York: Harper, 1959.

ROTHENBERG, A. Psychopathology and creative cognition. *Archives of General Psychiatry*, v. 40, p. 937-942, 1983.

_____. The process of Janusian thinking in creativity. In: ROTHENBERG, A. & HAUSMAN, C. R. (Eds.). *The creativity question*. Durham, NC: Duke University Press, 1976. p. 311-326.

ROTHENBERG, A. & HAUSMAN, C. R. (Eds.). *The creativity question*. Durham, NC: Duke University Press, 1976.

RUMI. *The branching moments*. Providence, RI: Copper Beech Press, 1988. (J. Moyne e C. Barks, trad.)

RUSSELL, B. How I write. In: _____. *Portraits from memory and other essays*. Londres: Allen and Unwin, 1965. [Retratos de memória e outros ensaios. São Paulo: Companhia Editora Nacional, 1958.]

SABOM, M. *Recollections of death:* a medical investigation. Nova York: Harper & Row, 1982.

SAWYER, K. Improvisational creativity: an analysis of jazz performance. *Creativity Research Journal,* v. 5, p. 253-263, 1992.

SCHELDRAKE, R. *Morphic resonance.* Rochester, VT: Park Street Press, 2009.

SCHMIDT, H. Observation of a psychokinetic effect under highly controlled conditions. *Journal of Parapsychology,* v. 57, p. 351-372, 1993.

SHEVRIN, H. Glimpses of the unconscious. *Psychology Today,* p. 128, abr. 1980.

SIMONTON, D. K. *Genius, creativity, and leadership.* Cambridge, MA: Harvard University Press, 1984.

SIVANANADA, S. *Vedanta (Jnana Yoga).* Rishikesh, India: Divine Life Society, 1987.

SMITH, A. *The wealth of nations.* Nova York: Modern Library, 1994. [*A riqueza das nações.* 2. ed. São Paulo: Martins Fontes, 2012. 2v.]

SPERRY, R. *Science and moral priority.* Nova York: Columbia University Press, 1983. [Ciência e prioridade moral. Rio de Janeiro: Zahar, 1986.]

STANDISH, L. J., KOZAK, L., JOHNSON, L. C. & RICHARDS, T. Electroencephalographic evidence of correlated event-related signals between the brains of spatially and sensory isolated human subjects. *The Journal of Alternative and Complementary Medicine,* v. 10, p. 307-314, 2004.

STAPP, H. P. *Mind, matter, and quantum mechanics.* Nova York: Springer, 1993.

STEVENSON, I. *Children who remember previous lives:* a question of reincarnation. Charlottsville: University Press of Virginia, 1987.

_____. Research into the evidence of man's survival after death. *Journal of Nervous and Mental Disease,* v. 165, p. 153-183, 1977.

_____. *Twenty cases suggestive of reincarnation.* Charlottsville: University Press of Virginia, 1974. [Reencarnação: vinte casos. São Paulo: Vida e Consciência, 2010.]

SUZUKI, S. *Zen mind, beginner's mind.* Nova York: Weatherhill, 1984. [Mente zen, mente de principiante. 6. ed. São Paulo: Palas Athena, 2010.]

TAGORE, R. N. *Later poems of Rabindranath Tagore.* Nova York: Minerva, 1976. (A. Bose, trad.)

_____. *The religion of man.* Nova York: MacMillan, 1931. [A religiao do homem. Rio de Janeiro: Record, [1981].

_____. *Collected poems and plays.* Londres: Macmillan, 1913.

TAIMNI, I. K. *The science of yoga.* Wheaton, IL: Theosophical Publishing House, 1961. [*A ciência do yoga.* 5. ed. Brasília: Teosófica, 2015.]

TARDIF, T. W. & STERNBERG, R. J. What do we know about creativity? In: STERNBERG, R. J. (Ed.). *The nature of creativity.* Cambridge, UK: Cambridge University Press, 1988. p. 429-440.

TAYLOR, R. The curse of Jackson Pollock. *University of Oregon Magazine,* outono 2010.

TEILTORRANCE, E. P. The nature of creativity as manifest in its testing. In: STERNBERG, R. J. (Ed.). *Current psychological perspectives*. Cambridge, UK: Cambridge University Press, 1988.

VAN GOGH, V. *Dear Theo*. Nova York: New American Library, 1937. (I. Stone, ed.)

VAN LOMEL, P., VAN WEES, R. MEYERS, V. & ELFFERICH, I. Near-death experiences in survivors of cardiac arrest. *The Lancet*, v. 358, p. 2039-2045, 2001.

VAUGHAN, F. E. *Awakening intuition*. Nova York: Doubleday, 1979.

VAN NEUMANN, J. *The mathematical foundations of quantum mechanics*. Princeton, NJ: Princeton University Press, 1955.

WAGNER, R. *My life*. Londres: Constable, 1911. [Mi vida. Madrid: Turner, 1989.]

WALTERS, J. & GARDNER H. The crystallizing experience. In: STERNBERG, R. J. & DAVIDSON, J. E. (Ed.). *Conceptions of giftedness*. Cambridge, UK: Cambridge University Press, 1986.

WEISBERG, R. W. *Creativity:* beyond the myth of genius. Nova York: Freeman, 1993. [Creatividad: el genio y otros mitos. Barcelona: Labor, 1987.]

WERTHEIMER, M. *Productive thinking*. Nova York: Harper and Row, 1959. [El pensamiento productivo. Barcelona: Paidos Iberica, 1991.]

WHITMAN, W. *The leaves of grass*. Nova York: Avon. [*Folhas de relva*. Rio de Janeiro: Civilização Brasileira, 1964.]

WOLF, F. A. *The dreaming universe*. Nova York: Simon and Schuster, 1994.

WOLFE. T. The story of a novel. In: GHISELIN, B. (Ed.). *The creative process*. Nova York: New American Library, 1960.

WOODMAN, R. W. Creativity as a construct in personality theory. *Journal of Creative Behavior*, v. 15, p. 43-66, 1981.

YEATS, W. B. Three pieces on the creative process. In: GHISELIN, B. (Ed.). *The creative process*. Nova York: New American, Library, 1960.

ZERVOS, C. Conservation with Picasso. In: GHISELIN, B. (Ed.). *The creative process*. Nova York: Mentor, 1960.

ZOLLA, E. *Archetypes*. Londres: Harcourt Brace Jovanovich, 1981. [Los arquétipos. Caracas: Monte Ávila, 1984.]

TIPOLOGIA:	Candida – Roman [texto]
	Ocean Sans MM – Regular [entretítulos]
PAPEL:	Pólen Soft 80 g/m² [miolo]
	Supremo 250 g/m² [capa]
IMPRESSÃO:	Paym Gráfica [junho de 2021]
1ª EDIÇÃO:	abril de 2012
2ª EDIÇÃO:	setembro de 2015 [2 reimpressões]